ÉTUDES SUR LA LITTÉRATURE FRANÇAISE

MORALISTES

DES

SEIZIÈME ET DIX-SEPTIÈME SIÈCLES

PARIS. — TYPOGRAPHIE DE CH. MEYRUEIS ET Cie
RUE DES GRÈS, 11

MORALISTES

DES

SEIZIÈME ET DIX-SEPTIÈME SIÈCLES

PAR

A. VINET

PARIS,

CHEZ LES ÉDITEURS, RUE DE RIVOLI, 174.

—

1859.

AVERTISSEMENT DES ÉDITEURS.

Les Études comprises dans ce volume ont été recueillies sur les notes de M. Vinet et sur les cahiers de plusieurs de ses élèves, comparés entre eux avec soin. Elles renferment des travaux se rapportant à deux époques. Au commencement de l'année scolaire 1847, M. Vinet reprit dans son enseignement un sujet qu'il avait traité à Bâle dans ses cours de 1832 et 1833 sur les moralistes français. Il intitula ces nouveaux entretiens : *De la morale dans la littérature.* L'Introduction, Rabelais et la première moitié de Montaigne en sont principalement tirés. Mais le professeur fut arrêté par sa dernière maladie, et les éditeurs n'ont eu d'autres matériaux à leur disposition, pour le reste du volume, que ceux des cours donnés à Bâle. Ils ont cru pouvoir rattacher Saint-Évremond et Bayle au dix-septième siècle avec les réflexions qui les précèdent, bien que M. Vinet, qui les envisage comme écrivains intermédiaires entre ce siècle et le suivant, ne se soit occupé d'eux que dans son cours sur les moralistes du dix-huitième siècle. Ils ont supprimé, au contraire, des pages relatives aux poëtes du dix-septième siècle, considérés comme moralistes, suivant le plan exposé dans l'Introduction, M. Vinet ayant fait de leur étude à ce point de vue l'objet spécial d'un cours de littérature, donné à Lausanne de 1844 à 1845, qui sera publié.

Les deux derniers morceaux, *De la spontanéité de l'esprit humain en matière de philosophie* et *La volonté cherchant sa loi*, appartenaient, comme Saint-Évremond et Bayle, au cours sur le dix-huitième siècle. Publiés par le *Semeur* en 1836, ils ont été insérés en 1837 dans les *Essais de philosophie morale et de morale religieuse*, recueil provisoire, depuis longtemps à peu près épuisé, qui ne sera pas réimprimé sous sa forme actuelle, les matériaux très divers dont il se compose devant naturellement, à cause de leur variété même, trouver leur place définitive ailleurs, dans le classement des œuvres de M. Vinet. Celui-ci avait été frappé, en retraçant les principaux caractères de la morale du dix-huitième siècle, de son parallélisme avec une philosophie qui lui convient de tout point. A côté des systèmes de l'époque sur les mystères de l'âme et de l'existence apparaît une morale analogue et proportionnée à ces systèmes; ou si l'on aime mieux se représenter la chose autrement, la philosophie en faveur fournit la base rationnelle ou la métaphysique du système de morale accrédité. On peut d'après cela se demander si c'est la philosophie du temps qui a déterminé la morale, ou la morale qui a déterminé la philosophie. M. Vinet se l'est demandé en effet, et il a répondu dans ces deux morceaux à la question qu'il s'était posée. On les a compris d'autant plus volontiers dans ce volume, auquel ils revenaient de droit par leur objet et par leur origine, qu'ils complètent indirectement la critique du scepticisme de Bayle qui les précède immédiatement.

Quelques autres extraits des cours de M. Vinet sur les moralistes français ont été insérés également par lui dans le *Semeur* et ensuite dans les *Essais de philosophie morale*. Un éclaircissement est ici nécessaire. Parfois sans doute, l'article du journal s'est trouvé détaché du cours sans altération, et alors il a été aisé de l'y replacer; mais d'autres fois l'auteur, négligeant des idées dont la place se trouve marquée dans l'ensemble du cours, avait rapproché des fragments tirés d'un travail plus étendu, en se bornant à leur donner le degré d'unité indispensable. Dans ce dernier cas, les éditeurs ont dû suivre de préférence l'ordre des leçons, restituer les pages du *Semeur* à la place qu'elles occupaient dans l'enseignement du maître, et y ajouter les développements attestés par les manuscrits.

MORALISTES

DES

SEIZIÈME ET DIX-SEPTIÈME SIÈCLES.

————————◆——————

I.

INTRODUCTION.

DE LA MORALE DANS LA LITTÉRATURE.

Messieurs,

Pour faire comprendre le sérieux et l'étendue du sujet que nous avons à traiter, il suffit de rappeler ce que signifie le mot de *morale*. La morale, c'est la science des mœurs, c'est l'art de vivre, ou plutôt l'art de soumettre sa vie à l'autorité de la conscience, de l'assujettir à des principes assez élevés et assez puissants pour dominer l'existence. Tout ce qui sert à ce but rentre dans notre sujet, sous une face ou sous une autre.

Ainsi, sous le terme général de *moralistes*, nous n'entendons pas seulement ceux qui ont traité de la morale d'une manière scientifique. Ceux qui donnent à l'âme humaine une juste idée d'elle-même, lui

1

valent autant que ceux qui l'endoctrinent. La peine que
prennent ceux-ci est vaine le plus souvent. En morale,
la règle est peu de chose ; le motif est tout. Du moins,
la règle n'est utile qu'à ceux qui sont disposés à l'observer, et cette disposition ne peut être que le résultat d'une affection ou d'un intérêt. Mais pour agir sur
le cœur, il faut le connaître ; il faut envisager les circonstances spéciales dans lesquelles se déploie le principe moral, partant la vie humaine, le jeu des passions,
la société dans ses rapports principaux, l'influence que
la vie sociale exerce sur la morale individuelle ; il faut
voir si les êtres les plus distingués par leur moralité ne
sont pas plus disposés que tous les autres à avouer que
la morale humaine manque d'un centre ; il faut voir si
un mécontentement sourd, si le sentiment opiniâtre
d'un vide à combler, d'une contradiction à faire disparaître, ne rongent pas intérieurement tous les hommes,
si les meilleurs ne traînent pas au tombeau le regret
d'une destination trompée, la crainte d'avoir perdu
leur vie et compromis leur avenir ; il faut étudier les
manifestations de l'âme dans la solitude et dans la
société ; en un mot, il faut s'assurer si l'humanité est
dans l'état normal qu'on s'est plu à supposer.

C'est là ce que nous appelons la *morale descriptive,*
par laquelle tout moraliste devrait commencer. La
morale scientifique s'occupe, soit des préceptes, soit
des motifs. Remarquons, en passant, combien, sous ce
dernier rapport, le plus important cependant, la morale humaine s'est trouvée défectueuse. Que de moralistes étendent au loin le champ de l'observation,

développent les préceptes avec ampleur, et demeurent stériles dès qu'il s'agit de fournir à la vie humaine des mobiles déterminants! Quand il s'agit de moraliser en grand, c'est-à-dire d'enchaîner à la loi morale tout l'ensemble de la vie, de ne faire de toute la vie qu'un acte uniforme et continu d'obéissance au principe du bien, au devoir, il ne se présente à eux ni affection ni intérêt avec lesquels ils puissent envelopper toute la vie. La nécessité d'être vertueux en général manque dans le système de la morale naturelle; cette morale peut, je l'avoue, rédiger un système plus ou moins complet par voie de juxtaposition; mais ce système, pour être complet, n'est pas un, n'est pas organique; la morale ordinaire connaît des devoirs et non le devoir, des vertus et non la vertu.

Le vrai moraliste serait donc celui qui créerait des motifs à la vertu en général. Or, quels que soient ces motifs, il faudra qu'ils rentrent dans les deux sphères générales de l'intérêt et de l'affection. Mais l'intérêt ne saurait être définitivement notre mobile; car il absorberait le devoir et ne laisserait rien subsister de toute la morale. On ne peut donc l'admettre qu'au point de départ, comme véhicule provisoire, destiné à conduire jusqu'à l'affection, et puis à s'absorber en elle. L'affection doit rester seule avec le devoir, qu'elle n'absorbe pas, qu'elle laisse subsister distinct, indépendant, mais qu'elle vivifie, qu'elle transfigure, et à qui, dans l'inerte chrysalide où il s'agite sans avancer, elle attache de brillantes ailes. Voilà quel serait le grand-œuvre du moraliste : créer l'affection, et par l'affection une nouvelle âme. Voilà où il ne parviendra jamais par la vertu des règles. Ce qui est nécessaire, c'est un fait approprié à la nature de nos éléments moraux actuels, et capable d'en tirer une affection nouvelle, qui soit elle-même en état d'enfanter l'obéissance dans le sens le plus général. Tout ce que peut faire le moraliste est de chercher ce fait, ou de le constater s'il lui est annoncé.

Nous aurons à nous occuper de tous ceux qui, le voulant ou ne le voulant pas, ont exprimé des idées morales. Tous sont moralistes à leur manière. Il y a d'abord les moralistes *politiques;* car, bien que la politique soit, dans un sens, distincte de la morale, elle correspond toujours à l'idée morale dont elle dérive. Les idées et les systèmes politiques ne se sont formés, les gouvernements de nature diverse n'ont prévalu qu'ensuite des idées morales d'une certaine époque.

Mais les grands peintres, je dirai presque les grands révélateurs de la nature humaine, ce sont les moralistes *poëtes;* car les poëtes sont naïfs. Ils sont aussi, dans un sens, les premiers des philosophes. Tout grand poëte est philosophe d'instinct et d'inspiration; tout grand philosophe est poëte. Point de haute philosophie sans imagination; l'observation et l'induction, qu'on a nommées les deux béquilles de la science, n'avancent pas si elles ne s'inspirent de la puissance vitale de l'imagination. Le génie même d'un Newton et d'un La Place touche à celui d'un poëte par beaucoup plus de points que le vulgaire ne le suppose.

Mais je ne puis donner le beau nom de poëtes à

tous ceux qui récréent les loisirs d'une société civilisée. Les vrais poëtes sont ceux qui ont reçu de Dieu, avec le don de l'expression, la puissance de pénétrer plus avant que d'autres dans les choses du cœur et de la vie. Non-seulement ils sont vivement saisis des aspects de la surface, mais ils percent jusqu'à l'idée dont les faits sont la réalisation. En décrivant ou une scène mobile ou une perspective de la nature inanimée, ils rencontrent l'idée qu'elle exprime, ils s'unissent au sentiment qu'elle éveille. Ils disent, non sous une forme abstraite, mais sous une forme individuelle où la réalité palpite, ce que pense l'humanité dans toute l'intimité de sa pensée. Leurs paroles, expression des sentiments qu'ils ont accueillis en eux par une sorte de divination, sont autant d'aveux, de cris de l'humanité, d'éclairs jetés dans ses ténèbres. Tout cœur humain a de ces cris, de ces aveux, de ces éclairs, mais plus rares, plus voilés ; le poëte les a tous recueillis, c'est-à-dire qu'en s'identifiant à chaque situation et à chaque caractère, il a senti pour ce caractère, il a épousé cette situation. Son personnage, c'est lui-même, ou plutôt c'est l'humanité se personnifiant en lui dans ce qu'elle a de plus général, et par là même de plus profond. Ce n'est donc pas proprement imitation, c'est réalité. La même confiance que demande la réalité vous est demandée ; vous sentez par instinct que le poëte a dit vrai; l'idée ne vous vient pas de le démentir. Je n'exige du poëte que d'être vrai et de ne pas intéresser au vice : c'est là toute sa moralité positive.

A-t-il en effet parlé vrai? Eh bien! dans ce cas, nous disons qu'il a parlé en chrétien. Toute vérité, en morale, est une partie du christianisme, qui est toute la vérité. Tout ce qui est vrai, le christianisme l'adopte ou plutôt le réclame. C'est par là que des poëtes, qui d'ailleurs n'ont, ni dans leurs écrits, ni même dans leur vie, suffisamment respecté les lois de la morale, ont été chrétiens à leur insu dans leurs peintures de l'humanité; tant il est vrai qu'en bien, comme en mal, les hommes ne savent ce qu'ils font. C'est par là que maint ennemi de la foi chrétienne l'a servie d'une main en l'attaquant de l'autre. C'est par là que la bibliothèque du chrétien s'accroît de tant d'ouvrages que leur tendance involontaire lui rend, quand leur tendance volontaire les lui ôtait. Par là le *Faust* de Goethe est un ouvrage chrétien, et le *Misanthrope* de Molière est un sermon sur Jacques, III, 17 (1).

Tout écrit littéraire est, à mes yeux, un écrit de morale, en ce sens qu'il témoigne d'un état particulier de la société. Ainsi, sans prétendre faire une histoire de la morale, mais sans non plus négliger les moralistes proprement dits, je me propose d'examiner principalement les idées morales, spéculatives ou pratiques, exprimées et propagées par la littérature, pendant le cours des trois derniers siècles (2).

La littérature, Messieurs, est un ensemble de faits

---

(1) « Mais pour la sagesse qui vient d'en haut, elle est premièrement pure, « puis paisible, modérée, traitable, pleine de miséricorde et de bons fruits, point « difficultueuse ni dissimulée. » (Jacques III, 17.)

(2) Pour le dernier de ces trois siècles, voir l'*Histoire de la littérature française au dix-huitième siècle*, par A. Vinet. (*Éditeurs.*)

très complexes. L'art d'écrire ne peut être notre seul objet; si les formes de la pensée ont droit à notre attention, c'est la pensée elle-même qui surtout la réclame. Ici la littérature va se présenter à nous sous un autre aspect que celui d'un art; elle est partie intégrante de la vie humaine, en tant que sociale et civilisée.

La formule de M. de Bonald : « La littérature est « l'expression de la société, » accueillie d'abord avec enthousiasme, a plus tard été contestée. Mais on l'a combattue en vain; la sentence qu'elle porte est souveraine et irrécusable. Je ne sais guère de loi plus absolue, de vérité qui porte mieux le cachet de l'*à priori*. Comment la littérature d'un peuple pourrait-elle ne pas exprimer l'état des mœurs et des esprits à chaque période de la vie nationale? Les dérogations que semble subir cette règle inflexible ne sont qu'apparentes; mais, pour se convaincre de ce fait, il faut envisager la littérature dans son ensemble. Tel ou tel écrivain peut n'avoir pas exprimé son époque; il peut s'être trouvé en avant ou à côté du courant; il y a eu, il y aura toujours des génies excentriques ou prématurés. Mais, dans sa généralité, la littérature ne saurait être ni excentrique ni prématurée; elle est assujettie à son temps, même en réagissant sur lui. Elle rend ce qu'elle a emprunté; mais il est dans son essence de rendre moins qu'elle n'a reçu.

On le sent, il est sans doute important de perfectionner et d'étendre les formes de l'art d'écrire, mais il est surtout essentiel d'étendre l'esprit humain, de

demander des informations aux esprits les mieux in-
formés. Il appartient sans contredit à l'histoire de
nous faire connaître dans un sens les idées morales
d'une nation, en nous présentant le tableau des faits,
conséquences de ces mêmes idées ; nous ne mettrons
pas de côté cette source de lumière. Mais convenons-
en, le témoignage de l'histoire n'a pas la naïveté de
celui de la littérature. Les idées sont réfléchies par
les faits, cela est vrai ; mais les faits de l'histoire sont
rapportés volontairement et de propos délibéré ; ils
sont susceptibles d'erreurs et d'interprétations très diverses ; ils sont sous l'influence des volontés individuelles ; ils rentrent beaucoup plus dans le domaine
du contingent et de l'accidentel. Le témoignage des
littérateurs est précieux en ce qu'il est avant tout involontaire. Quelquefois, loin de chercher à rendre
l'état de la société qui les entoure, ils prétendent exprimer les idées les plus opposées à celles de leur
temps. Ils sont parfois d'autant plus fantastiques que
la société est plus positive. Mais ici encore ils sont des
témoins authentiques de leur époque ; ils la font ressortir par voie de contraste. Ils dessinent sur le fond
de leur siècle, et le fond ressort d'autant mieux que
le dessin en diffère davantage. Nul indice ne doit
échapper à l'histoire de la littérature ; les plus insignifiants en apparence sont fréquemment les plus con-
cluants.

Les moralistes qui se bornent à décrire ont encore
un autre avantage sur les moralistes proprement dits.
On s'est figuré trop souvent la morale d'une nation

sous la dépendance de quelques hommes ; on se l'est, à certains moments, représentée comme élaborée dans la solitude du cabinet, puis descendant de là jusqu'au peuple, qui se trouvait ainsi enseigné ou corrompu par un ou deux écrivains. Sans nier que les écrits spéciaux de morale n'exercent de l'influence sur les mœurs d'une nation, nous estimons cependant que le philosophe ou le moraliste est bien plus au service du peuple que le peuple ne l'est au sien. Ses principes se sont formés, en général, dans l'atmosphère morale circulant autour de lui, et nous ne pouvons nous empêcher de voir dans les œuvres de morale, aussi bien que dans les œuvres littéraires, l'expression plutôt que la règle des idées morales. Elles sont loin, d'ailleurs, d'en être l'expression la plus fidèle. La science est une solitude qui nous soustrait à l'influence de la société. Le littérateur, au contraire, n'est ce qu'il doit être qu'à la condition de se tremper dans le mouvement social. Sa vocation l'oblige à se mêler au monde jusque dans la solitude de son cabinet, et là même, la haute retraite ménagée au savant lui demeure interdite. Sous ce rapport, les moralistes religieux nous seront peut-être les moins utiles. Si la science nous isole, la religion nous isole plus encore ; ses racines sont plongées dans le ciel ; elle vit du monde spirituel et de l'idée éternelle. Les moralistes chrétiens se ressemblent tous d'ailleurs sur un point ; pour chacun d'eux c'est de la religion que la morale découle.

Je ne remonte, Messieurs, que jusqu'au seizième

siècle. Il faut savoir se borner; la littérature des époques précédentes fut d'ailleurs moins abondante et
moins variée, et nous croyons ce spécimen assez am-
ple pour nous fournir une idée de la capacité naturelle de l'homme par rapport aux idées morales. Trois
siècles de culture et de pensée, chez une nation civilisée, dans le sein de laquelle tant d'événements se
sont précipités, où l'esprit et la passion se sont si ri-
chement développés, doivent suffire pour parcourir et
connaître les principales idées morales de l'humanité.

Voici bien des siècles que l'homme cherche un principe qui puisse servir de base et de règle à sa vie.
C'est un besoin qui le tourmente; il sent qu'il lui faut
une boussole, un fil directeur. Il le poursuit tantôt
dans une idée, tantôt dans une autre. Un jour, ce sera
la bienveillance, la sympathie; un autre, l'intérêt bien
entendu, c'est-à-dire l'égoïsme; un autre encore, la
grande idée du devoir. Un jour enfin, c'est au-dessus de
soi-même, c'est en Dieu que l'homme cherche le point
de vue dominant de sa vie et le principe fixe de son
cœur. Tous les systèmes humains peuvent se réduire
à quatre ou cinq idées principales qui se succèdent les
unes aux autres et, à des époques plus ou moins dis-
tantes, occupent la scène du monde. Elles reviennent
sans cesse les mêmes, mais sous des aspects et des
noms différents. Chacune reçoit du temps qui l'introduit une physionomie particulière : ainsi, par exemple, l'ancien système d'Épicure et l'épicurisme du
dix-huitième siècle. Ce sont ces divers essais qui nous
occuperont; nous verrons ce que l'homme a cherché

et ce qu'il a trouvé. Un fait nous frappera : l'homme, à lui seul, n'a jamais rencontré qu'une partie de la vérité. Ce sont des fragments cherchant à se rejoindre, et ne pouvant en venir à bout. L'homme ne s'est jamais tout à fait trompé ; dans ses plus grossières erreurs reste toujours un lambeau de vérité. En morale, aucune erreur absolue ; mais vérité incomplète, vérité exagérée, vérité mal appliquée. Tous les systèmes, à commencer par celui de l'intérêt, présentent toujours quelque côté vrai. Ce sont les débris d'un corps vivant qui semblent s'appeler, se rechercher, mais qui, dans le fait, restent isolés et sans vie. Comme un tronc mutilé, des rameaux arrachés, des feuilles dispersées, autant de parties substantielles d'un arbre, demeurent épars sans qu'il soit au pouvoir humain de leur rendre l'ensemble et l'être, de même il est au-dessus des facultés humaines de composer un tout de ces éléments divers ; le lien de la vérité morale vient d'ailleurs. Sur ce point, nous ne nous refuserons pas aux digressions. Nous discuterons, à mesure que l'occasion les amènera, les grandes questions de la morale.

Un autre motif m'a déterminé à prendre le seizième siècle pour point de départ. C'est une époque critique, c'est le commencement d'une ère nouvelle ; il appartient sous plusieurs rapports au moyen âge, et cependant il forme le portique de l'âge moderne. Sans prétendre en faire l'histoire, je chercherai à signaler quelques-uns de ses caractères. C'est alors, du reste, qu'on voit se prononcer les traits de cette philosophie qu'on peut dire française, et à côté de laquelle toute

autre semble plus ou moins exotique, la philosophie
du sens commun: en spéculation celle des apparences,
en pratique celle du juste milieu, combinée avec le
scepticisme quant aux choses invisibles ; philosophie
qui, déjà perceptible dans le *Roman de la Rose,* se retrouve tout entière, et dans son plein développement,
dans les écrits de Voltaire (1).

On s'est plu à envisager le seizième siècle comme
une époque exceptionnelle ; une illusion poétique lui
a donné une grandeur presque unique ; on en a voulu
faire une anomalie dans la suite des âges. On lui a
prêté une individualité en quelque sorte indépendante,
comme si les siècles n'étaient pas soumis aux mêmes
lois que les hommes, continuation et conséquence les
uns des autres. Il faudrait une révolution de toute
notre nature pour pouvoir légitimement assigner à un
siècle un caractère unique et indélébile. Le seizième
siècle est moins individuel qu'on ne le suppose généralement ; il n'est pas fils de ses œuvres, mais il est
le siècle du paroxisme, celui qui vit éclater l'orage
amassé par ses prédécesseurs, mûrir les fruits dès
longtemps semés, tomber la digue battue par tant de
vagues accumulées. La chaîne est ininterrompue ; les
mêmes forces qui sans succès avaient travaillé la
société, la pensée humaine jusque-là trop faible dans

(1) Le *Roman de la Rose* est un exemple frappant de toute une famille de
poëmes composés avec de l'esprit et des rimes. Cette composition où tout est pro-
saïque et vulgaire, où l'on ne peut guère louer que quelques traits d'une satire
piquante et une certaine précision de style, a peut-être décidé, à quelques égards,
la tendance de notre poésie. Il ne faut pas trop s'en étonner ; des esprits subal-
ternes ont plus d'une fois opéré d'importantes révolutions dans le domaine des
arts, et la première habileté est de venir à propos.

sa lutte contre l'autorité, trouvèrent enfin leur essor.

Mais par ce mot d'*autorité*, nous entendons seulement l'autorité religieuse et spirituelle; car la pensée n'a pas soutenu alors de lutte contre l'autorité gouvernementale. L'autorité civile commandait; la pensée ne la contredisait pas; le pouvoir des gouvernements s'appuyait au fond sur les idées des masses; comme toujours, la force réelle était dans ces idées elles-mêmes. Le principe du seizième siècle n'était pas celui de l'émancipation universelle, quoique l'opinion contraire ait souvent prévalu. L'éloge ou le blâme s'y sont attachés, selon les motifs et les intérêts très divers qui ont travaillé à faire envisager la Réforme comme la préface du grand mouvement social de la fin du siècle dernier. Toute une école d'écrivains a fait de Luther et de Calvin les précurseurs de Robespierre et de la Convention. Ces auteurs ne le croyaient pas, mais ils l'ont fait croire. En principe et dans la logique du cabinet, les libertés ont beau se toucher, il n'en est pas ainsi dans les faits. Les idées qui forment le fond même de notre civilisation actuelle n'étaient pas encore accréditées.

Il est vrai, depuis les croisades, aucun fait n'avait produit sensation pareille, aucun fait n'avait si profondément remué les masses. La Réformation du seizième siècle agit même sur elles avec bien plus de profondeur. Les croisades furent une sorte d'entraînement aveugle; la Réforme, au contraire, saisit le plus souvent les individus un à un, dans l'intimité de leur conscience et dans la lumière de leur raison. Elle agit

fortement sur les masses, en pénétrant jusqu'au centre
de leur énergie intime, et, sous ce point de vue, je ne
nie pas qu'à l'époque de la Réformation le peuple ne
soit devenu pour la première fois quelque chose. Mais
la lutte de la pensée était ailleurs que dans la sphère
politique; elle n'était pas même à beaucoup près tout
entière dans l'élément intellectuel. On a appelé la Réforme « le triomphe de la liberté d'examen ; » on a
prétendu ne considérer la révolution religieuse que
comme une dépendance , un accident entremêlé au
fait principal; M. de Chateaubriand lui-même a dit
que « ce fut, à proprement parler, la vérité philoso-
« phique qui, revêtue d'une forme chrétienne, attaqua
« la vérité religieuse (1). » Comme s'il y avait deux
vérités faites pour se combattre l'une l'autre ! Ajoutons
à ce propos que si l'on doit louer quelques historiens
d'avoir compris que l'histoire est autre chose qu'une
série d'accidents pauvrement liés entre eux par le fil
des causes prochaines et des volontés individuelles,
nous sommes en droit d'exiger d'eux qu'ils s'appliquent sérieusement à discerner les principes généra-
teurs des faits de l'histoire et à ne pas nous offrir à la
place leurs idées favorites.

Le mouvement du seizième siècle, moral avant tout,
s'empreint d'une dignité rare, aux yeux de l'observateur qui sait lui reconnaître ce grand caractère. C'était
la pensée morale qui s'efforçait de reconquérir ses
droits. La pensée ne pouvait plus adhérer à la religion
séparée de sa substance, la morale. Les croyances et

_____

(1) CHATEAUBRIAND, *Études historiques*, 1831. Tome IV, page 261.

les formes imposées par l'autorité avaient pris à elles seules le nom de *religion*. C'était la religion moins la morale, l'arbre moins la séve ; il y avait distinction profonde, séparation réelle entre le rite et la morale ; le peuple, habitué à croire en ses conducteurs spirituels, avait conservé un certain respect pour l'échafaudage de pratiques arbitraires, parfois même ridicules, qu'on lui offrait sous le nom de christianisme, et chacun espérait y trouver un refuge à la mort. Mais la relation de la religion avec tout l'homme avait disparu. Il existait même une autre séparation, celle de la morale d'avec la politique ; la politique de ces temps-là en témoigne de reste.

Ainsi les trois éléments qui règlent la vie humaine et qui lui impriment sa forme ne marchaient plus d'accord. Le genre humain ne peut supporter une scission pareille ; bon gré, mal gré, il faut qu'il cherche la synthèse dans ce que Dieu a uni. De siècle en siècle l'histoire a vu se renouveler les tentatives de reconstruction, et çà et là, un bûcher, un échafaud ont signalé les heures critiques de cette conjuration latente et perpétuelle. Au début du seizième siècle, le divorce de la religion et de la morale est plus profond que jamais ; l'ancien conflit de la pensée et du rite officiel est parvenu à son point extrême. Alors, spectacle digne d'une mémoire éternelle, cette vérité chrétienne, qui est la vérité morale elle-même, s'échappe enfin de l'enceinte où elle était comme incarcérée, et répand au loin le ferment de la plus noble des insurrections. La Réforme n'est que la multiplication et le succès des efforts précédents; ses adeptes ne furent que les continuateurs des illustres martyrs des âges passés. De Luther à Jean Huss, de Jean Huss à Wiclef, de Wiclef à Pierre Valdo, plus haut encore, on peut suivre les traces de cette protestation en faveur de la pensée et surtout de la conscience.

Elle fut de tous les âges, parce qu'elle est l'idée chrétienne même, née avec Jésus-Christ et propagée partout où la Bible avait pu pénétrer. La réaction de la morale contre le rite est le vrai fait de la Réformation, sa gloire, le titre qui lui appartient. Il est vrai, la Réforme s'est présentée sous un aspect dogmatique; mais ce fut parce que son fait capital est lui-même un dogme. Tout, dans la religion chrétienne, est morale; la divinité du Christ, la rédemption, tous les mystères sont, au fond, de la morale. Leur but est le salut et la régénération de l'homme. Or, qu'est-ce que la régénération si ce n'est de la morale? Seul entre les religions, l'Évangile ne pénètre dans la région de l'intelligence pure que dans la mesure où le réclament les besoins du cœur et ceux de la pratique. Aucun dogme oisif, aucun dogme qui soit là pour lui-même ; l'exposition de la vérité divine s'arrête juste au point où ces besoins ont trouvé satisfaction. Ainsi l'idée du salut par grâce qui domine toute l'œuvre de Luther, idée enfantée en lui dans le travail d'âme qui précéda l'action extérieure, n'est point une idée humaine, mais le principe même de la Bible, le mobile spirituel et divin qui, bien loin d'entamer la morale, en est le fondement et la vie. Oui, l'Évangile, d'un bout à l'autre, est de la morale, et qui plus est, une seule idée morale se développant par sa propre énergie, se ramifiant et coulant de son propre poids dans toutes les pentes que lui préparent le cœur et les vicissitudes de l'existence. La corruption humaine a pu seule réduire ces ressorts vitaux qu'on appelle des mystères, à n'être que des spéculations ou des formules. En réhabilitant la morale dans la religion, les réformateurs remirent le christianisme à l'usage de la vie. Tel est le véritable aspect sous lequel on doit envisager la Réforme.

Il faut même en convenir, la liberté de conscience ne fut point le mobile qui poussa les réformateurs. L'histoire des persécutions, des supplices mêmes qu'ils autorisèrent, témoigne tristement de leur inconséquence à cet égard. C'était d'une autre liberté, tout intérieure et spirituelle, qu'ils étaient préoccupés. C'est plutôt chez des penseurs restés catholiques qu'on rencontre des protestations en faveur de la liberté de conscience.

En remettant la morale dans la religion, les réformateurs furent donc les auteurs d'une grande synthèse; mais cette synthèse fut précipitée, et même à quelques égards prématurée. Elle se trouva ainsi défectueuse sous un rapport, et ce défaut a dû s'expier plus tard. Aujourd'hui nous en subissons les conséquences. Quand, après une fracture, l'os a été remis de travers ou à moitié, il faut casser de nouveau le membre pour le rendre à son état naturel. La Réforme alla trop loin, ou peut-être pas assez.

Mais, à côté de la réaction contre l'autorité sacerdotale, une autre réaction s'opérait, celle des penseurs restés catholiques de nom et pour la forme. A une époque où *croire* et *vivre* étaient deux choses distinctes et indépendantes, où le dogme n'était plus qu'un chiffre sans clef, la morale qu'une loi sans véritable sanction, il y avait à choisir entre deux partis : ou rétablir l'unité détruite, ou consommer la scission. Les réformateurs se fixèrent au premier parti. Ils furent sages; ils recoururent immédiatement à l'autorité de la Bible; mais ils eurent le tort d'y vouloir tout trouver. Ils avaient quelques erreurs de système, ainsi une vue peu exacte des rapports de l'Ancien-Testament avec le Nouveau. Ces défauts étaient contre-balancés par le grand principe de l'assimilation individuelle de la vérité. Si tout, dans leurs idées, n'était pas rationnel, ils suppléaient à la raison par la foi. Le cœur est plus conséquent que l'esprit. Ils étaient en paix; ils possédaient un abri; les libres penseurs n'en avaient point.

C'est de ces derniers, et non des réformateurs, que nous avons à nous occuper ici. Repoussant l'autorité, cherchant en dehors de la religion une base et une règle pour la vie, ces esprits, plus embarrassés que servis par leur liberté, se trouvaient sur un terrain à la fois stérile et encombré. Oiseaux chassés du nid avant d'avoir des plumes, jetés du sein d'un dogmatisme servile, mais sûr, dans les hasards d'un scepticisme vague, ils laissaient peser sur eux une disproportion inévitable et constante entre le but et les moyens, entre les ressources et les exigences de leur situation. Manquant de vigueur pour la synthèse, ils se réfugiaient dans l'analyse, et là, ils se trouvaient serrés entre les lumières de leur esprit, qui condamnait une religion incapable de le satisfaire, et un vieux respect, ou même un besoin de cœur pour quelques-uns. Les réclamations de la raison ont beau se faire entendre, l'âme ne se dessaisit pas facilement des restes d'une religion où elle a puisé ses premières tendances. Ils commencèrent donc par faire une réserve solennelle en faveur de ce culte qu'ils voulaient pouvoir retrouver, à l'heure du besoin, comme joug, comme sûreté, comme dernier asile. Semblables à des gens, qui, voulant courir à travers champs, commencent par bien fermer la maison et, pour y pouvoir rentrer en cas d'orage ou de danger, emportent la clef dans leur poche, ils se mirent à philosopher et à moraliser aussi librement que si la religion qu'ils professaient n'eût rien statué sur les objets de leurs recherches; toujours bons catholiques, ils ne laissaient pas d'être, dans leurs écrits, déistes, matérialistes, quelque peu athées, le tout sans conséquence. Il y avait dans le même individu deux êtres qui se faisaient de là place l'un à l'autre, et avaient grand soin de ne se pas coudoyer : l'homme d'habitude et de calcul, qui était catholique, et l'homme de pensée, qui était tout autre chose. Tout en observant certaines formes de la religion, ils ne lui demandaient pas ce dont, telle quelle était, ils la savaient incapable, c'est-à-dire de s'appliquer à la vie et de faire un seul tout avec elle:

Ils prétendaient avoir une religion d'une part, de l'autre une morale fondée sur des principes rationnels. Fatale et destructive idée, qui, sous air de respect, a miné par dedans, a évidé la religion, lui a soustrait toute sa substance et l'a réduite à une écorce sans vie.

Le seizième siècle, Messieurs, fut un siècle de forte activité intellectuelle, et cette condition poussait d'autant plus les esprits à chercher, pour la direction de la vie, cette règle que M. Saint-Marc Girardin appelle « une sagesse et une vertu séculières. » Mais l'état des choses accumulait les difficultés. Le trouble de la société avait passé dans les esprits. Au sein d'un peuple à demi sauvage, sous un gouvernement avili, au milieu des convulsions politiques, des agitations, des perplexités, des grossiers sophismes jetés sur les questions les plus élémentaires de la philosophie morale, ce n'eût pas été trop de l'autorité la mieux établie pour tenir bon contre le torrent qui menaçait de submerger les croyances. Et c'était alors que l'homme entreprenait de se donner à lui-même sa règle !

Eût-on vécu dans des temps plus paisibles, on se serait encore heurté contre d'insurmontables difficultés. A défaut de la religion on ne voulait, on ne pouvait faire reposer la règle de la vie que sur la philosophie. En effet, de la philosophie seule doit procéder une morale qui ne veut pas procéder du dogme. Mais en réalité, la philosophie, à cette heure, n'existait pas. Elle allait précisément surgir des efforts de la libre pensée ; mais elle n'avait encore ni base arrêtée, ni véritable substance. Dans les écoles, on ne connaissait guère plus que des formules ; l'autorité jouait en philosophie le même rôle qu'en religion ; on aurait plus volontiers douté de saint Paul que d'Aristote. Ici, comme ailleurs, tout était à démolir et à reconstruire.

La science elle-même était à faire. Quand il s'agit de créer une morale, la science n'y peut rester étrangère ; toutes ses branches s'y trouvent intéressées. Ce qu'il y avait alors, c'était de l'érudition, non de la science. On savait beaucoup de choses, mais on les savait mal ; c'était un ramas indigeste. Il fallait passer par les livres pour arriver aux choses. La restauration des études classiques, essentielle d'ailleurs à la culture de l'esprit humain, ne pouvait apprendre beaucoup à ceux qui avaient surtout besoin de se mêler à la vie. L'enthousiasme exclusif pour l'antiquité ouvrait la porte à diverses erreurs. On prétendait faire cadrer l'antique morale des stoïciens avec l'ordre de choses moderne, Lycurgue avec les institutions féodales, le moyen âge avec la république romaine. Certains esprits anticipaient sur les rêveries du socialisme et de la démagogie moderne. Ces idées, du reste, remuaient peu, précisément à cause de leur exagération. Il n'y a que les erreurs modérées qui soient redoutables.

Il est vrai, de grands événements avaient donné secousse au siècle et élargi l'horizon de la pensée : l'imprimerie, les excursions lointaines, l'Amérique, le cap de Bonne-Espérance. Mais tout cela ne fournissait guère encore que des notions inexactes et des idées mélangées de grossières erreurs. On en était réduit à la physique de Pline. Une large crédulité se combinait avec la tendance sceptique. La méthode même pour arriver à la science n'était pas découverte.

En dehors du mouvement de la Réforme et de son esprit, la recherche personnelle de la vérité, presque tout était incohérence ou excentricité. On se perdait dans la liberté de l'esprit comme dans un pays sans routes tracées. Aussi cette liberté produisit-elle peu de résultats. L'œuvre de ce siècle fut essentiellement négative en philosophie et en morale ; elle se borna à détruire ce qui jusqu'alors avait été admis. Au fond, ce n'était que justice. Le scepticisme, à cette époque, fut une réaction, sinon nécessaire, du moins naturelle.

On rencontre des systèmes de philosophie, des doctrines de cabinet, qui semblent n'avoir de raison d'être que dans la disposition du cerveau qui leur donne naissance. Il n'en est pas de même du scepticisme. Partout où il a paru d'une manière un peu générale, il a été facile de tracer sa filiation ; il s'enfante, ou dans la corruption de l'état politique, ou dans la dégradation de l'esprit philosophique. Ici, les deux causes opérèrent à la fois. Outre le désordre moral et social, les excès d'un dogmatisme opiniâtre et tyrannique avaient précipité toute une génération dans la situation où Montaigne décrit le philosophe Carnéade :
« Cette fantasie de Carneades, si vigoreuse, nasquit à
« mon advis anciennement de l'impudence de ceulx qui
« font profession de sçavoir, et de leur oultrecuidance

« desmesuree (1). » L'insolence du dogmatisme ouvrit la voie à l'insolence du pyrrhonisme. Et de plus, ce qu'il y avait d'humain, de juste, de généreux dans les âmes, put trop aisément envelopper la fermeté des convictions positives dans la haine excitée par un despotisme d'esprit qui faisait couler tant de sang.

Puis, étrange confluent! les défenseurs de la foi s'avisèrent de faire du pyrrhonisme un auxiliaire de la Révélation. L'insuffisance de la raison dans le grand objet du salut de l'homme est une vérité sans doute, et une vérité que suppose toute révélation; mais au lieu de s'en tenir là et de constater les limites de la raison, ils voulurent l'annuler, et par là ils donnèrent la main aux pyrrhoniens jusqu'au point où la route se bifurque. Personne n'était encore venu pour apprendre à bien douter. Parmi la généralité cependant, le scepticisme se produisit moins comme doctrine philosophique que comme tendance, affection de l'esprit. Jusqu'à Descartes et au delà, le scepticisme fut la philosophie de presque tous les penseurs qui n'étaient pas chrétiens, ou qui ne l'étaient qu'au sens du catholicisme. Les réformés seuls repoussaient d'un même effort ces deux tendances souvent si étroitement unies. Le catholicisme repose sur le pyrrhonisme, puisqu'il n'est que le désespoir de la raison. Cette disposition, commune à toute une lignée de sceptiques, se prolonge jusqu'à Pascal, chez qui le scepticisme, parvenu à son point extrême, se dissout dans la foi.

Mais au seizième siècle, le scepticisme revêt deux

(1) MONTAIGNE, *Essais.* Livre III, chapitre XI.

formes différentes. Tantôt, comme chez Montaigne, c'est une indolence, une volupté de l'esprit, une sorte d'épicurisme intellectuel. C'est Montaigne qui nomme le doute « un doulx oreiller pour une teste bien faicte.» Chez d'autres c'est plutôt une insolence de la pensée, qui se déguise en courage, en généreuse indépendance, et qui est, par un côté, contiguë au stoïcisme. Charron serait parfois le représentant de cette série de sceptiques; il exprime quelque part, dans son *Petit Traité de Sagesse*, le doute impétueux et incessant dont parfois il se fit l'apôtre. Le sage, selon lui, « ne « se doit lier ou obliger à aucune chose, mais se te- « nir libre, universel et ouvert à tout, tousjours prest « à recevoir la verité, si elle se presente, adherant « cependant au meilleur et plus vraysemblable qui « lui apparoit tel. Il gardera tousjours place à une « plus forte raison, ne jurant à rien. Jamais le sage « ne se laissera ravir la liberté d'esprit. Est-ce pas « chose estrange que l'homme ne la veut gouster, « voire s'offense d'en ouyr parler? N'y a-t-il pas lieu « de s'escrier icy avec Tybere, et plus justement que « luy : *O homines ad servitutem nati!* Quel monstre est « cecy de vouloir toutes choses libres, son corps, ses « membres, ses biens, et non l'esprit, qui toutes fois est « nay à la liberté, et non le reste (1)! »

A la première de ces formes du scepticisme nous répondrons qu'elle se condamne elle-même en avouant son principe. L'épicurisme, quel qu'il soit, est le contraire de la morale. Ajoutons de plus, en réponse à

_____

(1) CHARRON, *Petit Traité de Sagesse*. Rouen, 1623, pages 21 et 25.

Montaigne, qu'il n'est pas donné à chacun de trouver l'oreiller si doux, que c'est là une affaire purement individuelle, et que, pour d'autres, le doute est un fagot d'épines qui les empêche de dormir.

L'idée que Charron exprime dans les paroles que nous avons citées, est plus spécieuse. Il importe, en effet, d'examiner les opinions, de comparer les siennes avec celles d'autrui, parfois de modifier les unes par les autres. Mais Charron va ici plus loin; il ne permet pas à l'homme de s'arrêter; il ne lui concède que des opinions provisoires. Il méconnaît ainsi la nature humaine : l'homme n'est pas fait pour comparer seulement; il éprouve le besoin de conclure, de donner du repos à son esprit et à son âme. Grande est la différence entre la disposition à ne se laisser convaincre que légitimement et l'habitude de ne se croire jamais convaincu. Si tout n'est qu'apparence et incertitude, si le juste et l'injuste, le beau et le laid, la vertu et le vice sont destinés à flotter sans terme sous le prisme de nos impressions, permis au sceptique de donner à cette situation le nom de liberté; je n'y saurais trouver, quant à moi, que l'aride et dur labeur de l'esclave.

Non, Messieurs, le scepticisme ne sera jamais à mes yeux ni un honneur ni un bonheur; je n'y puis voir qu'une maladie. Nous sommes faits pour croire, puisque nous sommes faits pour aimer et vouloir, en un mot, pour agir. Il faut donc que notre nature ait subi une détérioration profonde pour s'être laissée envahir par cette paralysie. Pourquoi donc, me direz-vous, est-il si facile d'y tomber, si malaisé d'en guérir?

Messieurs, la fréquence et la gravité du mal que je signale, sont précisément des preuves de l'état de déchéance où l'homme est tombé. A lui seul il ne saurait s'en défaire ; il faut que Dieu le rende à la santé en redonnant la vie à son cœur, et par là le jour à son esprit. Le cœur va au but bien plus sûrement que l'esprit. Le ressort de la croyance est un élément vital de notre nature ; preuve en soit la beauté morale qui accompagne en général les convictions fortes. Ce sont les seules qui demeurent calmes. Une connexion assez étroite existe en l'homme entre la puissance de la volonté et la capacité de la foi ; l'esprit et le cœur s'énervent également dans la vacillation des principes.

Un symptôme caractéristique de ce que le scepticisme a de maladif, c'est l'inconséquence des sceptiques. Ils voudraient souvent s'arrêter, mais ils sont loin de compte. Qu'ils y prennent garde ; quand le scepticisme dogmatise, il se mord la queue. Pour être logique, il est condamné à aller jusqu'au bout, c'est-à-dire jusqu'au pyrrhonisme, qui doute de tout et de son doute même. Car *douter*, c'est encore raisonner en partant d'un point convenu. Dire : *je doute*, c'est affirmer quelque chose, et le droit du doute absolu est même refusé au sceptique conséquent. *Je doute si je doute*, est au fond la seule expression qui lui soit permise.

Il est vrai, sur les choses invisibles et spirituelles, l'individu peut vivre en compagnie du scepticisme ; il est porté et soutenu par les croyances de ce qui l'entoure. Mais l'humanité ne peut être sceptique, et une nation, cette famille humaine, ne peut le demeurer longtemps. Une nation, dont la généralité se trouve atteinte du mal sceptique, sent se retirer d'elle la séve de vie, et si quelque crise salutaire ne la sort de cet état, elle n'a plus qu'à se dissoudre. L'expérience est là pour le confirmer.

Tout général que soit le scepticisme comme caractère du seizième siècle, il n'a cependant pas envahi tous les esprits. La tradition morale tient bon dans quelques âmes, notamment dans la magistrature. Beaucoup mieux que le clergé, celle-ci a conservé non-seulement les mœurs, mais les maximes propres à réprimer les mœurs. Le calvinisme excepté, c'est au palais plus qu'ailleurs qu'on trouve encore des convictions saines. Les de Thou, les l'Hôpital professent, en morale et en religion, des doctrines positives et fermes ; le Parlement garde en dépôt l'antique tradition chrétienne. Au seizième siècle, la piété catholique est parlementaire.

Quant à la littérature proprement dite, elle pantagruélise. Le pantagruélisme est défini par Rabelais, « une certaine gayeté d'esperit conficte en mespris des « choses fortuites (1), » c'est-à-dire des choses convenues, consacrées même. Cette gaieté, sceptique après tout, qui s'embarrasse assez peu d'offenser les opinions reçues et le culte généralement reconnu, qui dans l'état où se trouvaient alors les esprits peut paraître assez naturelle, est bien un des caractères du seizième siècle ; elle y reparaît dans tous les écrits purement

(1) RABELAIS. *Nouveau prologue du Livre IV.*

littéraires. Mais il n'en faut pas conclure qu'elle soit
absolument propre à cette époque. Une gaieté insou-
ciante et moqueuse est assez la marque d'une génération fatiguée des luttes intestines et cherchant la
diversion dans l'étourdissement. Ces temps-là ne sont
guère ceux des convictions. Cependant, quoique
l'homme soit susceptible de rire d'un rire assez franc
aux heures où la morale s'en va, plus tard et à distance,
ce rire n'égaie pas. Au seizième siècle, l'élément gaulois, prêt à disparaître, s'en donnait avant d'en finir;
le joyeux cynisme de ce temps-là précédait l'hypocrisie
de la période suivante. La règle, l'ordre, l'étiquette
allaient avoir leur tour. Le seizième siècle n'en sait
rien ; mais dans sa joie effrontée il semble pressentir
qu'il joue de son reste.

II.

FRANÇOIS RABELAIS.

1483—1553.

La tendance négative du seizième siècle commence
à s'exprimer dans Rabelais. Rabelais cependant n'est
pas un sceptique, pas plus qu'il n'a l'intention d'être
un moraliste. Mais il porte en plein le cachet de son
époque, et il en fournit un document caractéristique.
Son importance littéraire est grande d'ailleurs. Sans
aller aussi loin que M. de Chateaubriand, lorsqu'il
affirme que Rabelais a créé la littérature française, il
faut convenir qu'il a réellement donné le ton à toute
une famille d'écrivains. Père nourricier des esprits
railleurs, il fut l'Homère de la lignée des poëtes satiriques, humoristiques, observateurs. Étudier pas à
pas l'influence qu'il exerça serait une œuvre pleine
d'intérêt ; mais à la distance où nous sommes, la trace
de cette action ne serait saisissable qu'au moyen d'é-
tudes approfondies. Ce qui nous importe surtout, c'est
ce qui exprime les idées morales de Rabelais, et ce qui
explique l'effet qu'il a produit. En fait de morale, on
ne peut admettre que l'initiative soit venue de lui. Un
auteur de ce genre ne se fait accepter que lorsqu'il est

l'expression de son époque, et que les mœurs du temps lui donnent des gages.

La vie de Rabelais contribua, sans doute, à développer l'esprit d'observation satirique et dégagée de préjugés qui fait le fond de ses ouvrages. Né à Chinon, en Touraine, en 1483, il entra fort jeune dans l'état religieux et devint moine dans un couvent de cordeliers à Fontenay-le-Comte en Poitou. Il semblait destiné à corroborer le proverbe vulgaire : l'habit ne fait pas le moine. Sa robe ne le garantit pas de certains désordres, qui l'obligèrent à quitter son couvent. Peut-être dut-il moins la haine de ses confrères à ses irrégularités qu'à l'humeur satirique et mordante dont il les rendait victimes, et à une supériorité d'esprit qui les offusquait pour le moins autant. La manière dont il peint leurs mœurs et leurs habitudes fait présumer qu'ils n'avaient pas le droit d'être fort sévères. De l'ordre des cordeliers il passa dans celui de Saint-Benoît, qu'il quitta bientôt après, pour mener une vie indépendante. Il se rendit à Montpellier, déjà célèbre par son école de médecine, et y étudia, sous d'habiles maîtres, l'art de guérir. Il y acquit des connaissances profondes pour l'époque, et y publia des commentaires estimés sur les œuvres d'Hippocrate. De là, honoré du bonnet de docteur et s'étant acquis la considération publique, il vint à Paris, où son érudition et son esprit lui assurèrent la bienveillance de plusieurs grands personnages, notamment celle du cardinal du Bellay, qui l'employa dans des affaires d'État. Ils furent ensemble à Rome, où Rabelais obtint

du Saint-Père le pardon de ses anciens égarements.
On a de lui quelques lettres, écrites de Rome à l'é-
vêque de Maillezais, l'un de ses protecteurs. Dans
cette correspondance, sensée et sérieuse, on ne reconnaît point le ton burlesque qui caractérise les ouvrages
de Rabelais. Quelques souvenirs historiques, quelques
réflexions piquantes, où l'on voit déjà percer sa haine
pour l'arbitraire, les préjugés, le fanatisme, ornent
ce petit recueil, qui, du reste, n'a guère de prix que
par le nom de son auteur. A son retour en France,
Rabelais obtint la cure de Meudon, qu'il desservit
jusqu'à sa mort, en 1553. On ne sait si, dans sa pa-
roisse, sa conduite fut plus régulière que dans son
couvent; toujours est-il que ses loisirs n'y furent pas
occupés d'une manière très analogue à la gravité de son
état. C'est dans cette retraite que fut composée la *Vie
inestimable du grand Gargantua, père de Pantagruel* (1),
allégorie satirique et bouffonne, qui recouvre souvent à peine des vérités hardies, mais qui, en échange,
renferme des obscurités qui ont inutilement exercé les
commentateurs. Certains chapitres sont de véritables
amphigouris, d'autres un recueil d'ordures à soulever
le cœur. On sait que la licence du livre a passé en
proverbe; on n'en peut citer une page de suite. Tout
ce que l'imagination la plus malpropre a pu réunir
d'images dégoûtantes en tout genre et d'expressions
grossières s'y trouve rassemblé, serré, entassé. Évidemment une bonne partie de tout cela a pour but de

(1) C'est le premier livre de l'ouvrage de Rabelais; mais il fut publié après le
second. Celui-ci parut en 1533.

faire passer les leçons qui s'y trouvent mêlées. Sup-
posez un homme qui, pour vous prodiguer impunément les outrages, feigne d'être plongé dans une folle
ivresse; vous aurez probablement une idée assez juste
du livre de Rabelais. Dans un sens, il y a ici plus
qu'une supposition; le curé de Meudon a soin de nous
apprendre que les registres de son cerveau sont un
peu brouillés par la « purée septembrale, » que la
bouteille est son vrai et seul Hélicon, sa *fontaine cabal-
line*, que c'est en buvant qu'il délibère, qu'il discourt,
qu'il résout et conclut. Le vin donne du courage;
Rabelais, dans sa verve caustique, ne ménage personne; le peuple, les savants, la cour, l'Église même,
rien n'est épargné; il s'est attaqué à tout ce qui avait
nom dans le monde; c'est jusque sur le trône ou sur
ses degrés qu'il va choisir les victimes qu'il expose à
la risée publique. Ainsi les dépenses démesurées de
la cour, désignées par ces dix-sept mille neuf cent
treize vaches dont le lait suffit à peine à alimenter le
royal nourrisson; ainsi l'indifférence des grands pour
les petits, dans ces six pèlerins que Gargantua avale
par mégarde dans une salade. Et cette jument dont la
queue balaie des forêts sur son passage, qu'est-ce
autre que la maîtresse de François Ier, la duchesse
d'Étampes? On rapporte que le roi fit abattre des bois
entiers pour faire passer ses équipages. Ailleurs ce
Gargantua qui enlève les cloches de la cathédrale de
Paris pour en faire des sonnettes au cou de sa jument,
c'est François Ier lui-même, qui répondit, en effet, aux
joyeuses démonstrations des Parisiens à son entrée

dans sa capitale, en les accablant de nouveaux impôts.
Faut-il expliquer ce que c'est que ce moine robuste
qui renverse et écrase tout avec le bâton de sa croix,
cette île des Papimanes, peuplée de gens gros, gras
et vermeils, et cette île des Papefigues, dont les habitants, au contraire, ont « le corps sec et le teint mar-
« miteux? »

Mais Rabelais avait su s'y prendre : ses hardiesses
furent loin de lui nuire, ni même de lui attirer de la
malveillance. On sait que François Ier voulut lui-même
entendre la lecture de ses écrits, qu'il se reconnut
parfaitement sous le pinceau de Rabelais, et qu'il rit
tout comme un autre de sa propre caricature. Cette
indulgence encouragea l'auteur, qui osa continuer son
ouvrage et en sema les derniers livres de traits encore
plus hardis et plus directs. Tout sert d'objet à sa
gaieté grossière et fine à la fois; car si les images
sont grossières, la satire n'en est que plus fine par le
contraste, et parfois la piquante originalité de la pensée n'en ressort que mieux aux yeux du lecteur.
Rabelais était fort instruit à la façon de son temps,
témoin cette discussion où il cite vingt auteurs anciens,
à propos de la signification du *blanc* et du *bleu;* mais
là précisément vous sentez que l'érudition n'était guère
pour lui qu'un sujet de risée. Indiquer le fond caché
sous la gravité officielle des idées reçues est le but
auquel il tend sans cesse :

« Sans plus séjourner, nous transportasmes au
« lieu ou c'estoit, et veismes ung petit vieillard bossu,
« contrefaict et monstrueux; on le nommait Ouydire :

« il avoit la gueulle fendue jusques aux aureilles,
« dedans la gueulle sept langues, et chascune langue
« fendue en sept parties : quoy que ce feust, de toutes
« sept ensemblement parloit divers propous et lan-
« guaiges divers : avoit aussi parmy la teste et le
« reste du corps autant d'aureilles comme jadys eut
« Argus d'yeulx : au reste estoit aveugle et paraly-
« ticque des jambes. Autour de luy, je veidz nombre
« innumerable d'hommes et de femmes escoutans et
« attentifz, et en recongneu aulcuns parmy la trouppe
« faisans bons minoys, d'entre lesquelz ung pour lors
« tenoit une mappemonde et la leur expousoit som-
« mairement par petitz aphorismes, et y devenoyent
« clercz et sçavans en peu d'heures, et parloyent de
« prou de choses prodigieuses, elegantement et par
« bonne memoire; pour la centiesme partie desquelles
« sçavoir ne suffiroit la vie de l'homme : des Pyra-
« mides, du Nil, de Babylone, des Troglodytes, des
« Himantopodes, des Blemmyes, des Pygmees, des
« Canibales, des mons Hyperborees, des Egipanes,
« de tous les diables, et tout par ouy dire. Là je
« veidz, selon mon advis, Herodote, Pline, Solin,
« Berose, Philostrate, Mela, Strabo, et tant d'aultres
« anticques..... et ne sçay combien de modernes histo-
« ryens, cachez derriere une piece de tapisserie, en
« tapinoys escripvant de belles besongnes, et tout
« par ouy dire (1). »

Il faut l'entendre se moquer de la lourde et pé-
dante éducation de son temps, dans cet entretien de

(1) Livre V, chapitre XXXI.

Pantagruel avec un étudiant, qui répond à toutes ses questions dans un baragouin mêlé de grec et de latin, jusqu'au moment où, serré à la gorge, il crie merci dans le patois grossier de sa province. Tout cela a été cité cent fois; et aujourd'hui même, mille allusions à ses écrits égaient et colorent la conversation. Que d'emprunts heureux lui doivent La Fontaine et Molière, depuis ce Picrochole du *Pot au Lait*, type des bâtisseurs de châteaux en Espagne, qu'on retrouve encore chez Boileau, dans le dialogue de Pyrrhus et Cinéas (1), jusqu'à ce conseil sur le mariage, où Panurge énumère toutes les chances favorables ou défavorables de l'état conjugal, et où Pantagruel lui répond froidement : *Mariez-vous. Ne vous mariez pas.* Quoique Molière, dans *le Mariage forcé*, ait été le meilleur imitateur de cette scène, il n'a pas été le seul; elle a été reproduite souvent avec succès, parce que le fond de la plaisanterie est de si bon aloi qu'il a toujours pu soutenir la part de la mise en œuvre.

On s'est fort exercé sur les passages difficiles des écrits de Rabelais, comme sur l'intention générale et l'esprit de son livre; on y a vu une signification profonde. Mais au milieu de beaucoup de choses justes et ingénieuses, trop ingénieuses parfois, si elles recouvrent un but réellement sérieux, je ne pense pas, Messieurs, que Rabelais eût en réalité d'autre intention que celle de se réjouir soi-même et de réjouir ses lecteurs. « Le rire, dit-il, est le propre de « l'homme. » C'est surtout le propre de Rabelais.

(1) BOILEAU. *Épître I.*

Tout est là. C'est la clef de son livre. Nous ne voulons pas garantir l'authenticité de tous les bons mots
qu'on lui prête, ni de ces paroles sacriléges avec lesquelles on prétend qu'il termina sa vie : « Tirez le ri-
« deau, la farce est jouée. » Mais on ne prête guère
qu'aux riches, et nous ne pouvons nous empêcher de
croire que le ridicule a paru à Rabelais le premier et
le dernier mot de la vie humaine. Ce que vous voyez
sur son visage, ce n'est pas un masque, c'est de la lie.
Son jugement excellent et fin lui montre les sottises
des hommes ; mais Rabelais ne va pas jusqu'à s'en af-
fliger. Ce tempérament-là est passablement fréquent;
assez de gens savent juger que le mal est mal, et
cependant ils ne font qu'en rire. C'est le commencement de tous les athées, et le propre, hélas! des plus
excellents comiques. On a pu, sous ce rapport, comparer Rabelais à Aristophane (1); et en effet, si l'on
rapproche le but des deux auteurs, le caractère de
leurs fictions, le cynisme de leur pinceau, on y reconnaît deux esprits de même famille.

On a voulu aussi mettre Swift en parallèle avec le
curé de Meudon; on l'a appelé un Rabelais perfec-
tionné; on a également remarqué chez Sterne plusieurs
rapports avec l'auteur de *Gargantua* ; mais malgré ces
analogies, tous deux en diffèrent à bien plus d'égards
qu'Aristophane.

Les Français, chez qui la plaisanterie et le sérieux
constituent deux mondes séparés, offrent bien peu de
traces dans leurs écrits de cette délicieuse humeur

_____

(1) LEMERCIER. *Cours analytique de Littérature*, tome II, page 71.

(*humor, humour*) qui chez tant d'écrivains allemands et anglais provoque en même temps le sourire et les larmes. M. Xavier de Maistre, et sur ses traces, le spirituel auteur de la *Bibliothèque de mon Oncle*, M. Tœpffer, de Genève, nous ont initiés au charme de ce genre d'esprit, dont la bonhomie est le principal charme, et que La Fontaine et Ducis auraient dû nous faire connaître. Ici même il existe des nuances ineffaçables. La Fontaine est naïf, il est touchant, il est sublime; il n'a point d'égal, point de semblable même; mais pour humoristique je doute qu'il le soit; j'accorderais plutôt ce titre à Rabelais.

Le temps où il vivait ne se scandalisa nullement de l'immonde obscénité de son livre; elle fut plutôt un élément de succès. Son ouvrage était dans le goût de son siècle, et les esprits distingués qui savaient en apprécier les belles parties, n'en savouraient pas moins ce qui nous repousse aujourd'hui. La bonne compagnie du temps de François Ier n'était pas celle du siècle de Louis XIV.

La Bruyère a dit de Rabelais, qu'il trouve inexcusable d'avoir semé l'ordure dans ses écrits : « Son « livre est une énigme, quoi qu'on veuille dire, inex- « plicable : c'est une chimère; c'est le visage d'une « belle femme avec des pieds et une queue de ser- « pent, ou de quelque autre bête plus difforme; « c'est un monstrueux assemblage d'une morale « fine et ingénieuse et d'une sale corruption. Où il est « mauvais, il passe bien loin au delà du pire, c'est « le charme de la canaille; où il est bon, il va jusqu'à

« l'exquis et à l'excellent, il peut être le mets des
« plus délicats (1). »

A peine, aujourd'hui, trouverait-on une canaille
qui s'amusât de ce qui, au seizième siècle, faisait les
délices de la cour. On convient sans doute qu'alors
tout était grossier, langue, mœurs, manières ; mais
on n'a pas assez reconnu que cette grossièreté du langage tenait au déréglement des mœurs. On a répété
souvent qu'une grande politesse recouvre une grande
immoralité. Je conviens qu'à un certain point de la
civilisation, la politesse des mœurs ne donne pas la
mesure de leur pureté ; mais je prétends, Messieurs,
qu'au fond la politesse a pour principe la vertu. Quand
des mœurs barbares deviennent plus polies, il y a
amélioration morale ; l'inverse, je ne voudrais pas le
soutenir. L'école de Calvin, par exemple, n'est pas
très remarquable par sa politesse, elle s'en tient à
l'honnêteté. J'avoue que j'y souhaiterais un ingrédient
de plus. Si, d'un côté, la vertu doit faire le fond des
mœurs polies, il y faut de l'autre l'intervention des
femmes, mais des femmes vertueuses. Les femmes
jouèrent sans doute un rôle éminent à l'époque de
François Ier ; mais ce fut le rôle de l'intrigue et de la
beauté ; et hormis Jeanne d'Arc, les temps qui abou-
tissent à ce roi ne nous ont guère transmis de réputation féminine irréprochable. La politesse s'introduira
sous les *précieuses*, qui ne furent pas toujours des *précieuses ridicules*.

Mais si le livre de Rabelais est au fond le livre d'un

(1) LA BRUYÈRE. *Caractères. 1. Des ouvrages d'esprit.*

rieur intrépide et obstiné, son temps ne le jugea pas comme nous le jugeons. Non-seulement on le goûta, mais on le trouva sérieux. Cet ouvrage, désavoué par les Réformés, quoiqu'il guerroyât contre le catholicisme, et maudit par les catholiques, contient pourtant quelque chose : il renferme la destruction. C'est de détruire qu'on lui savait gré ; car il est des temps où le cœur et l'esprit se dilatent à la démolition d'abus longtemps endurés. Le livre de Rabelais assouvissait une haine juste, mais emportée ; on ne se demandait pas même comment cet homme, qui vivait de l'Église, tout en l'attaquant, pouvait ainsi déchirer la soutane qu'il continuait à porter. Quelques-uns, le prenant au sérieux bien plus qu'il ne s'y prenait lui-même, lui disaient par la bouche d'un poëte du temps, Hugues Salel :

> Or, persévère, et si n'en as mérite
> En ces bas lieux, l'auras au haut domaine.

Qu'on se représente Gargantua et ses aventures comme un titre d'entrée au séjour des bienheureux ! Mais, du moins, Rabelais avait trop de bon sens pour exprimer lui-même cette prétention. Quelque chose de pareil était réservé, deux cents ans plus tard, à J.-J. Rousseau.

Rabelais me paraît donc, en résumé, un gai et fin railleur, et en même temps un habile connaisseur du cœur humain. Il ne l'ouvre pas à petits plis, comme les moralistes analytiques, mais brusquement et à libres entrées, comme les grands comiques. Mais ce n'est pas tout, Messieurs ; Rabelais était un grand

esprit, et dans tout grand esprit le sérieux doit trouver
son moment et sa place. Il les a trouvés en lui malgré
tout, rarement sans doute, mais avec gravité, et d'une
manière qu'on pourrait appeler solennelle. Aussi se de-
mande-t-on au premier coup d'œil, si là aussi, et là
surtout, il n'a pas voulu se moquer. On finit pourtant
par être forcé d'y reconnaître un vrai sérieux. Ainsi
la lettre de Gargantua à son fils Pantagruel, trouve des
accents graves et élevés. Dans l'histoire de Thamous,
Rabelais devient même tragique. On sait qu'il est ici
question d'un passage sur les oracles qui ont cessé,
tiré de Plutarque, où il raconte que, dans le voisinage
des Echinades, une voix se fit entendre, ordonnant au
pilote, nommé Thamous, lorsqu'il serait arrivé à un
certain lieu, de crier à haute voix, que Pan le grand
Dieu était mort.

« Il n'avoit encores achevé, continue Pantagruel,
« quand feurent entenduz grandz souspirs, grandes
« lamentations et effroys en terre, non d'une personne
« seule, mais de plusieurs ensemble. Ceste nouvelle
« (parce que plusieurs avoyent esté presens), feut bien
« toust divulguee en Romme. Et envoya Tibere Cesar,
« lors empereur de Romme, querir cestuy Thamous.
« Et, apres l'avoir entendu parler, adjousta foy à ses
« parolles. Et se guementant es gens doctes qui pour
« lors estoyent en sa court et en Romme, et en bon
« nombre, qui estoit cestuy Pan, trouva par leur rap-
« port qu'il avoit esté fils de Mercure et de Penelope.
« Toutesfoys, je le interpreteroys de celluy grand
« Servateur des fideles, qui feut en Judee ignominieu-

« sement occiz par l'envie et iniquité des pontifes,
« docteurs, prebstres et moynes de la loy mosaicque..
« Et ne me semble l'interpretation abhorrente. Car,
« a bon droict, peult-il estre en languaige gregeoys
« dict Pan. Veu qu'il est le nostre Tout : tout ce
« que sommes, tout ce que vivons, tout ce que
« avons , tout ce que esperons est luy, en luy, de
« luy, par luy. C'est le bon Pan, le grand pasteur...,
« qui, non seullement ha en amour et affection ses
« brebiz, mais aussi les bergiers. A la mort duquel
« feurent plainctz, souspirs, effroys et lamentations en
« toute la machine de l'univers, cieulx, terre, mer,
« enfers. A ceste mienne interpretation compete le
« temps. Car cestuy tres bon, tres grand Pan, nostre
« unicque servateur, mourut lez Hierusalem, regnant
« en Romme Tibere Cesar. Pantagruel, ce propous
« finy, resta en silence et profunde contemplation. Peu
« de temps apres, nous veismes les larmes decouller
« de ses œilz, grosses comme œufz d'austruche (1). »

Sans doute, ce sérieux n'est qu'un sérieux d'imagination, un sérieux poétique, ou si l'on veut intellectuel, qui ne change en rien le caractère du livre, et
qui fut pour peu dans son succès. Mais enfin Rabelais
peut exprimer des idées sérieuses.

Souvent il jette sur l'ensemble de l'univers un regard philosophique et profond; sur la nature, sur
l'ordre du monde, on rencontre chez lui des pensées
belles et grandes. Ainsi quand il attribue à Gaster,
c'est-à-dire à la faim, l'invention des arts :

(1) Livre IV, chapitre XXVIII.

« Si croyez que le feu soit le grand maistre des arts,
« comme escript Ciceron, vous errez, et vous faictes
« tort. Car Ciceron ne le creut oncques. (C'est Gaster.)
« Il est imperieux, rigoureux, rond, dur, difficile, in-
« flectible. A luy on ne peult rien faire croire, rien re-
« monstrer, rien persuader. Il ne oyt point. Gaster
« sans aureilles fut creé. Il ne parle que par signes.
« Mais, a ses signes, tout le monde obeyst. Tousjours
« va devant : y feussent roys, empereurs, voyre certes
« le pape. Pour le servir, tout le monde est empesché,
« tout le monde labeure. Aussi, pour recompense,
« il faict ce bien au monde qu'il luy invente toutes
« arts, toutes machines, tous mestiers, tous engins et
« subtilitez...

« Vous sçavez que, par institution de nature, pain,
« avecques ses appennaiges, luy ha esté pour provision
« et aliment adjugé ; adjoincte ceste benediction du
« ciel, que, pour pain trouver et guarder, rien ne luy
« defauldroyt. Des le commencement, il inventa l'art
« fabrile, et agriculture, pour cultiver la terre, ten-
« dent a fin qu'elle luy produisist grain. Il inventa
« l'art militaire et armes, pour grain deffendre ; me-
« dicine et astrologie, avecques les mathematicques
« necessaires pour grain en saulveté par plusieurs siè-
« cles guarder et mettre hors les calamitez de l'aer,
« deguast des bestes brutes, larrecin des briguans. Il
« inventa les moulins a eaue, a vent, a bras, a aultres
« mille engins, pour grain mouldre et reduire en fa-
« rine ; le levain, pour fermenter la paste, le sel pour
« luy donner saveur, le feu pour le cuyre, les horloges

« et quadrans pour entendre le tempz de la cuycte de
« pain, creature de grain. Il inventa chariotz et cha-
« rettes, pour plus commodement le tirer. Il inventa
« basteaulx, gualeres et navires (chose de laquelle se
« sont les elemens esbahiz) pour oultre mer, oultre
« fleuves et rivieres naviger, et de nations barbares,
« incongneues et loing separees, grain porter et trans-
« porter (1). »

On connaît aussi les chapitres curieux, modèles d'i-
ronie soutenue, où Panurge voit rouler le monde
entier sur un système d'emprunt et de prêt :

« Nature n'ha creé l'homme que pour prester et em-
« prunter... L'intention du fondateur de ce micro-
« cosme est y entretenir l'ame, laquelle il y ha mise
« comme hoste, et la vie. La vie consiste en sang. Sang
« est le siege de l'ame ; pourtant ung seul labeur
« poine ce monde, c'est forger sang continuellement.
« En ceste forge sont tous membres en office propre :
« et est leur hierarchie telle, que sans cesse l'ung de
« l'aultre emprunte, l'ung à l'aultre preste, l'ung à
« l'aultre est debteur. La matiere et metal convenable
« pour estre en sang transmué est baillee par nature :
« pain et vin... »

Suit un détail sur la formation et le mouvement du
sang, où l'on dirait que Rabelais a reconnu la circulation du sang :

« Chascun membre l'attire à soy et s'en alimente
« à sa guise : piedz, mains, yeulx, tous ; et lors sont
« faictz debteurs, qui paravant estoyent presteurs...

(1) Livre IV, chapitres LVII et LXI.

« Enfin, tant est affiné dedans le retz merveilleux,
« que, par apres, en sont faictz les esperitz animaulx,
« moyennant lesquelz l'ame imagine, discourt, juge,
« resoult, delibere, ratiocine et rememore. Vertu-
« guoy! je me naye, je me perdz, je m'esguare, quand
« j'entre au profund abysme de ce monde, ainsi pres-
« tant, ainsi debvant. Croyez que chose divine est
« prester ; debvoir est vertus heroicque (1). »

Et là-dessus, Panurge supplie Pantagruel de ne pas payer pour lui toutes ses dettes.

Dans ses jugements, dans ses trop rares conseils, Rabelais fait preuve d'un bon sens éminent, et le bon sens, à toutes les époques, est, sur certains sujets, une grande hardiesse et une grande nouveauté. Sur ces sujets il est bien plus rare que l'esprit, et même, à certains moments, rien n'est plus voisin du génie. Parfois il faut du génie pour en arriver au bon sens. Quelques-unes des plus grandes révolutions par où se sont signalés les progrès de l'esprit humain n'ont été que la réintégration du bon sens. Ainsi Bacon a ouvert la voie aux sciences, et surtout aux sciences naturelles, en exprimant une vérité de simple bon sens, c'est qu'avant de formuler des systèmes il faut les appuyer sur des faits. Ici le bon sens et le génie se confondent.

Mais cependant, Messieurs, je ne puis donner le même caractère à tous les moments décisifs et solennels de l'histoire de l'esprit humain. Ses évolutions sont de deux sortes. Tantôt la réaction s'introduit en

(1) Livre III, chapitre IV.

faveur du bon sens contre la coutume, tantôt elle s'opère contre le bon sens en faveur de l'âme. Le bon sens ne saurait suffire à tout, quoique malheureusement il en ait la prétention. Il a parfois la vue trop courte. Mais l'esprit humain est, dans son ensemble, muni de certaines forces relatives à l'acquisition ou au maintien de la vérité, qui dépassent la limite du sens commun; et parfois, les faits lui venant en aide et protestant contre l'invasion de ce sens vulgaire, l'esprit s'élève à une sphère qui n'est plus du ressort de son régulateur accoutumé. Il existe au fond de l'âme une sorte de tradition de la vérité, car la vérité est le point de départ de l'esprit humain. Convenons qu'au fond la coutume, la tradition, quelque altérées que l'erreur les ait faites, ont pris naissance dans une vérité importante et noble.

Mais, au seizième siècle, la position était contraire à ce point de vue. Il fallait réagir contre la tradition et l'autorité, ou, comme le firent les Réformateurs, au nom de l'autorité divine, ou, comme l'entreprit Rabelais, au simple nom du bon sens et sans plan marqué.

Répétons-le néanmoins : de morale proprement dite, il n'y en a point dans les écrits de Rabelais; tout revient au pantagruélisme. La littérature du seizième siècle a généralement ce caractère, et fait fi, assez joyeusement, de deux choses, du decorum et des principes. Le decorum, ce fantôme de la règle morale, est quelquefois davantage; il peut être un pressentiment, un désir d'ordre et de vérité. Mais, masque ou réalité, le seizième siècle s'en inquiète peu. Le decorum devait arriver avec un autre ordre politique. Pour la première fois, la cour devait en fournir le type et les règles, et du même coup, faire pâlir l'élément bourgeois, encore fort en saillie au seizième siècle. Le seizième siècle est un siècle bourgeois. Ce caractère s'effacera au dix-septième. Quant aux principes, ils viendront quand ils pourront.

III.

MICHEL DE MONTAIGNE.

1533—1592.

Nous arrivons maintenant au premier des moralistes de l'époque, à Montaigne. Ce n'est pas sa seule renommée; en qualité d'écrivain, sa réputation est grande et mérite de l'être. Facilité, naturel, laisser aller, grâce et vivacité des tours, beauté de la diction, originalité des idées, éclat pittoresque de l'expression, tout cela se trouve réuni, fondu, pénétré d'un charme auquel il est impossible de résister, et qui, malgré la vétusté du langage, fait encore les délices d'une foule de lecteurs. On peut même dire que le sort de Montaigne a été d'être toujours mieux apprécié à mesure que le monde a grandi. Il crée lui-même ses expressions selon le besoin; ce sont des figures hardies, mais familières. Son esprit, ennemi de la pompe, est tourné vers la force, mais la force aisée. Il avait d'ailleurs le privilége de se gêner moins qu'un autre avec la langue, son éducation en ayant presque fait un étranger dans la littérature française. C'est un Romain de beaucoup d'esprit qui écrit en français; ses latinismes embellissent souvent son langage; ils communiquent à l'idiome national l'énergie de la langue

d'Horace. Sous ce rapport, cependant, on pourrait dire
que Montaigne a été moins directement utile à la formation de la langue que son contemporain Amyot,
essentiellement français dans son tour et ses expressions, et plus facile pour le commun des lecteurs.

A peine Montaigne passa-t-il pour philosophe aux
yeux de ses contemporains ; on entendait par philosophie tout autre chose. S'il plut, ce fut moins par ce
qu'il a de vraiment admirable que par des accessoires
auxquels le goût de son époque attachait grand prix.
Il est tout rempli de citations, genre de mérite que
son temps admirait, qu'au nôtre encore, à première
vue, quelques-uns admirent, tandis que plusieurs sont
tentés d'accuser l'auteur de pédantisme. Les uns et
les autres sont dans l'erreur ; personne n'est moins
pédant que Montaigne, et d'une autre part, c'est un
érudit de hasard et d'occasion, à bien des égards un
érudit improvisé. C'est une tête bien meublée pourtant, remplie de souvenirs classiques; il lisait peu de
livres, mais il les relisait beaucoup. Nourri dès son
enfance de l'étude des anciens, il a retenu, presque
sans le vouloir, leurs phrases, leurs traits, leurs expressions; son esprit surabonde de souvenirs; il cite
souvent avec inexactitude, parce qu'il cite toujours de
mémoire, mais avec quel piquant, quel à-propos,
quelle heureuse fécondité ! On dirait un vieillard s'en-
tretenant familièrement avec ses amis, laissant doucement couler les réflexions de son grand âge, les souvenirs de son expérience, les trésors de sa mémoire.
Il ne veut rien faire pour sa gloire de toutes ces

richesses; il en use pour son plaisir. Il aime à conter comme tous les vieillards, et le souvenir de ce qu'il a lu, de ce qu'il a vu et entendu, s'entremêle à ses discours et en augmente le prix et le charme.

Ce n'est pas comme littérateur que nous envisageons ici Montaigne; nous devons surtout nous occuper du penseur. Mais, pour bien apprécier son œuvre, quelques préliminaires sont indispensables. Son livre, son système, sa morale, tout cela fut préparé dès le berceau. L'homme et l'auteur furent, en grande partie, créés par l'éducation, et certainement le père de Michel de Montaigne fut pour quelque chose dans la philosophie de son fils. Voici ce que celui-ci en dit lui-même :

« Le bon pere que Dieu me donna, qui n'a de
« moy que la recognoissance de sa bonté, mais
« certes bien gaillarde, m'envoya, dez le berceau,
« nourrir à un pauvre village des siens et m'y teint
« autant que je feus en nourrice et encores au delà;
« me dressant à la plus basse et commune façon de
« vivre. Ne prenez jamais, et donnez encores moins à
« vos femmes la charge de leur nourriture; laissez
« les former à la fortune, soubs des loix populaires et
« naturelles; laissez à la coustume de les dresser à la
« frugalité et à l'austerité; qu'ils ayent plustost à
« descendre de l'aspreté qu'à monter vers elle. Son
« humeur visoit encores à une aultre fin, de me r'al-
« lier avecques le peuple et cette condition d'hommes
« qui a besoing de nostre ayde; et estimoit que je
« feusse tenu de regarder plustost vers celuy qui me
« tend les bras, que vers celuy qui me tourne le dos;

4

« et feut cette raison, pour quoy aussi il me donna à
« tenir, sur les fonts, à des personnes de la plus
« abjecte fortune, pour m'y obliger et attacher (1). »

Et ailleurs : « C'est un bel et grand adgencement
« sans doubte que le grec et latin, mais on l'achete
« trop cher. Je diray icy une façon d'en avoir meilleur
« marché que de coustume, qui a esté essayee en moy
« mesme : s'en servira qui vouldra. Feu mon pere,
« ayant faict toutes les recherches qu'homme peult
« faire, parmi les gents sçavants et d'entendement,
« d'une forme d'institution exquise, feut advisé de cet
« inconvenient qui estoit en usage; et lui disoit on
« que cette longueur que nous mettions à apprendre
« les langues qui ne leur coustoient rien, est la seule
« cause pourquoy nous ne pouvons arriver à la gran-
« deur d'ame et de cognoissance des anciens Grecs et
« Romains. Je ne croy pas que ce en soit la seule cause.
« Tant y a que l'expedient que mon pere y trouva, ce
« feust qu'en nourrice, et avant le premier desnoue-
« ment de ma langue, il me donna en charge à un
« Allemand, qui depuis est mort fameux medecin en
« France, du tout ignorant de nostre langue, et tres
« bien versé en la latine. Cettuy ci, qu'il avoit faict
« venir exprez et qui estoit bien cherement gagé, m'a-
« voit continuellement entre les bras. Il en eut aussi
« avecques luy deux aultres moindres en sçavoir, pour
« me suyvre, et soulager le premier; ceulx cy ne m'en-
« tretenoient d'aultre langue que latine. Quant au
« reste de sa maison, c'estoit une regle inviolable que

(1) Livre III, chapitre XIII.

« ny luy mesme, ny ma mere, ny valet, ny cham-
« briere, ne parloient en ma compaignie qu'autant de
« mots de latin que chascun avoit apprins pour jar-
« gonner avec moy.

« Quant à moy, j'avoy plus de six ans avant que
« j'entendisse non plus de françois ou de perigordin
« que d'arabesque : et, sans art, sans livre, sans gram-
« maire ou precepte, sans fouet, et sans larmes, j'avois
« apprins du latin tout aussi pur que mon maistre
« d'eschole le sçavoit. Entre aultres choses, mon pere
« avoit esté conseillé de me faire gouster la science
« et le debvoir par une volonté non forcée, et de mon
« propre desir ; et d'eslever mon ame en toute doul-
« ceur et liberté, sans rigueur et contraincte ; je dis
« jusques à telle superstition, que, parce qu'aulcuns
« tiennent que cela trouble la cervelle tendre des en-
« fants de les esveiller le matin en sursault, et de les
« arracher du sommeil (auquel ils sont plongez beau-
« coup plus que nous ne sommes) tout à coup et par
« violence, il me faisoit esveiller par le son de quelque
« instrument, et ne feus jamais sans homme qui m'en
« servist (1). »

Ces traits nous manifestent l'esprit de l'éducation
que reçut Montaigne. S'il se montre indépendant de la
coutume et des préjugés de son temps, son père lui
en a donné l'habitude. Point de superstition ni de routine ; le père met plutôt une sorte de superstition à se
dégager de la routine. Il veut faire de son fils un
homme avant tout. Il anticipe sur l'idée de Pascal : la

(1) Livre I, chapitre XXV.

qualité d'homme lui paraît déjà supérieure à tout le
reste. Il veut prévenir, déjouer d'avance l'action des
idées de son temps, et c'est pour cela que le gentilhomme périgourdin rapproche son enfant du peuple,
qu'il le fait peuple, en un sens, en lui donnant pour
parrains des personnes de basse extraction. Non que
les gens du peuple soient en eux plus près de la nature; mais il faut que Michel de Montaigne puisse toucher à la fois aux deux extrémités de la société, il faut
qu'il soit homme et non pas seulement gentilhomme.
Tout tendait pour lui à remplacer la science des livres
par celle des choses, la sagesse écrite par celle qui ne
l'est pas, le curieux par l'utile, la spéculation par la
pratique. Sous ce rapport il est intéressant de lire la
préface sur la vie de Montaigne par sa fille adoptive,
Mlle de Gournay (1).

Après cette éducation de la maison paternelle, Montaigne reçut pendant quelque temps, mais avec dégoût, celle du collége de Guyenne. La carrière des
armes attirant peu un esprit de cette trempe, il se dé-
cida pour le barreau. On sait généralement que, de
bonne heure, il y acquit de la réputation et que, fort
jeune encore, il fut nommé conseiller au parlement de
Bordeaux. En qualité d'homme d'esprit, il obtint l'a-
mitié de personnages considérés. Il se maria à l'âge
de trente-trois ans, mais plutôt, comme il l'apprend à
ses lecteurs, pour suivre la coutume que par aucune

_____

(1) Voir en particulier les pages xxv et xxxvii de cette préface, dans l'édition de Lefèvre in-12 (1818). On y rencontre à la page xxxii ce mot remarquable :
« N'est aulcune chose, meslee dans les interests de l'homme, qui soit petite ou
« legere de poids ; elle pese assez si elle touche. »

inclination particulière. « J'eusse fuy d'espouser la sa-
« gesse mesme, si elle m'eust voulu. » Remarquons,
en passant, que ce mot et bien d'autres furent écrits
du vivant de sa femme. En 1580, à l'âge de quarante-
sept ans, il publia ses deux premiers *Essais*, qui firent
grand éclat et eurent plusieurs éditions consécutives.
On a prétendu que les connaissances dont ils fournissent la preuve furent le résultat des voyages de l'auteur; mais il est à remarquer que ces deux livres
avaient paru antérieurement. Ce fut après 1580 que
Montaigne vit l'Italie, l'Allemagne, la Suisse. De retour, il se remit à l'œuvre. Nommé maire de Bordeaux,
il remplit cette charge avec honneur; il s'en démit
toutefois le plus tôt possible, et se retira dans son château de Montaigne en Périgord, pour y goûter le repos
de la vie domestique. Mais, du temps de Montaigne,
ce repos était passablement intermittent. Cette époque
est la plus tumultueuse du seizième siècle; au milieu
du trouble et de l'angoisse générale, la France, en
proie aux factions diverses, demeure une arène sanglante jusqu'à l'avénement définitif de Henri IV.

Montaigne traversa la crise assez heureusement, à
tout prendre, mais atteint cependant par la violence
des factions. Modéré qu'il était, il se vit, nous dit-il,
pelaudé à toutes mains : au Gibelin, il était Guelfe; au
Guelfe, Gibelin. Son château fut plusieurs fois pillé et
endommagé, tantôt du fait d'un parti, tantôt du fait de
l'autre; ses jours mêmes furent parfois en danger. Il
est probable que toutes ces agitations dans sa vie et
dans son pays contribuèrent à répandre sur le dernier

livre des *Essais*, publié en 1588, une couleur plus
sombre. Au fond, cependant, la modération vraie et
honnête du caractère de Montaigne lui maintint l'estime des honnêtes gens et servit en plusieurs occasions
son goût pour la paix, la solitude, l'indépendance personnelle. Il n'a rien tant aimé que l'indépendance, et
c'est à cause même de cet amour inné et profond que
nous le voyons s'accommoder aux usages convenus et
aux opinions consacrées, comme l'homme de qualité
qui s'habille, sans y regarder, de l'habit façonné par
son tailleur : « Je ne me soulcie pas tant, dit-il en par-
« lant des opinions, de les avoir vigoreuses et doctes,
« comme je me soulcie de les avoir aysees et commo-
« des à la vie. Elles sont bien assez vrayes et saines si
« elles sont utiles et agreables (1). » Le temps où l'on
vit est aussi un tailleur qui nous taille nos opinions.
C'est un habit qu'on ne devrait certes pas revêtir sans
examen, mais il n'en reste pas moins que cette docile
indifférence est un fait qui se renouvelle tous les jours.

Montaigne la pousse jusqu'à la religion chrétienne
inclusivement : « Tout au commencement de mes
« fiebvres et des maladies qui m'atterrent, entier en-
« cores et voisin de la santé, je me reconcilie à Dieu
« par les derniers offices chrestiens, et m'en treuve
« plus libre et deschargé, me semblant en avoir d'au-
« tant meilleure raison de la maladie (2). »

Un peu plus haut il exprime le désir de mourir seul
dans son coin, comme certains animaux qui se cachent
quand ils se sentent près de leur fin : « Vivons et rions

(1) Livre III, chapitre IX.   (2) *Ibid.*

« entre les nostres; allons mourir et rechigner entre
« les incogneus; on treuve, en payant, qui vous tourne
« la teste, et qui vous frotte les pieds (1). »

Ces paroles sont à peu près ce qu'il y a de plus
chrétien dans son livre au point de vue de la profession personnelle.

Quoi qu'il en soit, Montaigne fit comme il se l'était
proposé : les offices de l'Église furent célébrés auprès
de son lit de mort. On ajoute qu'au dernier moment
il leva les yeux vers le ciel.

Nous avons, Messieurs, trois choses à considérer
en nous occupant des *Essais* de Montaigne : le livre,
l'auteur, la doctrine.

Quant au livre, on se demande, dès l'entrée, dans
quelle classe on doit le ranger. Montaigne, qui y dé-
pose toutes les idées qui lui viennent, à mesure qu'elles
se présentent à lui, s'est trouvé lui-même embarrassé
lorsqu'il s'est agi de lui donner un titre. Celui d'*Essais*,
auquel il s'est arrêté, signifierait à peu près : *Efforts,
tentatives de mon esprit.* Il eût pu ajouter : *pour se rendre
compte de soi-même ;* car il ne se peint pas moins dans
la façon que dans la matière de son livre. C'est bien
moins un ouvrage qu'une causerie. Il n'y a qu'à l'entendre sur sa manière de composer :

« Chez moy je me destourne un peu plus souvent à
« ma librairie, d'où, tout d'une main, je commande à
« mon mesnage. Je suis sur l'entree et veois soubs
« moy mon jardin, ma bassecourt, ma court, et dans

(1) Livre III, chapitre IX.

« la pluspart des membres de ma maison. Là je feuil-
« lette à cette heure un livre, à cette heure un aultre,
« sans ordre et sans desseing, à pieces descousues.
« Tantost je resve, tantost j'enregistre et dicte, en me
« promenant, mes songes que voicy (1). »

Et ailleurs : « Le jugement est un util à touts sub-
« jects, et se mesle partout : à cette cause, aux *Essais*
« que j'en foys icy, j'y employe toute sorte d'occa-
« sion. Si c'est un subject que je n'entende point, à
« cela mesme je l'essaye, sondant le gué de bien loing;
« et puis, le trouvant trop profond pour ma taille, je
« me tiens à la rive : et cette recognoissance de ne
« pouvoir passer oultre, c'est un traict de son effect,
« ouy de ceulx dont il se vante le plus. Tantost,
« à un subject vain et de neant, j'essaye veoir s'il
« trouvera de quoy lui donner corps, et de quoy l'ap-
« puyer et l'estansonner : tantost je le promene à un
« subject noble et tracassé, auquel il n'a rien à trou-
« ver de soy, le chemin en estant si frayé, qu'il ne peult
« marcher que sur la piste d'aultruy : là il faict son
« jeu à eslire la route qui luy semble la meilleure; et
« de mille sentiers, il dict que cettuy cy ou cettuy
« là a esté le mieulx choisi. Je prends, de la fortune,
« le premier argument; ils me sont egualement bons,
« et ne desseigne jamais de les traicter entiers : car je
« ne veois le tout de rien; ne font pas ceulx qui nous
« promettent de nous le faire veoir. De cent mem-
« bres et visages qu'a chasque chose, j'en prends un,
« tantost à leicher seulement, tantost à efflorer, et par-

(1) Livre III, chapitre III.

« fois à pincer jusqu'à l'os : j'y donne une poincte,
« non pas le plus largement, mais le plus profonde-
« ment que je sçais, et aime plus souvent à les saisir
« par quelque lustre inusité. Je me hazarderois de
« traicter à fond quelque matiere, si je me cognoissois
« moins, et me trompois en mon impuissance. Semant
« icy un mot, icy un aultre, eschantillons desprins de
« leur piece, escartez, sans desseing, sans promesse ;
« je ne suis pas tenu d'en faire bon, ny de m'y tenir
« moy mesme, sans varier quand il me plaist, et me
« rendre au doubte et incertitude, et à ma maistresse
« forme, qui est l'ignorance (1). »

C'est-à-dire, pour emprunter un mot illustre, que,
« dans la plupart des auteurs on voit l'homme qui
« écrit, dans Montaigne l'homme qui pense (2). » C'est
même, on le dirait souvent, l'homme qui rêve.

Voyez, entre autres, le chapitre : *Des Coches* (3).
Montaigne parle d'abord des effets physiques attribués
à la peur, comme le mal de mer, par exemple ; de là
il passe aux coches, où il nous dit qu'il se sent atteint
du même mal ; des coches il va au luxe, aux dépenses
extraordinaires de certains princes de l'antiquité, à
la magnificence des anciens que nous ne pouvons égaler, à nos prétendus progrès en toutes choses, au peu
que nous savons, aux étonnements qui nous sont encore réservés, à la découverte d'un nouveau monde,
aux cruautés commises contre ses habitants ; par là il
revient à son idée que l'antiquité savait beaucoup de

____

(1) Livre I, chapitre L.
(2) MONTESQUIEU, *Pensées diverses. Des modernes.*
(3) Livre III, chapitre VI.

choses que nous avons dû rapprendre : « Nous n'allons
« point; nous rodons plustost, et tournevirons çà et
« là, nous nous promenons sur nos pas. » Remarquons, en passant, que ces *tournevirements*, où Montaigne compare le genre humain à une roue tournant
sur un axe immobile, expriment une idée moins ingénieuse et moins juste surtout que celle de Goethe,
qui représente la marche de l'humanité sous la figure
d'une spirale.

Voilà comment Montaigne se laisse aller à causer;
on dirait la conversation d'un homme d'esprit que ses
auditeurs auraient pris soin de sténographier. Au premier aspect, on répéterait volontiers après Balzac que
« Montaigne sait bien ce qu'il dit, mais non pas tou-
« jours ce qu'il va dire; » mais on reconnaît bientôt
que s'il procède ainsi, ce n'est pas qu'il ignore ses allures : « J'escoute à mes resveries parce que j'ai à les
« enrosler, » dit-il. Et encore : « Je m'esgare; mais plus-
« tost par licence que par mesgarde. Mes fantasies se
« suyvent, mais parfois c'est de loing, et se regardent,
« mais d'une veue oblique (1). » Il est réellement
comme passif dans sa manière de composer; on dirait
que sa pensée n'est pas tant une action de son intelligence qu'une impression, une sorte de passion subie
par lui. Il réfléchit en artiste plus qu'en philosophe.

Vous vous demandez peut-être, Messieurs, à quoi
bon tout ceci, et pourquoi tant insister sur la forme
du livre? Au fond, il doit s'y trouver un plan, une
unité, un dessein, en un mot. Quelle est l'intention de

(1) Livre III, chapitre IX.

Montaigne? Qu'est-ce qui lui a mis en tête d'écrire?
Là-dessus nous allons l'entendre lui-même. Il nous dit
dans son *Advertissement* : « Je suis moy mesme la
« matiere de mon livre.» Il nomme son dernier livre:
« Ce troisième allongeail des pieces de ma peincture. »
Et il explique l'origine des deux premiers en disant :
« Me trouvant entierement despourveu et vuide de
« toute aultre matiere, je me suis presenté moy mesme
« à moy, pour argument et pour object. C'est le seul
« livre au monde de son espece, et d'un desseing fa-
« rouche et extravagant (1). »

Mais ailleurs : « Ce qui me sert peult aussi, par ac-
« cident, servir à un aultre... C'est une espineuse en-
« treprinse, et plus qu'il ne semble, de suyvre une al-
« lure si vagabonde que celle de nostre esprit, de
« penetrer les profondeurs opaques de ses replis in-
« ternes, de choisir et arrester tant de menus airs de
« ses agitations; et est un amusement nouveau et ex-
« traordinaire qui nous retire des occupations com-
« munes du monde, ouy, et des plus recommendees.
« Il y a plusieurs annees que je n'ay que moy pour
« visee à mes pensees, que je ne contreroolle et n'es-
« tudie que moy ; et si j'estudie aultre chose, c'est pour
« soubdain la coucher sur moy, ou en moy, pour
« mieulx dire (2). »

« Et quand personne ne me lira, ay je perdu mon
« temps, de m'estre entretenu tant d'heures oysyfves
« à des pensements si utiles et agreables? Moulant sur
« moy cette figure, il a fallu si soubvent me teston-

(1) Livre II, chapitre VIII.   (2) Livre II, chapitre VI.

« ner et composer pour m'extraire, que le patron s'en
« est fermi et aulcunement formé soy mesme : me
« peignant pour aultruy, je me suis peinct en moy, de
« couleurs plus nettes que n'estoient les miennes
« premieres. Je n'ay pas plus faict mon livre que mon
« livre m'a faict : livre consubstantiel à son auc-
« teur, d'une occupation propre, membre de ma vie,
« non d'une occupation et fin tierce et estrangiere,
« comme touts autres livres. Ay je perdu mon temps,
« de m'estre rendu compte de moy, si continuelle-
« ment, si curieusement (1) ? »

Et plus loin : « Cette longue attention que j'employe
« à me considerer, me dresse à juger aussi, passa-
« blement, des aultres ; et est peu de choses de quoy
« je parle plus heureusement et excusablement : il
« m'advient souvent de veoir et distinguer plus
« exactement les conditions de mes amis, qu'ils ne
« font eulx mesmes ; j'en ay estonné quelqu'un par la
« pertinence de ma description, et l'ay adverty de
« soy (2). »

Il est donc bien avéré que l'unité du livre de Montaigne c'est lui-même. Mais si c'est de lui qu'il parle,
volontairement et de propos délibéré, dans quel but le
fait-il ?

D'abord, pour le plaisir de parler de lui. Il n'en
saurait disconvenir, il cède à la séduction du penchant,
et quelle que soit la sincérité de ses autres motifs et
l'utilité de ses découvertes, le cadre est débordé, le tableau dépasse et sort de ce but officiel. A quoi bon

(1) Livre II, chapitre XVIII.   (2) Livre III, chapitre XIII.

nous apprendre qu'il préfère le dîner au souper, qu'il fuit la chaleur du feu, qu'il a la vue longue, qu'il ne garde pas longtemps la même attitude, que le parler lui nuit dans ses maladies ? A quoi bon ses coliques, sa gravelle, en un mot ce procès-verbal de ses moindres indispositions ? A quoi bon encore, dans un ouvrage de philosophie et de morale, d'autres détails plus con-cevables, mais qui, non plus, n'auraient pas dû y trouver place ? Ainsi la lettre de bourgeoisie offerte à l'auteur par la ville de Rome, et insérée tout au long dans son troisième livre : exemple des puérilités qu'un esprit supérieur peut mêler à des pensées d'un ordre tout opposé.

C'est frappé de tout cela, sans doute, que Pascal s'écrie dans un moment d'humeur : « Le sot projet que « Montaigne a eu de se peindre ! et cela, non pas en « passant et contre ses maximes, mais par ses pro-« pres maximes et par un dessein premier et princi-« pal (1). » En effet, cet égotisme ne ressemble pas mal à l'égoïsme. Mais il faut convenir que Montaigne, qui, après tout, ne s'impose point à ses lecteurs, fait mieux et moins qu'il n'annonce. S'il parle de soi à propos de toutes choses, il parle aussi de toutes choses à propos de soi. Son premier but est bien, au fond, de donner de la consistance et une forme visible à ses pensées ; mais il parle de lui, je le crois aussi, pour se perfec-tionner lui-même ; nous l'avons déjà pu voir, et plu-

---

(1) PASCAL. *Pensées.* Irᵉ partie. Art. IX. Il est assez curieux de comparer cette boutade avec la réflexion contraire : « Ce que Montaigne a de mauvais eût pu être « corrigé en un moment, si on l'eût averti qu'il faisait trop d'histoires et qu'il par-« lait trop de soi. » (*Ibid.*)

sieurs fois. Il s'exprime sur ce sujet d'une manière originale et remarquable : « Chascun, comme dict « Pline, est à soy mesme une tres bonne discipline, « pourveu qu'il ayt la suffisance de s'espier de prez. » Il espère par là s'améliorer, et comment ? Par la même raison qui fait qu'on ne veut pas sortir de chez soi mal peigné et débraillé. « Il n'est description pareille « en difficulté à la description de soy mesme, ny certes « en utilité : encores se fault-il testonner, encores se « faut-il ordonner et renger, pour sortir en place : or, « je me pare sans cesse, car je me descris sans « cesse (1). »

Mais en se décrivant, s'est-il corrigé? Il a dit tout à l'heure : « Je n'ay pas plus faict mon livre que mon « livre m'a faict. » Quelque part, en outre, il fait cet aveu : « Je suis envieilli de maintes annees, mais « je ne suis pas assagi d'un pouce. »

Enfin Montaigne parle de lui pour faire connaître l'homme en général. Son idée paraît être de rattacher à la connaissance de son individu celle de la nature humaine, et à cette connaissance les lois de la morale. Il se donne comme un échantillon de l'espèce, et il s'appuie de la connaissance de soi-même pour décrire l'espèce. Il s'aide de ses observations sur lui-même pour pénétrer dans l'intérieur des autres hommes; il se sert à soi-même de clef. Il apprend à se connaître, il apprend à connaître les hommes, il cherche à nous communiquer cette connaissance :

« Je propose une vie basse et sans lustre : c'est tout

(1) Livre II, chapitre VI.

« un ; on attache aussi bien toute la philosophie mo-
« rale à une vie populaire et privée qu'à une vie de
« plus riche estoffe ; chaque homme porte la forme
« entiere de l'humaine condition (1). »

Voyons donc, Messieurs, quelle instruction nous
pouvons tirer du livre de Montaigne. Jusqu'à quel
point la morale descriptive et la morale du précepte y
sont-elles contenues ? Y apprendrons-nous ce que nous
sommes ? y apprendrons-nous à nous mieux conduire ?

On raconte que Massillon, au sortir d'une retraite
assez longue, fit, dans son premier sermon, une si
fidèle peinture des travers et des ridicules de la société, qu'on ne put s'empêcher de lui en témoigner de
la surprise en lui demandant où il avait appris tout
cela. « En moi-même, » répondit le grand moraliste.
Je partage, Messieurs, le point de vue de Massillon,
et je crois qu'avec un sincère désir de s'instruire on
apprend plus avec soi-même qu'avec les autres. Les
traits essentiels de l'espèce se retrouvent tous dans
l'individu ; s'étudier soi-même, c'est donc étudier l'espèce, et qui saurait se décrire parfaitement, ferait sans
doute connaître l'espèce. En ceci consiste la principale
valeur du livre de Montaigne. Exemplaire de l'espèce
humaine, il pose devant lui-même comme le modèle
devant son peintre, et il veut qu'en tout ce qui est essentiel les spectateurs puissent, d'après lui, juger de
l'humanité.

Mais il ne faut pas conclure de là qu'il suffise de se
décrire soi-même pour donner une juste et complète

_____

(1) Livre III, chapitre I.

idée de l'humanité. Il faut des conditions pour réussir
dans cette étude ; et la première, c'est de parvenir à
séparer le naturel de l'acquis, on peut même dire du
factice, c'est-à-dire de ce que l'éducation, la société,
les circonstances, ont déposé en nous d'étranger, ou
même de contraire à notre véritable nature. Que d'i-
dées, que de goûts imposés par l'opinion, par la coutume ! Qui est possesseur de soi ? Qui est vraiment
soi-même ? Que d'emprunts finissant par se confondre
tellement avec nos tendances naturelles, qu'il nous est
aussi difficile de discerner les uns des autres qu'il le
serait au négociant de distinguer entre elles les pièces
d'argent qu'il a puisées dans deux sacs différents ! Ou,
pour me servir, si l'on veut, d'une image plus clas-
sique, ces vêtements d'emprunt ne finissent-ils pas
comme la tunique du centaure ? Peut-on les arracher
de ses épaules autrement qu'avec la chair et le sang ?

En second lieu, pour juger complétement l'espèce
d'après l'individu, il faudrait pouvoir séparer le naturel individuel du naturel général ; il faudrait, outre
une éducation faite exprès , une nature bien vigoureuse et bien exceptionnelle ? Et encore ne serait-ce
pas assez. La qualité même apporte l'obstacle. L'exception nous fait tomber dans la contradiction. Chacun
de nous a en soi sa nature générale et son élément
particulier ; chacun de nous est à la fois humain et
individuel. On ne peut se regarder sans apercevoir
l'humanité ; on ne peut prétendre juger toute l'humanité d'après soi. On risque d'accorder trop ou trop peu
aux traits généraux, à la moyenne de la nature hu-

maine ; on la vante ou on la rabaisse trop. En fait de sensibilité, par exemple, nous faisons presque toujours de notre mesure la mesure de celle d'autrui. Que de fois nous suspectons la sincérité de ceux qui en montrent plus que nous !

De plus, l'individu, c'est-à-dire le point de départ ou le terme de comparaison, change avec les années, ou bien aussi c'est son point de vue qui change. Les mêmes objets peuvent nous entourer, nos rapports avec l'extérieur peuvent n'avoir pas varié ; mais notre intérieur s'est modifié : on se voit d'un autre œil, et toutes choses se montrent à nous sous un jour différent.

La difficulté reste donc bien grande encore, même en supposant remplie la première condition, celle d'un observateur excellent. Si l'individu rencontre tant d'obstacles dans la connaissance de soi-même, comment en viendra-t-il à pouvoir se donner comme type de la nature humaine ? A quel titre pourra-t-il légitimement prétendre que les autres sont semblables à lui, c'est-à-dire à la manière dont il se voit ? Il faudrait des observations multipliées, et dans un champ très vaste et très varié, pour obtenir des résultats sincères. Et toujours ces résultats seront-ils d'un autre ordre et moins sûrs que ceux auxquels on parvient dans la sphère des sciences naturelles. On pourra faire des remarques très justes, on n'en fera pas de profondes, jusqu'à ce qu'on possède un fil pour se guider dans ce labyrinthe, une idée générale autour de laquelle puissent se rallier tant de phénomènes épars. Ce principe, nécessaire dans toutes les sciences d'ob-

servation, l'est doublement dans l'étude de l'homme.
Ici, il ne se dégage pas tant de l'observation, qu'il est
placé au-dessus de la sphère de l'observation. Il faut
qu'on nous montre la source, pour ainsi dire, de l'in-
consistance et des contradictions humaines. Au-dessous de la vie active, au-dessous des sentiments rela-
tifs, il y a un fond où la nature humaine balance entre
le néant et l'infini. On ne trouve l'homme vrai qu'à
cette profondeur. Hors de ce fond intime et caché, aucune philosophie n'a donné ni ne donnera la clef du
caractère humain. On peut enregistrer des découvertes
utiles et curieuses; mais ces éléments disséminés at-
tendent l'idée ou le fait central qui doit les coordonner.

Les inconvénients de la méthode qui conclut de l'individu à l'espèce sont bien plus sensibles et plus graves
pour ce qui concerne la morale du précepte, la règle
du devoir. L'individu est toujours moins grand que la
morale, et pourtant rien de plus naturel à l'individu
que de tailler la morale à sa mesure. Ici, surtout, sont
indispensables des idées générales prises en dehors
de l'individu : Dieu et la mort. On ne saurait clore le
cercle sans ces deux éléments. Avec eux seuls nous est
donnée la vraie mesure de la morale : l'immensité. La
morale est une grande sphère tournant sur un axe
dont les deux pôles sont Dieu et la mort.

Appliquons maintenant ces conditions à Montaigne,
d'abord relativement à la morale descriptive, ensuite
quant à la morale du précepte.

Je ne doute pas, Messieurs, que la connaissance du

caractère de Montaigne ne puisse être un document précieux pour la connaissance générale de l'esprit humain. Ajoutons que, soit comme modèle, soit comme observateur et peintre, il fut singulièrement bien doué pour l'œuvre qu'il entreprit. Caractère vif et prompt sans emportement, « il ayme, lui-même nous le dit, « les natures temperees et moyennes (1). » Il est impressionnable sans irritabilité. Son individualité native s'est trouvée préservée et même renforcée par l'éducation exceptionnelle, qui, enfonçant plus avant les traits originels, le fit homme dans la force du mot. Vrai phénomène pour le temps où il a vécu, où tant de préjugés obscurcissaient les intelligences, il est en lui-même un des esprits les plus indépendants qui aient existé. Combien peu d'hommes, en effet, peuvent dire que leur opinion est à eux ! Mais bon nombre des opinions de Montaigne, qui se trouvent maintenant en harmonie avec les nôtres, indiquent pour lors une portée et un courage d'esprit peu communs.

Il s'est prononcé contre la torture : « C'est une dan-
« gereuse invention que celle des gehennes, et semble
« que ce soit plustost un essay de patience que de
« verité. Et celuy qui les peult souffrir cache la verité,
« et celuy qui ne les peult souffrir : car pourquoy la
« douleur me fera elle plustost confesser ce qui en est,
« qu'elle ne me forcera de dire ce qui n'est pas ? Et,
« au rebours, si celuy qui n'a pas faict ce de quoy on
« l'accuse, est assez patient pour supporter ces tor-
« ments ; pourquoy ne le sera celuy qui l'a faict, un si

(1) Livre I, chapitre XXIX.

« beau guerdon (récompense) que de la vie luy estant
« proposé?... Mais tant y a que c'est, dict on, le moins
« mal que l'humaine foiblesse aye peu inventer : Bien
« inhumainement pourtant, et bien inutilement, à mon
« advis (1). »

De même, il réprouve les supplices qualifiés :
« Quant à moy, en la justice mesme, tout ce qui est
« au delà de la mort simple me semble pure cruauté :
« et notamment à nous, qui debvrions avoir respect
« d'envoyer les ames en bon estat ; ce qui ne se
« peult, les ayant agitees et desesperees par torments
« insupportables (2). »

Montaigne a la même indépendance dans ses opinions littéraires. Il a en aversion la pédanterie, les
formes vaines, l'éloquence de mots. Voyez son jugement sur Cicéron : « Sa façon d'escrire me semble en-
« nuyeuse, et toute aultre pareille façon ; car ses pre-
« faces, definitions, partitions, etymologies, consument
« la plus part de son ouvrage ; ce qu'il y a de vif et
« de mouelle est estouffé par ses longueries d'ap-
« prests. Si j'ay employé une heure à le lire, qui est
« beaucoup pour moy, et que je ramentoive ce que
« j'en ay tiré de suc et de substance, la plus part du
« temps je n'y treuve que du vent ; car il n'est pas en-
« cores venu aux arguments qui servent à son propos,
« et aux raisons qui touchent proprement le nœud que
« je cherche. Pour moy, qui ne demande qu'à devenir
« plus sage, non plus sçavant ou eloquent, ces ordon-

(1) Livre II, chapitre V.
(2) Livre II, chapitre XI. Voir aussi, livre II, chapitre XXVII, vers la fin.

« nances logiciennes et aristoteliques ne sont pas à
« propos ; je veulx qu'on commence par le dernier
« poinct. Je cherche des raisons bonnes et fermes,
« d'arrivee ; je veulx des discours qui donnent la pre-
« miere charge dans le plus fort du doubte. Il ne me
« fault point d'alleichement ny de saulse ; je mange
« bien la viande toute crue ; et au lieu de m'aiguiser
« l'appetit par ces preparatoires et avant jeux, on me
« le lasse et affadit (1). »

Personne moins que Montaigne n'a l'esprit de système ; personne n'est plus foncièrement opposé à ce
qu'on peut appeler les vérités et les devoirs de convention ; personne peut-être n'a poussé le naturel au
même point, pour le fond et pour la forme. Avec quelle
force il se plaint de ceux qui *artialisent la nature* au
lieu de *naturaliser l'art!* Sa pensée coule d'elle-même
comme l'huile vierge qu'on laisse échapper des olives
sans les presser, et dont les gouttes se succèdent de
leur propre poids. Personne donc n'a plus de chance,
soit de nous offrir les traits primitifs de la nature sans
les altérer de mélanges factices, soit de les discerner
lui-même. Il sentait d'ailleurs, plus que qui que ce fût,
le danger d'une vie d'emprunt. « Nous nous inves-
« tissons, dit-il, des qualités d'aultruy et laissons
« chomer les nostres (2). » Il aime la solitude, le re-
cueillement, où l'on se retrouve dans la société de
soi-même. Il est sensible, sympathique, ouvert, affectueux, témoin son amitié célèbre pour la Boëtie, qui
mourut jeune, et que, si longtemps après, Montaigne

(1) Livre II, chapitre X.   (2) Livre III, chapitre XII.

ne pouvait se rappeler sans serrement de cœur et sans défaillance. Son caractère est remarquablement bon et humain. Il nous dit lui-même : « Je hais, en-« tre aultres vices, cruellement la cruauté, et par na-« ture et par jugement, comme l'extreme de touts les « vices ; mais c'est jusques à telle mollesse, que je ne « veois pas esgorger un poulet sans desplaisir, et ois « impatiemment gemir un lievre soubs les dents de « mes chiens, quoyque ce soit un plaisir violent que « la chasse... Je me compassionne fort tendrement des « afflictions d'aultruy, et pleurerois ayseement par « compaignie, si, pour occasion que ce soit, je sça-« vois pleurer (1). »

Quant à la tendance à appliquer à autrui sa propre mesure, Montaigne a, plus que bien d'autres, compris l'écueil : « Il ne fault pas juger ce qui est possible et ce « qui ne l'est pas, selon ce qui est croyable et in-« croyable à nostre sens, comme j'ay dict ailleurs ; et « est une grande faulte, et en laquelle toutesfois la « plus part des hommes tumbent... Il semble à chas-« cun que la maistresse forme de l'humaine nature « est en luy ; selon elle il fault regler toutes les aul-« tres : les allures qui ne se rapportent aux siennes « sont feinctes et faulses. Quelle bestiale stupidité ! « Luy propose lon quelque chose des actions ou fa-« cultez d'un aultre ? la premiere chose qu'il appelle à « la consultation de son jugement, c'est son exemple : « selon qu'il en va chez luy, selon cela va l'ordre du « monde. O l'asnerie dangereuse et insupportable (2) ! »

(1) Livre II, chapitre XI.   (2) Livre II, chapitre XXXII.

Montaigne est sincère, il hait le mensonge. La vérité de son caractère ressort accidentellement en mille occasions ; mais il a exprimé sa pensée sur ce sujet avec force et beauté dans les passages suivants :

« En verité le mentir est un mauldict vice. Nous « ne sommes hommes, et ne nous tenons les uns aux « aultres, que par la parole. Si nous en cognoissions « l'horreur et le poids, nous le poursuivrions à feu, « plus justement que d'aultres crimes (1). »

« Quant à cette nouvelle vertu de feinctise et dissi- « mulation, qui est à cette heure si fort en credit, je « la hais capitalement ; et de touts les vices, je n'en « treuve aulcun qui tesmoigne tant de lascheté et bas- « sesse de cœur. C'est une humeur couarde et servile « de s'aller desguiser et cacher soubs un masque, et « de n'oser se faire veoir tel qu'on est (2). »

Il est peu défiant. Lui-même nous le dit : « Je suis « peu desfiant et souspeçonneux de ma nature ; je « penche volontiers vers l'excuse et l'interpretation « plus doulce. Je suis homme, en oultre, qui me com- « mets volontiers à la fortune, et me laisse aller à « corps perdu entre ses bras ; de quoy jusques à cette « heure j'ay eu plus d'occasion de me louer que de « me plaindre, et l'ay trouvee et plus advisee, et « plus amie de mes affaires, que je ne suis (3). »

Sans doute il est précieux de rencontrer une nature si ouverte et si transparente, et tout lecteur de Montaigne conviendra qu'en qualité d'échantillon, d'ori-

(1) Livre I, chapitre IX.   (2) Livre II, chapitre XVII.
(3) Livre III, chapitre XII.

ginal, il est excellent à étudier. Mais demandera-t-on,
ce qui fait le bon modèle fait-il aussi le bon peintre?
Oui, dans le domaine moral, les qualités du modèle
se combinent pour former celles de l'observateur. On
estime généralement que la défiance rend clairvoyant;
mais ceci n'est vrai que dans une sphère fort étroite.
La défiance peut avoir, de temps en temps, des avantages dans le commerce de la vie; elle a parfois du
talent, mais elle en a trop; en allant au but, souvent
elle le dépasse. La sympathie, au contraire, est la
première condition d'une pénétration vraie; par elle
seule nous parvenons au cœur de la place, nous en
discernons les cachettes et surtout les avenues.

Aussi Montaigne a-t-il singulièrement bien vu et
bien décrit une foule de phénomènes de notre nature. Sur le pouvoir de la coutume et de l'opinion, on le sait plein de remarques saisissantes de
justesse et de pénétration, et souvent on en a appelé à son témoignage. A d'autres égards il est tout
aussi admirable. Voici comment il s'exprime sur la
pente naturelle de l'âme, toujours attachée par quelque amour :

« Comme le bras estant haulsé pour frapper, il
« nous deult si le coup ne rencontre et qu'il aille au
« vent,... de mesme il semble que l'ame esbranlee et
« esmue se perde en soy mesme si on ne luy donne
« prinse, et fault tousjours luy fournir d'object où elle
« s'abbutte et agisse. Et nous voyons que l'ame en ses
« passions se pipe plustost elle mesme, se dres-
« sant un fauls subject et fantastique, voire contre

« sa propre creance, que de n'agir contre quelque
« chose (1). »

Quelle vivacité naïve Montaigne apporte dans la
description des phénomènes moraux et des caractères!
Voyez, par exemple, ce qu'il dit de l'avarice, lorsqu'il
s'étend sur l'influence des opinions et de l'imagination
sur le bonheur :

« De vray, ce n'est pas la disette, c'est plustost
« l'abondance, qui produict l'avarice. Je veulx dire
« mon experience autour de ce subject. J'ay vescu en
« trois sortes de conditions depuis estre sorty de l'en-
« fance.

« Le premier temps, qui a duré prez de vingt an-
« nees, je le passay n'ayant aultres moyens que for-
« tuits, et despendant de l'ordonnance et secours
« d'aultruy, sans estat certain et sans prescription. Ma
« despense se faisoit d'autant plus alaigrement et
« avecques moins de soing, qu'elle estoit toute en la
« temerité de la fortune. Je ne feus jamais mieulx.

« Ma seconde forme, c'a esté d'avoir de l'argent : à
« quoy m'estant prins, j'en feis bientost des reserves
« notables, selon ma condition : n'estimant pas que
« ce feust avoir, sinon autant qu'on possede oultre
« sa despense ordinaire ; ny qu'on se puisse fier du
« bien qui est encores en esperance de recepte, pour
« claire qu'elle soit. Car, quoy ! disois-je, si j'estois
« surprins d'un tel ou d'un tel accident ? Et à la suitte
« de ces vaines et vicieuses imaginations, j'allois fai-

---

(1) Livre I, chapitre IV. Voir Pascal sur la même idée : *Pensées*, Partie I,
Art. VII, §§ I, II et III.

« sant l'ingenieux à pourveoir, par cette superflue
« reserve, à touts inconvenients : et sçavois encores
« respondre à celuy qui m'alleguoit que le nombre
« des inconvenients estoit trop infiny. Cela ne se pas-
« soit pas sans penible solicitude : j'en fesois un se-
« cret ; et moy, qui ose tant dire de moy, ne parlois de
« mon argent qu'en mensonge, comme font les aultres
« qui s'appauvrissent riches, s'enrichissent pauvres,
« et dispensent leur conscience de jamais tesmoingner
« sincerement de ce qu'ils ont. Allois je en voyage ? il
« ne me sembloit estre jamais suffisamment pourveu ;
« et plus je m'estois chargé de monnoye, plus aussy
« je m'estois chargé de crainte, tantost de la seureté
« des chemins, tantost de la fidelité de ceulx qui con-
« duisoient mon bagage, duquel, comme d'aultres
« que je cognois, je ne m'asseurois jamais assez si je
« ne l'avois devant mes yeulx. Laissois-je ma boiste
« chez moy, combien de souspeçons et pensements
« espineux, et, qui pis est, incommunicables ! j'avois
« tousjours l'esprit de ce costé. Tout compté, il y a plus
« de peine à garder l'argent qu'à l'acquerir. Si je n'en
« faisois du tout tant que j'en dis, au moins il me cous-
« toit à m'empescher de le faire. De commodité, j'en
« tirois peu ou rien : pour avoir plus de moyens de
« despense, elle ne m'en poisoit pas moins. Aupara-
« vant j'engageois mes hardes et vendois un cheval,
« avecques bien moins de contraincte et moins envy,
« que lors je ne faisois bresche à cette bourse favorie
« que je tenois à part.

    « Je feus quelques annees en ce poinct : je ne sçais

« quel bon daimon m'en jecta hors tres utilement, et
« m'envoya toute cette conserve à l'abandon; le plai-
« sir de certain voyage de grande despense ayant mis
« au pied cette sotte imagination : par où je suis re-
« tumbé à une tierce sorte de vie (je dis ce que j'en
« sens), certes plus plaisante beaucoup, et plus reglee;
« c'est que je foys courir ma despense quand et quand
« ma recepte; tantost l'une devance, tantost l'aultre,
« mais c'est de peu qu'elles s'abandonnent (1). »

Ce que Montaigne a le mieux vu et le mieux exposé,
c'est l'incohérence de l'homme. Il y revient sans cesse;
c'est le sujet où, de préférence, il abonde. Écoutons-le
un moment: « Il y a quelque apparence de faire juge-
« ment d'un homme par les plus communs traicts de
« sa vie; mais, veu la naturelle instabilité de nos
« mœurs et opinions, il m'a semblé souvent que les
« bons aucteurs mesmes ont tort de s'opiniastrer à for-
« mer de nous une constante et solide contexture : ils
« choisissent un air universel; et, suyvant cette image,
« vont rengeant et interpretant toutes les actions d'un
« personnage; et, s'ils ne les peuvent assez tordre, les
« renvoyent à la dissimulation. Je crois, des hommes,
« plus malayseement la constance que toute aultre
« chose, et rien plus ayseement que l'inconstance.
« Qui en jugeroit en detail et distinctement, pièce à
« pièce, rencontreroit plus souvent à dire vray. En
« toute l'antiquité, il est malaysé de choisir une dou-
« zaine d'hommes qui ayent dressé leur vie à un cer-
« tain et asseuré train, qui est le principal but de la

(1) Livre I, chapitre XL

« sagesse : car, pour la comprendre toute en un mot,
« dict un ancien, et pour embrasser, en une, toutes
« les regles de nostre vie, c'est vouloir, et ne vouloir
« pas, tousjours mesme chose : je ne daignerois,
« dict il, adjouster, pourveu que la volonté soit juste ;
« car, si elle n'est juste, il est impossible qu'elle soit
« tousjours une (1). »

Et ailleurs : « Certes c'est un subject merveilleuse-
« ment vain, divers et ondoyant que l'homme : il est
« malaysé d'y fonder jugement constant et uni-
« forme (2). » — « On s'appivoise à toute estrangeté
« par l'usage et le temps ; mais plus je me hante et
« me cognois, plus ma difformité m'estonne, moins je
« m'entends en moy (3). »

Voilà ce qu'a pu la morale de Montaigne, aidée de
la plus heureuse nature et d'une éducation à plusieurs
égards fort supérieure à celle qu'on recevait de son
temps. Il y manquait cependant un point : la règle
morale. Son père se borna trop à laisser libre cours à
la nature ; il se confia trop au sens commun en philosophie. Toute la vie de Montaigne s'en est ressentie.
Néanmoins il faut convenir qu'il a tiré de sa nature et
de son éducation plus de fruit que, ni lui-même, ni
l'époque agitée où il vécut, ne semblaient devoir en
promettre. On lui a reproché de l'inconséquence, et
l'inconséquence est une des choses qui trouvent le
moins grâce aux yeux de bien des gens. Je serais,
pour moi, disposé à prendre sa défense, et j'aurais
pour auxiliaire Madame de Staël, qui soutient qu'on

---

(1) Livre II, chapitre I.   (2) Livre I, chapitre I.   (3) Livre III, chapitre XI.

ne saurait être parfaitement vrai et sincère sans être un peu inconséquent.

Dans le monde on élève très haut les hommes conséquents, et cela est assez naturel; on sait du moins à qui on a affaire. Mais je reste persuadé que si l'on retranchait le secours de l'orgueil et la violence faite à la nature, on verrait que cette conséquence n'est qu'une tension factice ou une prétention illusoire. Hors de la vérité chrétienne il n'y a qu'une conséquence artificielle. Aucune des impulsions que nous recevons de la nature et du monde n'est de force à nous porter jusqu'au bout de la ligne du devoir; à plus ou moins de distance du point de départ, la ligne se brise, et on ne la prolonge qu'en lui joignant, bout à bout, le produit de quelque autre principe, comme une couturière qui attacherait à une étoffe précieuse un lambeau de toile de coton. Ainsi l'on complète la conscience par l'orgueil. « La vertu n'irait pas si loin, dit La Rochefoucauld, si la vanité ne lui tenait compagnie (1). » Il n'y a que le mobile de l'amour de Dieu qui soit assez puissant pour nous porter jusqu'au bout sans coupure. S'il y a des chrétiens peu conséquents, c'est qu'ils ne sont pas encore assez chrétiens.

Jusqu'ici nous n'avons vu que le beau côté de Montaigne. Voyons maintenant ce qui lui manque. Son caractère et son éducation l'avaient fait l'homme de la nature, et lui-même s'en vante. La nature enseigne beaucoup de choses, mais elle ne saurait nous apprendre tout. En se fiant à ses impressions et se

(1) La Rochefoucauld. *Maximes*, maxime 200.

tenant aux grosses apparences, comme Montaigne
l'avoue lui-même (« Je me tiens un peu au massif et
« au vraysemblable »), une grande partie des phénomènes moraux était sujette à lui échapper. Il lui
manquait le point que nous avons déjà indiqué : une
idée centrale autour de laquelle ses observations pus-
sent se ranger. Les principes les plus hauts sont les plus
applicables, comme les tiges les plus élevées sont les
plus flexibles : Montaigne n'a aucune des idées qui
font voir jusqu'au fond dans l'abîme du cœur humain ; il a plus de talent à soulever les problèmes
qu'à les résoudre, et ce qui résulte de tout son livre,
comme je l'ai indiqué, c'est l'incohérence de la nature
humaine. Or, je le répète, le grand œuvre du moraliste serait de faire voir le principe de cette incohérence, ce qui serait, en quelque sorte, ramener l'unité.
L'observation seule des travers dont l'espèce humaine
est tissue ne donnera jamais la vérité tout entière à
nul moraliste. On n'a qu'un tableau décousu des bizar-
reries de l'esprit humain ; on décrit les symptômes
de la maladie, on n'arrive pas au principe du mal.
Serait-ce connaître l'homme que de dire : L'homme
ne peut se connaître ? Le connaît-on en le réduisant
à l'absurde ? L'homme ne peut être absurde. Que
gagne Montaigne, après nous avoir divertis à nos dépens ? Il ne peut nous expliquer nous-mêmes à nous-
mêmes. Le nœud de l'énigme, l'explication de ce point
vital, où une partie de notre nature prend à droite,
tandis que l'autre tire à gauche, Montaigne l'ignore.
A un certain degré, il en a peut-être quelque pres-

sentiment, comme lorsqu'il cite, d'un ancien, ce mot que nous venons de rapporter : « Si la volonté n'est « pas juste, il est impossible qu'elle soit une ; » mais c'est là tout.

Ceci n'est pas pour ôter à Montaigne rien de ce qui constitue son mérite. En fait de morale descriptive, il nous apprend sans doute bien des choses, et le philosophe ou plutôt le moraliste chrétien qui possède la clef de notre nature, peut certainement tirer parti des détails intéressants qu'il rencontre à chacune de ses pages.

Quant à la morale du précepte, à la direction de la vie, l'essentiel, les deux idées signalées plus haut : *Dieu* et *la mort*, en d'autres mots, la notion des rapports de l'homme avec l'infini, manquait à Montaigne.

De Dieu, il en parle sans doute, il en dit même des choses sensées ; mais nulle part il n'en parle comme du terme où doit aboutir notre obéissance. Il l'isole absolument de la morale.

Par là même il n'a point de morale ; ce que j'essayerai de prouver en considérant la morale : 1° sous le rapport de son étendue, 2° sous le rapport de son principe ou de sa nature.

Quelle est l'étendue de la morale? L'idée de Dieu une fois écartée, qui peut le dire ? Où trouver une mesure qui ne soit pas arbitraire? Quelle est la maxime, si vaste qu'elle puisse être, qui ne laisse supposer, au delà de son enceinte, des développements indéfinis? Quel est le principe qui renferme tout ce que

peut renfermer, tout ce qu'embrasse nécessairement
l'obéissance à Dieu ? Ne faire à autrui que ce que nous
voudrions qui nous fût fait, faire à autrui tout ce que
nous voudrions qu'il nous fît lui-même, ce n'est que la
morale des relations sociales ; encore suis-je à comprendre, quant à la seconde de ces maximes, d'où peut
se déduire une telle morale : je n'y vois qu'un sublime
non-sens, ou un rayon égaré de la morale des anges,
ou un débris de religion. Vivre conformément à notre
nature, autre maxime vantée, n'est qu'un cercle vicieux : qu'est-ce que notre nature ? qui la connaît, à
moins de connaître notre origine ? qui peut remonter à
notre origine sans remonter à Dieu ? qui peut remonter
à Dieu sans reconnaître que c'est à lui que doit se rapporter, et de lui que doit dériver toute morale digne de
ce nom ? La mesure de la morale est donc vague, arbitraire, et dans tous les cas bornée, tant que nous ne pouvons la comprendre du point de vue de l'Auteur des
choses, et, pour ainsi dire, du sommet de la Divinité.
Cette idée est la seule qui enveloppe tout l'homme et
qui développe tout l'homme ; ce principe est le seul qui
éclaire et domine tout. Dieu est dans le monde moral
ce que son soleil est dans le monde physique : « Rien
« ne peut se soustraire à sa chaleur (1). »

Où prendrions-nous ailleurs la mesure de la morale?
Serait-ce dans la notion même de morale ? Il est vrai
que nous sentons vaguement que la morale est la loi
de la perfection ; il est vrai que de la seule impossibilité de lui poser une limite nous la concluons illimitée ;

(1) Psaume XIX, 6.

il est vrai qu'il nous semble plus facile de la nier que
de la borner, et que personne ne saurait sérieusement
se proposer d'être imparfait. Mais de deux choses
l'une : ou c'est l'idée de Dieu, préalablement saisie,
qui nous a fait mesurer l'étendue de la loi morale, et
y proportionne nos sentiments et notre volonté, et
alors j'ai la preuve que je cherchais; ou la loi morale,
fidèlement suivie, doit, de sommets en sommets, nous
faire gravir jusqu'à Dieu, qui, dès lors, deviendra
notre immuable point de vue. Dans les deux cas, l'idée
de perfection se montre inséparable de celle de Dieu;
et l'on peut affirmer que celui dont les déterminations
morales ne partent pas de Dieu et ne reviennent pas
à Dieu, ne peut avoir la perfection pour mesure de sa
morale.

Il ne peut avoir pour mesure que l'homme en
général, ou quelque individu en particulier, ou lui-
même.

Or, ces divers échelons ne représentent que des
distances illusoires. Détaché du degré suprême, qui
est Dieu, il faut que, de pente en pente, l'homme
roule jusqu'au plus bas degré, qui est son individualité. L'homme en général! Mais où est l'homme en
général? Et de quel droit ce type incertain et vague
offrirait-il une mesure aux devoirs de l'homme? Et à
quel titre un individu particulier oserait-il l'offrir? En
vain l'homme, descendu de la cime, se roidit et se
cramponne sur ce penchant rapide, et y reste sus-
pendu quelques moments; la loi de la gravité l'entraîne au dernier degré, qui est du moins une station,

une base quelconque, je veux dire à l'individualité,
qui, sous les noms divers de caractère, de tempérament, de naturel, constitue, en dernière analyse, la
véritable morale de ceux qui n'ont pas Dieu. Dès lors,
la morale n'est pas l'empreinte d'un type commun,
mais le simple portrait de l'individu ; et, bien loin que
la loi serve de mesure à l'individu, c'est l'individu qui
sert de mesure à la loi.

Dans tous les cas, c'est-à-dire à supposer même
qu'il fût possible à l'individu de trouver et de subir
une loi qui ne fût pas lui et qui ne fût pas Dieu, de se
donner une morale plus grande que lui, sans être
pourtant infinie, nous dirions toujours que, hors de
Dieu, il est hors du point de vue de la perfection,
eût-il même mesuré sa moralité sur celle de l'ange, et
que, placé au-dessous du point de vue de la perfection, il est placé hors de la morale.

Quant à Montaigne, il a tiré toutes les conséquences de l'abandon de la grande idée ; il a pris
en lui-même la mesure de la loi par laquelle il voulait être régi ; ses idées morales, incohérentes, disparates, bigarrées, n'ont aucun autre centre que son
individualité.

Mais changeons maintenant de point de vue, et con-
sidérons la morale dans sa nature.

Considérée dans sa nature, la morale est l'obéissance à la loi du devoir.

L'idée de devoir emporte nécessairement celle d'o-
bligation envers une autorité en dehors et au-dessus
de nous.

Maintenant, à quelle autorité obéissons-nous, si nous n'obéissons pas à Dieu ?

A l'intérêt? c'est-à-dire à nous.

A l'instinct ? c'est-à-dire à nous.

A l'habitude ? c'est-à-dire à nous.

C'est-à-dire que nous n'obéissons pas.

J'entends souvent parler de devoirs envers soi-même, idée à laquelle correspondrait immédiatement celle de s'obéir à soi-même ; mais qui voudrait prendre au sérieux cette figure ou ce jeu de mots ? L'expression est contradictoire ; dès qu'on obéit à soi-même, on n'obéit plus, et un devoir qu'on croit avoir directement et purement envers soi-même, n'est pas un devoir. Il est inutile d'insister là-dessus. Or, l'intérêt, l'instinct, l'habitude, c'est le *moi* vu de trois côtés différents ; ou, si l'on veut, ce sont des forces auxquelles on cède, non des autorités auxquelles on obéit ; et cela est si vrai que le devoir, dans la plupart des cas, consiste précisément à résister à l'intérêt, à l'instinct et à l'habitude.

Il serait contradictoire de placer une idée de devoir dans l'obéissance à des penchants dont la répression constitue le devoir même.

C'est-à-dire, disais-je tout à l'heure, c'est-à-dire que nous n'obéissons pas.

Pardonnez-moi, dit Montaigne, il y a la *conscience*. Nous obéissons à la conscience.

Il est vrai, grand écrivain, vous avez souvent parlé avec respect de la conscience ; en plusieurs endroits vous l'avez traitée comme une réalité ; mais ailleurs

vous la donnez pour un fruit de la coutume (1). Là,
pour le dire en passant, vous avez (et vous n'êtes pas
le seul) confondu la conscience avec la loi morale. La
loi morale, corps de notions, objet composé, qui se
combine d'une part avec le sentiment, de l'autre avec
les choses extérieures, est par là même altérable, et a
beaucoup souffert depuis la chute de l'homme. La
conscience, objet simple, substance élémentaire, est
demeurée intacte. Elle n'est autre chose que le sentiment de l'obligation, dans sa plus grande pureté, dans
sa plus parfaite abstraction.

Quoi qu'il en soit, comme l'idée d'obligation se
trouve à la base de toute définition de la conscience,
il en résulte que, dans tous les cas, la morale, qui est
l'obéissance à la conscience, est l'obéissance au sentiment de l'obligation. Nous voilà donc ramenés à l'o-
bligation, idée de relativité, idée qui suppose un sujet
et un objet, une dualité.

En reconnaissant la conscience, vous reconnaissez
que vous êtes obligés; mais envers qui ?

Envers Dieu, ou envers vous.

Si envers vous, nous avons déjà vu que ce n'est
point obligation.

Si néanmoins vous continuez à vous sentir serrés
par l'obligation, il faut que cette obligation cherche
un objet, et cet objet n'est autre que Dieu.

On se récrie, on résiste : « Non, dit-on, l'objet de
« notre obéissance, ce n'est ni nous ni Dieu, c'est le
« *bien*. Pourquoi substituer Dieu au bien ? pourquoi

(1) Livre I, chapitre XXII.

« introduire dans la morale un élément qui lui est
« étranger? pourquoi la transformer en religion? »

D'abord, parce que, dans la supposition de l'existence de Dieu, il faut nécessairement admettre ou que
le bien n'existe pas, ou qu'il est en lui ; parce que concevoir un Dieu, c'est concevoir un centre où toute volonté gravite; parce que si nous refusons à Dieu ce
caractère d'être la source et le principe du bien, nous
ne le dépouillons pas seulement de sa gloire, mais de
sa nature, mais de son être ; parce qu'un Dieu vers
qui tout ne tend pas, n'est rien.

Nous substituons Dieu au bien pour mettre une
réalité à la place d'une *idée;* car le bien n'est qu'un attribut, une qualité, un mode d'être, lequel suppose
un objet. Si le bien peut résider en nous, qui sommes
des êtres créés, c'est qu'il réside primitivement dans
un être incréé, de qui tout dérive; et dès lors, pour
remonter au bien parfait, il faut remonter à Dieu.

Nous substituons Dieu au bien, parce qu'il n'est
pas dans l'ordre des choses d'être *obligé* envers une
idée; parce que la substance vivante de l'idée, l'être
qui porte l'idée comme une qualité, venant à disparaître, toute sanction de cette idée, toute garantie disparaît en même temps; parce que si la substance de
cette idée n'est pas hors de notre *moi*, elle est notre
moi lui-même; et que, la source du bien étant ado-
rable, dans toute la force du terme, il en résulte clairement qu'il n'y a pas de milieu entre nous adorer
nous-mêmes et adorer Dieu.

Il y a bien d'autres raisons de substituer Dieu au

bien ; mais nous excluons à dessein d'une discussion purement métaphysique les preuves d'un caractère pratique ; nous nous contentons d'en appeler à la nature des choses, et nous demandons en deux mots, pour résumer ce qui précède : La voix de la conscience est-elle *nous* ou quelque chose au-dessus de nous ? Ce qui nous lie et nous maîtrise malgré nos vœux, nos goûts, nos intérêts les plus pressants, est-ce le *moi* ou le *non-moi* ? Si c'est le *non-moi*, comme il est impossible d'en douter, ce *non-moi* n'est-il pas Dieu ? Si la conscience est l'ambassadeur de Dieu, est-il possible d'accueillir l'ambassadeur et de repousser le souverain ? Et admettre la conscience en écartant Dieu, n'est-ce pas une dérision, puisque, quand la conscience n'aura plus de qui se réclamer, quand ses lettres de créance seront déchirées, il nous sera libre de l'éconduire avec mépris ? Nous aurions honte d'en dire là-dessus davantage.

Ajoutons cependant un fait d'un grand intérêt : c'est que les trois quarts des hommes adhèrent d'instinct à la doctrine que nous venons de professer ; car, dit M. Cousin, « pour les trois quarts des hommes il « n'y a point de morale sans religion, » ce qui veut dire que les trois quarts des hommes ne conçoivent point la morale autrement : ce qui est parfaitement vrai. L'autre quart n'en juge pas ainsi ; il a de l'esprit autant qu'il en faut pour imposer silence à la voix de la nature ; mais l'instinct qui réclame un Dieu est plus imposant que la subtilité qui le rejette.

Que si quelqu'un qui ne se soucie point de Dieu

persiste à conserver dans son vocabulaire les mots de *conscience*, de *morale* et d'*obligation*, dites-lui bien que cette persistance involontaire lui dénonce un Dieu; qu'il s'en rend témoignage à lui-même, et qu'il ne saurait trop se hâter de mettre son Dieu à la place ou au-dessus de ces idées abstraites.

Revenons à Montaigne. Pour se faire une morale conforme ou identique à son tempérament, il fallait d'abord se débarrasser de Dieu ; chose facile, le silence suffisait ; mais ce qui était moins aisé, c'était de se défaire de l'idée de la mort ; or cette idée, bien envisagée, renferme ou rappelle toutes les idées infinies dont l'auteur avait eu soin de balayer le terrain. Il n'y aurait pas de raison bien pressante d'introduire Dieu dans la vie, si la vie durait toujours ; mais elle a une fin, une fin mystérieuse, pleine de pressentiments, pleine de terreurs. La mort est le nœud qui serre toute la morale. Ici Dieu est nécessaire ; son idée revient, quoi qu'on fasse ; la mort ramène sur la scène ce grand nom, et avec lui revient la morale, non celle du tempérament, mais celle de la perfection. La mort est donc l'ennemi de Montaigne ; il n'a rien fait, s'il ne peut s'en débarrasser ; il va donc essayer de tuer la mort, en lui arrachant son aiguillon, mais à sa manière, qui n'est pas celle de saint Paul.

Il est vrai que nulle part Montaigne ne dit en termes exprès que tout finit à la mort ; mais le moyen de ne pas le conclure de tant de raisonnements, et notamment de ceux qu'il entasse dans les chapitres où il

s'efforce de prémunir ses lecteurs contre les terreurs
de la mort. Remarquons en passant que, nulle part,
Montaigne n'est plus éloquent. A la première citation
vous croiriez entendre un orateur chrétien :

« En tout le reste il y peut avoir du masque; mais
« à ce dernier roolle de la mort et de nous, il n'y a
« plus que feindre, il fault parler françois, il fault
« montrer ce qu'il y a de bon et de net dans le fond
« du pot. C'est le maistre jour; c'est le jour juge de
« touts les aultres; c'est le jour, dict un ancien, qui
« doibt juger de toutes mes annees passees (1). »

Mais allons un peu plus loin : « L'un des principaux
« bienfaicts de la vertu, c'est le mespris de la mort :
« moyen qui fournit nostre vie d'une molle tranquil-
« lité, et nous en donne le goust pur et amiable; sans
« qui toute aultre volupté est esteincte (2). »

« Sortez, dict nature, de ce monde comme vous
« y estes entrez. Le mesme passage que vous feistes
« de la mort à la vie, sans passion et sans frayeur,
« refaictes le de la vie à la mort. Vostre mort est une
« des pieces de l'ordre de l'univers; c'est une piece de
« la vie du monde. Changeray-je pas pour vous cette
« belle contexture des choses? C'est la condition de
« vostre creation; c'est une partie de vous, que la mort ;
« vous vous fuyez vous mesme. Cet estre que vous
« jouyssez, est egalement party à la mort et à la vie.
« Le premier jour de vostre naissance vous achemine
« à mourir comme à vivre. Tout ce que vous vivez,
« vous le desrobez à la vie ; c'est à ses despens. Le

(1) Livre I, chapitre XVIII.   (2) Livre I, chapitre XIX.

« continuel ouvrage de vostre vie, c'est bastir la
« mort (1). »

Vers la fin du chapitre : « La mort est moins à
« craindre que rien, s'il y avoit quelque chose de
« moins que rien ; elle ne vous concerne ny mort ny
« vif ; vif, parce que vous estes ; mort, parce que vous
« n'estes plus (2). »

Et ailleurs : « Recueillez vous ; vous trouverez en
« vous les arguments de la nature contre la mort,
« vrays, et les plus propres à vous servir à la neces-
« sité : ce sont ceulx qui font mourir un païsan, et
« des peuples entiers, aussy constamment qu'un phi-
« losophe. Feusse je mort moins alaigrement avant
« qu'avoir veu les Tusculanes ?... Nous troublons la
« vie, par le soing de la mort ; et la mort, par le soing
« de la vie : l'une nous ennuye ; l'aultre nous effraye.
« Ce n'est pas contre la mort que nous nous prepa-
« rons, c'est chose trop momentanee ; un quart d'heure
« de passion, sans consequence, sans nuisance, ne me-
« rite pas des preceptes particuliers : à dire vray,
« nous nous preparons contre les preparations de la
« mort (3). »

Il ne s'agira donc que de mettre dans l'esprit des
gens que la mort est une fin bien finale, qu'il n'y a
rien après. Et comme cela même n'est pas agréable
du premier coup, Montaigne mettra tout son esprit en
réquisition pour que les terreurs du jugement, qu'il
vient de dissiper, n'aient pas pour héritière, dans
l'âme consternée, l'épouvante du néant.

(1) Livre I, chapitre XIX.   (2) *Ibid.*   (3) Livre III, chapitre XII.

Le calomnions-nous? Dans ce cas, nous pouvons dire qu'il l'a voulu.

Comment supposer raisonnablement qu'un homme religieux, un chrétien, ayant à prémunir contre la peur de la mort, n'énonce aucune des idées consolantes que la religion oppose aux terreurs du dernier jour?

Comment ne pas accuser de matérialisme un homme qui falsifie la mort, qui ne veut vous rassurer contre elle qu'en vous disant qu'elle est une pièce de l'ordre universel; qu'on peut en émousser la pointe en l'essayant habituellement sur son cœur, c'est-à-dire qu'il faut contempler la mort non pour s'exciter à mieux vivre, mais pour s'y accoutumer de manière à ce qu'on ne s'en effraye plus; en un mot, qu'il faut user l'idée de la mort en se la rendant sans cesse présente?

« Le but de nostre carriere c'est la mort; c'est l'ob-
« ject necessaire de nostre visee; si elle nous effroye,
« comme est-il possible d'aller un pas avant sans
« fiebvre? Le remede du vulgaire, c'est de n'y penser
« pas : mais de quelle brutale stupidité luy peult ve-
« nir un si grossier aveuglement?..... Il y fault prou-
« veoir de meilleure heure. Apprenons à soustenir cet
« ennemy de pied ferme et à le combattre; et pour
« commencer à luy oster son plus grand advantage
« contre nous, prenons voye toute contraire à la com-
« mune; ostons luy l'estrangeté, practiquons le, ac-
« coustumons le, n'ayons rien si souvent en la teste
« que la mort, à touts instants representons la à nostre
« imagination et en touts visages : au broncher d'un

« cheval, à la cheute d'une tuile, à la moindre pic-
« queure d'espingle, remaschons soubdain : Eh bien !
« quand ce seroit la mort mesme ! et là dessus roi-
« dissons nous, et nous efforceons (1). »

Ailleurs il dit que la mort ressemble frappamment
à des choses qui nous sont très familières, au *sommeil*
et aux *défaillances*, n'étant elle-même qu'un sommeil
plus profond et une défaillance plus complète.

Au moins lorsque Buffon, employant le même genre
d'arguments, s'écrie : « Pourquoi donc avoir peur de
« la mort? » il ajoute, pour l'amour de la Sorbonne
et de sa tranquillité : « *Si d'ailleurs on a bien vécu ;* »
restriction prudente et plaisante à la fois, dont je défie
qu'on trouve l'équivalent chez l'auteur des *Essais*. Au
reste, s'il ne la mit pas dans son livre, il eut soin de
mettre dans sa vie quelque chose qui en pût tenir lieu.
Comme Buffon, il eut aussi sa parenthèse, un peu différente toutefois, savoir: *Si l'on vit bien avec l'Église*, ou
plutôt, *si l'on meurt dans l'Église*. Et c'est ainsi, en effet, qu'il mourut, à la grande consolation de beaucoup
de gens, qui ne doutèrent pas, même en présence de
ses écrits, qu'il n'eût été bon chrétien dans l'âme. Il
s'était bien promis de finir de la sorte; nous avons vu
comment il avait fait son compte de mourir chrétien.

Je ne sais, Messieurs, si tous les raisonnements que
nous venons d'entendre donnèrent réellement la paix
de l'âme à Montaigne, parvenu à sa dernière heure.
Mais ce que j'ose affirmer, c'est qu'ils ne l'ont donnée
et ne la donneront jamais à personne. Le mondain

(1) Livre 1, chapitre XIX.

leur préférera toujours l'étourdissement que procurent
le tumulte et les plaisirs du monde ; le chrétien n'a
que faire de ces arguments vains : il possède le Con-
solateur.

Si maintenant on eût demandé à Montaigne : A
l'heure de la mort est-il indifférent d'avoir bien ou
mal vécu ? il eût répondu : Non pas ! Mais c'est de son
livre, et non pas de lui, qu'il est ici question, et je le
répète, Messieurs, abstraction faite des deux grandes
idées sur lesquelles nous venons de nous étendre, il
est impossible d'avoir une morale complète, systématique, conséquente. Ou la morale a quelque part un
commencement, ou elle n'est rien. En dehors de Dieu
et de la mort on peut avoir de la moralité ; une morale,
on ne peut l'avoir. Tel est le cas aujourd'hui. Il y a
des idées et des sentiments moraux en circulation ;
jamais moins il n'y eut une morale, même chez
les nations les plus civilisées. Convenons-en cependant, entre ces idées éparses il demeure plus de liaison qu'il ne s'en pourrait trouver si, au-dessus d'elles,
n'existait pas un système entier de morale, et si, au-
dessous, quelque chose des éléments de la morale ne
subsistait dans les profondeurs de l'être. Ce qui reste
d'un, de prochain, de lié en apparence dans la morale vulgaire s'explique par l'ancienne tradition et
l'habitude. Tout cela est bout à bout, et les lacunes
sont peu considérables ; c'est comme ces squelettes
d'animaux antéadamites que les fouilles ont mis à découvert : il ne faut pas y toucher, car tout cela est
brisé et tombe en fragments. L'édifice de la morale

naturelle a été renversé; il est semblable aux mammouths et aux mastodontes des anciens âges, dont l'espèce a disparu de dessus la terre, mais dont les catastrophes écoulées n'ont pu anéantir les traces.

La morale de Montaigne n'est, d'après ce qu'on vient de voir, dans toute l'étroitesse du terme que *la morale de Montaigne*, la morale de son caractère, de son tempérament, de son éducation, en un mot, Montaigne lui-même, ni plus ni moins : du bon et du mauvais, du fort et du faible, du sévère et du relâché, suivant que sa nature ou son humeur prête à l'une ou l'autre de ces tendances, la sévérité correspondant à son fort, le relâchement à son faible. De lui surtout on peut dire ce que nous lui avons ouï dire de l'homme : « Sujet merveilleusement vain, divers et « ondoyant. » Au reste, il ne se le dissimule pas, et il ne s'en cache pas davantage; il trouve que « l'homme « n'est gueres fin de tailler son obligation à la raison « d'un aultre estre que le sien (1). »

La morale, selon lui, consiste à suivre la nature. Nous avons vu que ceci veut dire *sa* nature; car pourquoi suivrait-on moins la sienne que celle d'un autre ?

Mais, pour obtenir cette nature dans toute sa pureté, il faut, autant que possible, la préserver du contact des influences étrangères, il faut écarter tout ce qui peut la modifier ou la rectifier, il faut mépriser la science et préconiser l'ignorance. L'ignorance, selon Montaigne, qui le répète en mille endroits, est la gar-

(1) Livre III, chapitre IX.

dienne de tous les biens : à son ombre on apprend à
souffrir, à mourir, à conserver la paix.

La science, au contraire, est la fontaine de tous nos
maux, une source d'embarras et de perplexités; elle
rend difficile ce qui, sans elle, aurait pu être aisé :
« Regardons à terre : les pauvres gents que nous y
« voyons espandus, la teste penchante aprez leur be-
« songne, qui ne sçavent ny Aristote ny Caton, ny
« exemple ny precepte; de ceulx là tire nature touts
« les jours des effects de constance et de patience, plus
« purs et plus roides que ne sont ceulx que nous estu-
« dions si curieusement en l'eschole (1).» Et plus
loin : « La pluspart des instructions de la science à
« nous encourager, ont plus de montre que de force,
« et plus d'ornement que de fruict. Nous avons aban-
« donné nature, et luy voulons apprendre sa leçon;
« elle qui nous menoit si heureusement et si seure-
« ment : et cependant les traces de son instruction,
« et ce peu, qui, par le benefice de l'ignorance, reste
« de son image empreint en la vie de cette tourbe
« rustique d'hommes impolis, la science est con-
« traincte de l'aller touts les jours empruntant pour
« en faire patron, à ses disciples, de constance, d'in-
« nocence et de tranquillité (2). »

Avouons-le, Montaigne est très spécieux dans ses
injures contre la science; il donne presque envie
d'être ignorant. A l'en croire, l'ignorance serait la
vraie science de l'humanité. Mais ici, comme ailleurs et
peut-être plus qu'ailleurs, il s'est tout simplement

_____

(1) Livre III, chapitre XII.   (2) *Ibid.*

montré homme sensible et non pas philosophe. En quoi a-t-il raison? En quoi tombe-t-il dans l'exagération et l'erreur?

Considérée par rapport à la morale et comme moyen de diriger la vie, la valeur directe de la science est à peu près nulle. En fait de devoir, on n'apprendra rien des systèmes. La philosophie, dont on a dit tant de bien et tant de mal, a rendu à l'humanité de grands services indirects, mais jusqu'ici elle lui a prêté peu de secours direct. Par elle on a vainement tenté de façonner une religion, de recomposer l'humanité; elle s'est montrée inhabile à donner un sentiment de paix ou une étincelle de joie; en parcourant le vaste champ des pensées et des divagations humaines, elle a recueilli, en passant, des idées précieuses, elle a donné de la culture à l'esprit, elle a fourni, elle a aiguisé des instruments. Mais qu'on n'y cherche rien de plus. En fait de mobile de conduite, elle est stérile; elle ne saurait trouver la solution du problème de la vie. Son utilité nous est assez bien représentée dans la fable du *Laboureur et ses enfants :*

> Le père mort, les fils vous retournent le champ,
> De çà, de là, partout; si bien qu'au bout de l'an
> Il en rapporta davantage.
> D'argent, point de caché. Mais le père fut sage.

Il en est de même de la philosophie; c'est une charrue qui laboure le champ.

Selon Montaigne, la multiplicité des systèmes philosophiques est fâcheuse; elle ne fait qu'embarrasser l'homme dans la recherche de la vérité. Il en est à ses

yeux de ces systèmes différents comme il en serait
d'une maison où le propriétaire aurait plusieurs horloges qu'il ne pourrait jamais mettre à la même heure.
Il vaut mieux, ajoute-t-il, n'en avoir qu'une et l'avoir
bonne. D'accord. Montaigne n'en a pris qu'une, en
effet ; mais, par malheur, elle était mauvaise.

Comme application de son précepte, Montaigne
nous renvoie aux sauvages. On sait qu'alors ils
étaient peu connus, et que l'imagination avait le champ
libre à leur égard. On en est fort revenu depuis, et il
y a lieu de s'étonner de tout ce qu'au dix-huitième
siècle, J.-J. Rousseau et bien d'autres ont pu débiter
à leur sujet. Montaigne est plus excusable lorsqu'il
trace de la vie sauvage et des avantages du véritable
état de nature le beau tableau qu'il termine ainsi :
« Tout cela ne va pas trop mal : mais quoy! ils ne
« portent point de hault de chausses (1). » Comme si
le gland était plus près de la nature que le chêne !

La première tendance de Montaigne est vers la volupté. Sa vie avait été déréglée ; il ne trouve pas que
ce soit assez, et après avoir vécu en libertin, il faut
encore qu'il donne à soi et aux autres le plaisir d'en
perpétuer le souvenir. Voici comment il justifie cette
licence : « Je me suis ordonné d'oser dire tout ce que
« j'ose faire ; et me desplais des pensees impublia-
« bles : la pire de mes actions et conditions ne me
« semble pas si laide, comme je treuve laid et lasche
« de ne l'oser advouer. Chascun est discret en la con-
« fession ; on le debvroit estre en l'action : la hardiesse

(1) Livre I, chapitre XXX.

« de faillir est aulcunement compensee et bridee par
« la hardiesse de le confesser ; qui s'obligeroit à
« tout dire, s'obligeroit à ne rien faire de ce qu'on est
« contrainct de taire (1). »

Il dit nettement que la volupté est le but de la
vertu : « Quoy qu'ils dient, en la vertu mesme, le
« dernier but de nostre visee, c'est la volupté. Il me
« plaist de battre leurs aureilles de ce mot qui leur
« est si fort à contrecœur : et s'il signifie quelque
« supreme plaisir et quelque excessif contentement,
« il est mieulx deu à l'assistance de la vertu qu'à
« nulle aultre assistance. Cette volupté, pour estre
« plus gaillarde, nerveuse, robuste, virile, n'en est
« que plus serieusement voluptueuse : et luy debvions
« donner le nom du plaisir, plus favorable, plus doulx
« et naturel, non celuy de la vigueur, duquel nous
« l'avons denommee (2). »

Voici maintenant le portrait de la vertu : « La sa-
« gesse a pour son but la vertu, qui n'est pas, comme
« dict l'eschole, plantee à la teste d'un mont coupé,
« rabotteux et inaccessible : ceulx qui l'ont approchee
« la tiennent, au rebours, logee dans une belle plaine
« fertile et fleurissante, d'où elle veoid bien soubs soy
« toutes choses ; mais si peult on y arriver, qui en
« sçait l'addresse, par des routes ombrageuses, ga-
« zonnees et doux fleurantes, plaisamment, et d'une
« pente facile et polie comme est celle des voultes ce-
« lestes. Pour n'avoir hanté cette vertu supreme,
« belle, triomphante, amoureuse, delicieuse pareille-

(1) Livre III, chapitre V.　　(2) Livre I, chapitre XIX.

« ment et courageuse, ennemie professe et irre-
« conciliable d'aigreur, de desplaisir, de crainte et
« de contraincte, ayant pour guide nature; fortune
« et volupté pour compaignes; ils sont allez, selon
« leur foiblesse, feindre cette sotte image, triste,
« querelleuse, despite, menaceuse, mineuse, et la
« placer sur un rochier à l'escart, emmy des ronces;
« fantosme à estonner les gents (1). »

A la fin, et comme conclusion de son ouvrage, il
conseille de ne pas aspirer trop haut : « Ils veulent
« se mettre hors d'eulx et eschapper à l'homme; c'est
« folie : au lieu de se transformer en anges, ils se
« transforment en bestes; au lieu de se haulser, ils
« s'abbattent. Ces humeurs transcendentes m'effrayent
« comme les lieux haultains et inaccessibles..... Nous
« cherchons d'aultres conditions, pour n'entendre l'u-
« sage des nostres; et sortons hors de nous, pour ne
« sçavoir quel il y faict. Si avons nous beau monter
« sur des eschasses; car, sur des eschasses, encores
« fault il marcher de nos jambes; et au plus eslevé
« throsne du monde, si ne sommes nous assis que sur
« nostre cul. Les plus belles vies sont, à mon gré,
« celles qui se rengent au modele commun et hu-
« main, avecques ordre, mais sans miracle et sans
« extravagance (2). »

Et ailleurs : « L'humaine sagesse n'arriva jamais
« aux debvoirs qu'elle s'estoit elle mesme prescripts;
« et, si elle y estoit arrivee, elle s'en prescriroit d'aul-
« tres au delà. Tant nostre estat est ennemi de con-

(1) Livre I, chapitre XXV.   (2) Livre III, chapitre XIII.

« sistance ! L'homme s'ordonne à soy mesme d'estre
« necessairement en faulte. Luy est il injuste de ne
« faire point ce qu'il luy est impossible de faire (1)? »

L'aise et le plaisir ne sont pas cependant la seule
direction que Montaigne veuille tracer à la vie humaine. Par moments, au contraire, il manifeste une
tendance à la sévérité. C'est ainsi qu'il recommande
d'arrêter les passions dès leur premier mouvement :
« Avecques bien peu d'effort, j'arreste ce premier
« bransle de mes esmotions, et abandonne le subject
« qui me commence à poiser, et avant qu'il m'em-
« porte. Qui n'arreste le partir, n'a garde d'arrester
« la course ; qui ne sçait leur fermer la porte, ne les
« chassera pas, entrees ; qui ne peult venir à bout du
« commencement, ne viendra pas à bout de la fin ; ny
« n'en soubstiendra la cheute, qui n'en a peu soubs-
« tenir l'esbranlement (2). »

Ailleurs il déclare que l'utilité d'une action ne la
rend pas honorable ; il s'afflige de ce que « la foiblesse
« de nostre condition nous poulse souvent à cette ne-
« cessité de nous servir de mauvais moyens pour une
« bonne fin (3). » Il n'approuve pas même les ruses
de guerre. « Le tromper peult servir pour le coup :
« mais celuy seul se tient pour surmonté, qui sçait
« l'avoir esté ny par ruse ny de sort, mais par vail-
« lance, de troupe à troupe, en une franche et juste
« guerre (4). »

Il déclare qu'une promesse doit toujours être

---

(1) Livre III, chapitre IX.   (2) Livre III, chapitre X.
(3) Livre II, chapitre XXIII.   (4) Livre I, chapitre V.

tenue : « Il y a des regles en la philosophie et faulses
« et molles. L'exemple qu'on nous propose, pour faire
« prevaloir l'utilité privee à la foy donnee, ne receoit
« pas assez de poids par la circonstance qu'ils y mes-
« lent. Des voleurs vous ont prins, ils vous ont remis
« en liberté, ayant tiré de vous serment du payement
« de certaine somme. On a tort de dire qu'un homme
« de bien sera quitte de sa foy, sans payer, estant
« hors de leurs mains. Il n'en est rien : ce que la
« crainte m'a faict une fois vouloir, je suis tenu de le
« vouloir encores, sans crainte ; et, quand elle n'aura
« forcé que ma langue sans la volonté, encores suis-je
« tenu de faire la maille bonne de ma parole (1). »

Il se prononce contre la recherche de la gloire ; il
en signale la vanité : « Nous nous soignons plus qu'on
« parle de nous, que comment on en parle ; et nous
« est assez que nostre nom coure par la bouche des
« hommes, en quelque condition qu'il y coure : il
« semble que *l'estre cogneu*, ce soit aulcunement avoir
« sa vie et sa duree en la garde d'aultruy. Moy, je
« tiens que je ne suis que chez moy ; et de cette aultre
« mienne vie, qui loge en la cognoissance de mes amis,
« à la considerer nue et simplement en soy, je sçais
« bien que je n'en sens fruict ny jouïssance que par la
« vanité d'une opinion fantastique : et quand je seray
« mort, je m'en ressentiray encores beaucoup moins ;
« et si perdray tout net l'usage des vrayes utilitez,
« qui accidentalement la suyvent par fois (2). »

Montaigne va plus loin ; il a dit quelque part :

(1) Livre III, chapitre I.   (2) Livre II, chapitre XVI.

la vie, petites ou grandes. Il a sapé bien des préjugés et rendu palpable l'absurdité de bien des routines. Le premier, il a cherché à ramener l'éducation vers la nature et à l'affranchir de la pédanterie et de la rudesse qui caractérisaient l'éducation de son époque. Qu'on étudie entre autres le chapitre XXV du livre Ier, et l'on reconnaîtra tout ce qui se trouve de sain et d'applicable dans les vues de Montaigne sur ce sujet.

Mais somme toute, Messieurs, et malgré l'utilité d'un bon nombre de ses maximes et la connaissance incontestable et précieuse que peut tirer du livre entier l'homme guidé par l'esprit du christianisme, il faut le dire hautement, Montaigne a fait plus de mal que de bien. L'éloquence insinuante, naturelle, admirable de son livre a séduit beaucoup de gens et enfoncé l'aiguillon du doute dans bien des esprits que leur tendance y prédisposait probablement, mais qui, sans Montaigne, eussent peut-être échappé au dissolvant du scepticisme. Je ne dirai pas, si vous le voulez, qu'il ait précisément fait reculer la nation française ; mais il est certain qu'il a ajouté quelque chose à ce fond de légèreté, de superficialité, de mollesse morale, qui n'a que trop marqué les siècles qui nous occupent.

Montaigne entrait trop intimement dans l'esprit français pour ne pas être goûté avec délices de ses compatriotes et faire même école auprès d'un grand nombre. Il possède au plus haut degré ce que je nommerai l'élément gaulois, ce que Jules César déjà signalait comme un caractère distinctif des habitants

de la Gaule, ce sens pratique qui juge sainement des
faits sensibles, mais qui répugne aux esprits élevés,
qui se fie en philosophie aux apparences, qui marche
terre à terre en s'applaudissant de la sûreté de son
pas. L'esprit français a du goût, du mouvement, de
l'entrain, peu de spiritualité sérieuse. Il est particulièrement en saillie chez certains auteurs qui ne sont
pas seulement goûtés par le public comme écrivains,
mais qu'il traite en amis de cœur, et vers lesquels un
sentiment plus affectueux que l'admiration ramène
incessamment les lecteurs. Montaigne, La Fontaine,
Madame de Sévigné, Voltaire, sont du nombre. Il y
a, sans doute, dans l'abandon naïf des trois premiers,
dans la simplicité élégante et lucide du dernier, un
charme qui peut servir à expliquer pourquoi ils ont
été de tout temps les enfants gâtés du public; mais
une bonne partie de cette faveur tient à une autre
cause. Ils sont, tous les quatre, pour les idées morales, à la taille de la majorité de leurs lecteurs; tous
les quatre, mondains sans avoir répudié toute idée de
devoir et de bienséance, prescrivant à chacun de nous
précisément ce que nous nous serions prescrit à nous-
mêmes ou ce que la nature inspire, ennemis de l'excès
dans la vertu comme dans le vice, partisans de ce
juste milieu qui est la molle ornière du monde civi-
lisé, habiles à nous rendre satisfaits de nous-mêmes,
nous dispensant d'efforts et de combats, ils flattent
merveilleusement notre paresse spirituelle, sans ré-
volter le sentiment moral du grand nombre. Le moyen
de s'étonner qu'ils nous plaisent! N'est-ce pas ainsi

qu'on nous plaît dans la société? Les personnes dont
le commerce nous attire ne sont-elles pas taillées sur
ce patron-là? D'ailleurs, nous avons en faveur de
notre explication la preuve directe, la preuve de fait.
Qui ne sait que c'est précisément ce défaut de fermeté dans les doctrines morales, cette tolérance exquise qui tolère le mal et même le bien, cette préférence donnée aux qualités naturelles sur les vertus
acquises, qu'on a très sérieusement loués chez La
Fontaine, chez Madame de Sévigné, et surtout chez
Montaigne?

Certes, nous ne prétendons pas que tout l'esprit
français se soit versé sur cette pente; nous sommes
loin de méconnaître un courant dont la direction est
tout opposée. Il suffit de nommer Descartes, Pascal,
Fénelon, Montesquieu, bien d'autres encore. Mais ce
n'est pas la tournure d'esprit de ces grands hommes
qui a le plus influé sur le caractère de l'ensemble de
la nation.

Le scepticisme de Montaigne, répandu dans tout
son livre, est plus directement exprimé et concentré
dans le douzième chapitre du livre II, qui forme, à
lui seul, presque un volume, et où il présente l'apologie de Raimond de Sébonde. Comme son auteur,
Montaigne s'applique à constater l'impuissance de la
raison à parvenir à la certitude, ni même à aucune
sorte de vérité. Il prétend rendre à la religion un
signalé service en annihilant ainsi la raison humaine;
il veut, dit-il, « arracher des poings des philosophes
« les chestifves armes de leur raison. » Pascal l'a

fort loué d'avoir poursuivi et, selon lui, atteint ce but,
si tant est que ce fût réellement le but de Montaigne :
« C'est dans cette assiette, toute flottante et toute
« chancelante qu'elle est, qu'il combat avec une fer-
« meté invincible les hérétiques de son temps... et
« foudroie l'impiété horrible de ceux qui osent dire que
« Dieu n'est point... Il gourmande si fortement et si
« cruellement la raison dénuée de la foi, que, lui
« faisant douter si elle est raisonnable, et si les ani-
« maux le sont ou non, ou plus ou moins que l'homme,
« il la fait descendre de l'excellence qu'elle s'est attri-
« buée, et la met, par grâce, en parallèle avec les
« bêtes, sans lui permettre de sortir de cet ordre, jus-
« qu'à ce qu'elle soit instruite, par son Créateur
« même, de son rang qu'elle ignore : la menaçant, si
« elle gronde, de la mettre au-dessous de toutes, ce
« qui lui paraît aussi facile que le contraire... On ne
« peut voir sans joie, dans cet auteur, la superbe rai-
« son si invinciblement froissée *par ses propres armes*,
« et cette révolte si sanglante de l'homme contre
« l'homme, et on aimerait de tout son cœur le ministre
« d'une si grande vengeance, si, étant humble disciple
« de l'Église par la foi, il eût suivi les règles de la
« morale, en portant les hommes, qu'il avait si utile-
« ment humiliés, à ne pas irriter Dieu par de nou-
« veaux crimes..... Mais il agit, au contraire, en
« païen (1). »

A les entendre l'un et l'autre, on ne saurait donner
à la foi de fondements plus solides que les ruines de

(1) PASCAL. *Pensées*, Partie I, Art. XI.

la raison. Cette opinion, nous en avons déjà fait la remarque au commencement de ce cours, a été soutenue après eux par bien d'autres. Mais, à notre avis, l'éloge de Pascal est une imprudence. Qui prouve trop ne prouve rien. En prétendant réduire à néant la raison, Montaigne retourne ses armes contre lui-même. De quel instrument se sert-il pour abattre la raison? De la raison elle-même. Or la raison ne peut, en sens absolu, être opposée à la raison. Il est clair que si la raison n'est capable de rien, elle n'est pas même capable de prouver sa propre impuissance. Si elle démontre qu'elle n'est rien, elle a donc le pouvoir de démontrer quelque chose.

Observons en général, que ces attaques trop absolues contre la raison, bien loin de servir la religion, lui sont très défavorables. Après s'être servi de la raison pour décréditer la raison, c'est encore de la raison qu'on est forcé de se servir pour accréditer la religion. Toute l'apologétique n'est qu'une application variée de la raison aux choses de la religion. Il est clair que l'apologète ne peut partir, avec ses adversaires, de la foi qu'ils ne reçoivent pas encore; il faut donc qu'il se place avec eux au point de vue de la raison, c'est-à-dire qu'il invoque contre eux des principes ou des notions tirées de la seule raison. Que font toutes les apologies de la religion en général et du christianisme en particulier? Elles interrogent l'histoire, la philosophie, la conscience; elles fouillent l'homme et le monde; elles y cherchent des indices, des preuves, des faits. En tout cela elles font appel à

la raison humaine, elles traitent l'homme comme un
être raisonnable, elles lui présentent des motifs et
elles sollicitent ses pouvoirs d'intelligence et de jugement.

Il y a ici une distinction à faire, et Montaigne ne
l'a point faite. De la raison il ne conserve rien dont il
puisse se servir pour parvenir à une connaissance ou
à une certitude quelconque. Il fallait chercher les
limites de la raison, indiquer le point où elle possède.
une valeur, et celui où elle cesse d'en avoir une.
C'est au moyen de la raison qu'on démontre d'abord
que la raison est inhabile à satisfaire aux besoins de
l'âme humaine, qu'elle reste court en leur présence,
et reconnaît sa totale incapacité pour construire *à
priori* la vérité, pour suppléer à la révélation biblique.
Mais la Bible étant donnée, la raison est suffisante
pour en reconnaître l'authenticité, la beauté, la parfaite harmonie avec les besoins de notre nature. Arrivée à ce point, il faut que la raison se déclare de
nouveau impuissante : impuissante à produire la per-
suasion après la conviction, impuissante à convertir
le cœur. Ceci est l'œuvre de l'Esprit de Dieu, agissant
par les doctrines de la Bible. A lui seul appartient le
souffle de la vie nouvelle.

IV.

PIERRE CHARRON.

1541 — 1603.

Nous passons ici, non tant à d'autres doctrines qu'à une forme différente, à une autre nuance des mêmes doctrines. Charron pourrait, dans un sens, être appelé le traducteur officiel ou le satellite de Montaigne. Vraie ou fausse, presque toute sa lumière lui vient de là. Ce n'est point, Messieurs, que je prétende accuser Charron de plagiat; les emprunts qu'il tire de Montaigne, les copies mêmes qu'il en fait, sont parfois si évidentes qu'on n'y saurait voir autre chose qu'un témoignage de respect rendu à la mémoire d'un maître vénéré. Ne croyons pourtant pas que Charron manque absolument d'originalité. Comme bel esprit et comme savant, il a joué dans son siècle un rôle trop important pour n'avoir rien possédé en propre; néanmoins, sous plusieurs rapports, il reste à peu près à nos yeux la seconde édition de Montaigne, et une édition qui ne vaut pas la première. L'œuvre principale de Charron, le livre *de la Sagesse*, qui fit dans le temps grand bruit, et qui obtint de nombreuses réimpressions, n'est presque plus lue de nos jours. Avis aux auteurs.

Tout en poursuivant, au fond, dans son livre, le même but que Montaigne, et traitant en quelque sorte les mêmes sujets, Charron diffère cependant de Montaigne sous quelques rapports. Il a prétendu donner à son œuvre une forme systématique, et quoique cette régularité soit plus apparente que réelle, elle suffit pour faire contraste avec la causerie sans règle de Montaigne. Montaigne parle de soi continuellement, Charron n'en parle jamais : il est donc privé de ce charme tant soit peu égoïste que nous trouvons dans les confidences d'un homme qui s'abandonne à nous, et que nous prenons plaisir à exploiter, parce que cet homme, c'est encore nous.

Charron a de la clarté, de la lucidité, souvent même de l'énergie; il a de l'esprit et, si l'on veut, de la concision, ou plutôt une apparence de concision ; c'est une nature austère, inflexible et froide, un clair soleil dans un climat du Nord, tandis que Montaigne nous réjouit de ses aimables et chauds rayons, et que son livre est un homme ; car il palpite des impressions et de toute la vie de celui qui l'a écrit.

Quant à la doctrine de Charron, sans variations très essentielles, elle se distingue cependant en quelques points de celle de Montaigne. Charron a, comme nous l'avons remarqué à l'entrée de ce cours, ici et là certaines tendances vers le stoïcisme; mais quoiqu'il s'en soit fait le représentant en quelques occasions, la différence de la forme a contribué à donner à ces divergences plus d'accent qu'au fond elles n'en devaient avoir. Montaigne, écrivant sans plan, n'ayant

pas un cadre à remplir, ne pousse jamais jusqu'au
bout les conséquences d'une idée; il l'abandonne
quand cela lui plaît, pour passer à un autre sujet, et
par là il esquive la difficulté. Charron est méthodique;
il choisit sa matière, il s'applique à l'épuiser, il ne se
fait grâce d'aucune des conséquences de ses systèmes.
Nous y reviendrons bientôt; pour l'heure, Messieurs,
nous vous devons quelques mots sur sa vie.

Pierre Charron, né en 1541, était fils d'un libraire
de Paris; il se trouva n'avoir pas moins de vingt-
quatre frères. Au milieu de cette famille surabondante, le père remarqua dans notre auteur de si
heureuses dispositions, que, sans reculer devant les
sacrifices nécessaires à son éducation, il le destina à
la carrière du droit. Pierre devint avocat; mais bientôt sa profession lui déplut et il la quitta pour se
vouer à l'Église, où il ne tarda pas à se distinguer.
Son ami et biographe, M. de La Rochemaillet, remarque que, « parce qu'il avoit la langue bien pen-
« düe, il s'exerça à la prédication de la parole de
« Dieu, et qu'il confirma en la foy plusieurs qui
« bransloient au manche (1). »

Après diverses fortunes, et au milieu d'une carrière
qui lui rapportait honneur et profit, on ne sait par
quelle bizarrerie, vers 1588, Charron se mit en tête
de devenir chartreux. Quoi qu'il en soit, son âge, il
avait alors quarante-sept ans, l'empêcha d'obtenir
l'admission dans cet ordre rigoureux. Obligé de se
désister, il retourna à Bordeaux où il était chanoine,

(1) *Éloge de Charron*, par G. M. D. R.

et y fit en 1589 la connaissance de Montaigne. Ils prirent de l'amitié l'un pour l'autre et s'en donnèrent des marques mutuelles. Mais il est difficile de déterminer jusqu'à quel point Montaigne influa sur son nouvel ami, si la doctrine répandue dans le livre *de la Sagesse* est due aux idées de Montaigne, ou si le commerce de ce dernier ne fit que confirmer les propres vues de Charron.

On s'étonne cependant de voir Charron, quelques années après sa liaison avec Montaigne, publier son *Traité des Trois Vérités*, qui fit grand éclat, et acquit à l'auteur l'honneur d'être envisagé comme l'un des plus heureux défenseurs de la religion. La première de ces vérités est celle de l'existence de Dieu prouvée contre les athées; la seconde, celle de la religion chrétienne contre les mahométans; la troisième, celle de la religion catholique contre les hérétiques.

Vers 1600, Charron devint chanoine de Condom, « où il acheta une maison qu'il fit bastir de neuf et « l'ameubla de beaux et precieux meubles, en inten- « tion d'y passer le cours de sa vie plus joyeusement « et gaillardement, et d'eviter à son pouvoir les incom- « moditez de la vieillesse (1). » Notre chartreux avait bien changé de sentiments.

En 1601, il publia à Bordeaux son livre *de la Sagesse*. La sensation produite fut grande, mais très diverse. Les uns éprouvèrent de la surprise, de l'indécision; ils se demandèrent ce que prétendait réellement l'auteur. D'autres affirmèrent qu'il venait de

(1) *Éloge de Charron*, par G. M. D. R.

rendre un signalé service à la cause de la religion, et qu'il méritait d'en être récompensé. Quelques esprits plus pénétrants estimèrent tout le contraire. D'une part, on lui proposait des dignités ecclésiastiques; de l'autre, on tentait d'ameuter contre lui le public et jusqu'à l'autorité. Mais tandis que l'auteur s'occupait à préparer une seconde édition, dans laquelle il devait adoucir plusieurs expressions qui avaient paru scandaliser une partie de ses lecteurs, il mourut subitement à Paris, en 1603, d'une apoplexie sanguine. La réimpression de *la Sagesse* fut continuée après sa mort, « nonobstant les traverses et empeschemens « qui luy furent donnez par des hommes malitieux « ou superstitieux qui avoient l'esprit bas, foible et « plat (1). »

La sagesse, suivant Charron, est « prud'hommie « avec habilité, probité bien advisee. » Et il ajoute : « Cet œuvre, qui instruit à bien vivre et bien mourir, « est intitulé *Sagesse*, comme le nostre precedent, « qui instruisoit à bien croire, a esté appelé *Verité*. » Ainsi, à ses yeux, voilà deux choses soigneusement séparées, et il nous fait comprendre que, selon lui, *bien croire* n'a pas de rapport avec *bien vivre*. Cette remarque est très essentielle; elle indique l'esprit de tout son système.

Cependant, malgré ses précautions, Charron prévoit que quelques-uns pourront se scandaliser de sa doctrine, et il les juge d'avance : « La foiblesse populaire,

(1) *Éloge de Charron*, par G. M. D. R.

« et delicatesse feminine qui s'offense de cette har-
« diesse et liberté de paroles, est indigne d'entendre
« chose qui vaille (1). »

Il établit ensuite que, pour donner à l'homme
des préceptes utiles, il faut commencer par lui apprendre à se connaître. L'étude de l'homme est donc
l'objet de son premier livre. C'est Charron qui a
dit le premier ce qu'ensuite Pope a répété : « La
« vraye science et le vray estude de l'homme, c'est
« l'homme (2). » Il insiste fort là-dessus et ajoute
que « par la cognoissance de soy l'homme monte et
« arrive plustost et mieux à la cognoissance de
« Dieu que par toute autre chose (3). » Mais, plus
on avance dans la lecture de son livre, plus on
doute qu'il ait saisi toute la portée de cette idée juste
et profonde.

Charron considère d'abord l'homme en soi. Envisagé en lui-même, l'homme se présente à lui sous cinq
aspects principaux : la *vanité*, la *faiblesse*, l'*inconstance*,
la *misère*, la *présomption*.

Voici la conclusion du chapitre sur la *vanité* : « La
« vanité a esté donnee à l'homme en partage : il
« court, il bruit, il meurt, il fuit, il chasse, il prend
« un ombre, il adore le vent. Un festu est le gain de
« son jour (4). »

Charron déclare l'homme *faible* au bien, à la vertu,
à la vérité, au mal même, faible contre l'habitude,
contre l'opinion, contre tout : « L'homme ne peut

---

(1) Préface de la première édition de *la Sagesse*. Bordeaux, 1601.
(2) Livre I. Préface.   (3) *Ibid.*   (4) Livre I, chapitre XXXVI.

« estre, quand bien il voudroit, du tout bon ny du
« tout meschant. Il est impuissant à tout (1). »

Sur l'*inconstance* Charron ne dit pas grand'chose;
il en dit trop peu (2).

Pour ce qui est de la *misère* de l'homme, il en donne
une première preuve assez singulière : « Son entree
« est honteuse, vile, vilaine, mesprisee; sa sortie, sa
« mort, et ruine, glorieuse et honorable. » Puis, cette
misère se montre « au retrancher des plaisirs qui luy
« appartiennent, » à la tournure de l'esprit humain,
« forgeur de maux, » plus propre à souffrir qu'à jouir,
le plaisir n'étant jamais pur, la douleur toujours pure :
« Nous ne sommes ingenieux, dit-il, qu'à nous mal
« mener; c'est le vray gibier de la force de nostre
« esprit. » Après les misères de la nature viennent
celles du jugement et de la volonté; enfin le monde
est rempli de superstitieux, de formalistes et de
pédants (3).

Quant à la *présomption*, que Charron nomme « le
« dernier et le plus vilain traict de la peinture de
« l'homme, » il dit qu'elle se montre « en tous sens,
« haut, bas et à costé, dedans et dehors; tout revient
« à deux choses : s'estimer trop et n'estimer pas assez
« autruy (4). »

Assurément, c'est envisager l'homme sous des
traits qui le caractérisent; mais tout l'homme est-il
renfermé là? Plus tard nous verrons un auteur chrétien, tout en commençant par admettre la réalité de

---

(1) Livre I, chapitre XXXVII. (2) Livre I, chapitre XXXVIII.
(3) Livre I, chapitre XXXIX. (4) Livre I, chapitre XL.

ces tristes stigmates, chercher autre chose dans la
nature humaine et l'y faire resplendir. Au sein de ces
ruines, s'il n'y existait plus un point d'appui, comment l'œuvre de la restauration de l'empreinte divine
s'opérerait-elle? N'oublions pas que, si c'est Dieu qui
l'opère, c'est dans l'homme qu'elle doit s'accomplir.
On s'étonne de voir Charron songer à élever un édifice de morale sur une base pareille, et offrir une
foule de préceptes à une créature exclusivement for-
mée de tels éléments. Par quelle inconséquence at-
tend-il tout d'un être qu'il vient de réduire à ce *sub-
stratum?* Ceci réservé, convenons que dans cette
section se trouvent d'excellentes choses, et que l'auteur y montre parfois une vraie vigueur de pensée
et une remarquable vérité d'observation.

La comparaison de l'homme avec les bêtes ne présente rien de saillant.

Charron traite de l'homme par rapport aux parties
dont il est composé; il distingue en lui trois éléments :
l'esprit, l'âme, la chair. Il commence par rapporter ce
dire de l'école, que « toute cognoissance s'achemine
« en nous par les sens; qu'elle commence par eux et
« se résout en eux (1). » Mais c'est pour le contredire, quelques pages plus loin.

Son analyse des facultés et des opérations de l'esprit
humain ne doit pas être passée sous silence. Voici sa
définition de l'imagination :

« L'imagination recueille les especes et figures des
« choses, tant presentes, par le service des cinq sens,

_____
(1) Livre I, chapitre X.

« qu'absentes, par le benefice du sens commun ; puis
« les represente, si elle veut, à l'entendement, qui les
« considere, examine, cuit et juge ; puis elle mesme
« les met en depost et conserve en la memoire, comme
« l'escrivain au papier, pour derechef, quand besoin
« sera, les tirer et extraire, ce que l'on appelle remi-
« niscence. Par quoy recueillir, representer à l'en-
« tendement, mettre en la memoire, et les extraire,
« sont tous œuvres d'imagination, et ainsi à elle se
« rapportent les sens communs, la phantaisie, la remi-
« niscence, et ne sont puissances separees d'elle,
« comme aucuns veulent, pour faire plus de trois
« facultez raisonnables (1). »

Un peu plus loin il combat Aristote qui établit que
tout arrive à l'âme « par reception et acquisition,
« venant de dehors par les sens, estant de soy une
« carte blanche et vuide. » Il avait déjà dit que
« sans instruction, elle imagine, entend, retient, rai-
« sonne et discourt (2). » On peut même discerner
dans la manière dont Charron envisage les acquisi-
tions de l'esprit humain, les premiers linéaments de
l'arbre généalogique des sciences de Bacon. Son système sur la génération des idées réfute assez bien
d'avance l'hypothèse de Condillac. Il établit contre le
matérialisme la vérité de l'immortalité de l'âme, qu'il
juge conciliable avec notre nature matérielle : « Se
« servir d'instrument ne préjudicie point à l'immor-
« talité, car Dieu s'en sert bien (3). »

(1) Livre I, chapitre XIII.   (2) Livre I, chapitre VII.
(3) Livre I, chapitre XIII.

Suit un chapitre fort remarquable sur l'homme considéré en bloc. Charron s'y livre à une véritable diatribe contre l'esprit humain, ses artifices, son habileté à tout obscurcir et à tout brouiller :

« Je n'empesche pas que l'on ne chante les louanges
« et grandeurs de l'esprit humain, de sa capacité,
« vivacité, vitesse : je consens que l'on appelle image
« de Dieu vive, un degoust de l'immortelle substance,
« une fluxion de la divinité, un esclair celeste, auquel
« Dieu a donné la raison comme un timon animé pour
« le mouvoir avec regle et mesure, et que ce soit un
« instrument d'une complette harmonie : que par luy
« y a parentage entre Dieu et l'homme ; bref, qu'il
« n'y a rien de grand en la terre que l'homme, rien
« de grand en l'homme que l'esprit : si l'on monte
« jusques là, l'on monte au dessus du ciel : ce sont
« tous mots plausibles, dont retentissent les escoles et
« les chaires.

« Mais je desire qu'apres tout cela, on vienne à bien
« sonder et estudier à cognoistre cet esprit, car nous
« trouverons qu'après tout, c'est et à soy et à autruy
« un tres dangereux outil, un furet qui est à craindre,
« un petit brouillon et trouble-feste, un émerillon
« fascheux et importun, et qui comme un affronteur
« et joüeur de passe-passe, sous ombre de quelque
« gentil mouvement subtil et gaillard, forge, invente
« et cause tous les maux du monde, et n'y en a que
« pour luy (1). »

Quelques traits sont vrais dans cette caricature;

_____
(1) Livre 1, chapitre XIV.

mais qu'est-ce que l'auteur prétend tirer de ce pauvre esprit si fort maltraité?

Passant ensuite aux passions, il s'attaque en particulier à l'ambition qu'il déprime fort : « L'ambition, « qui est une faim d'honneur et de gloire, un desir « glouton et excessif de grandeur, est une bien douce « passion, qui se coule aisément ès esprits plus gene- « reux, et ne s'en tire qu'à peine. L'ambition n'a « point de borne ; c'est un gouffre qui n'a ny fond ny « rive ; c'est le vuide que les philosophes n'ont en- « cores peu trouver en la nature, un feu qui s'aug- « mente avec la nourrice que l'on luy donne. En « quoy elle paye justement son maistre ; car l'am- « bition est juste seulement en cela, qu'elle suffit « à sa propre peine, et se met elle mesme au tour- « ment. La rouë d'Ixion est le mouvement de ses « desirs, qui tournent et retournent continuellement « de haut en bas, et ne donnent aucun repos en son « esprit (1). »

De l'avarice Charron dit encore plus de mal ; mais il se sert de motifs assez bizarres, comme celui-ci : « Quelle folie, que d'adorer ce que nature a mis sous « nos pieds et caché soubs terre, comme indigne « d'estre veu (2). »

Il range la tristesse au nombre des passions, et il la condamne à l'égal de l'ambition : « Elle n'est « pas seulement contraire et ennemie de nature, « mais elle s'attaque à Dieu ; car qu'est-elle autre « chose qu'une plainte temeraire et outrageuse contre

---

(1) Livre I, chapitre XX.   (2) Livre I, chapitre XXI.

« le Seigneur de l'univers et la loy commune du
« monde (1)? »

Ici encore se trouve un côté vrai ; mais ce n'est pas
le seul, et Charron s'est montré bien superficiel en
condamnant sans exception tout genre de tristesse.
Celui qui adhérerait à tout ce qu'a dit l'auteur sur la
nature humaine, comment ne serait-il pas triste ?
Saint Paul connaissait notre nature un peu mieux que
Charron quand il disait à ses disciples de Corinthe :
« La tristesse selon Dieu produit une repentance qui
« conduit au salut, et dont on ne se repent jamais. »
(II Corinthiens VII, 10.)

Les chapitres sur les *variétés qui sont en l'homme*,
sont pleins d'observations sur le climat, l'éducation,
les mœurs, etc. Charron y joint des remarques sur les
rapports de l'homme avec ses semblables selon les
relations diverses de la famille, des maîtres et des ser-
viteurs, des pères et des enfants. Il s'étend sur la
puissance paternelle, se plaint que les mœurs modernes l'aient affaiblie, et estime cet amoindrissement
du pouvoir domestique une des grandes causes du
malheur des temps.

Dans la seconde partie de son ouvrage, Charron
donne des préceptes généraux sur la direction de
la vie. Mais on ne distingue entre ces deux parties
aucun lien perceptible ; les préceptes ne se rattachent
nullement aux faits observés ; on dirait deux livres
entièrement différents.

(1) Livre I, chapitre XXXI.

Cette seconde partie renferme quatre sections : *Dispositions à la sagesse, fondements de la sagesse, offices de la sagesse* et *fruits de la sagesse.*

La première disposition favorable à la sagesse, c'est une âme exempte de passions et de préjugés, qui conserve une pleine liberté de jugement et de volonté. Ceci est fort bien, sans doute ; mais où est le moyen d'y parvenir ? Charron estime que ce moyen consiste dans le *discours* ou raisonnement : « Le discours est « maistre des passions ; la premeditation est celle qui « donne la trempe à l'ame, et la rend dure, aceree, « impenetrable à tout ce qui la veut entamer (1). »

Ceci est une idée fausse ; le raisonnement n'est pas le maître de la volonté. Charron déclare que ce qui entre en l'esprit par le raisonnement c'est la connaissance, et qu'alors on s'y rend si l'on veut. Oui, mais si l'on ne veut pas ? C'est précisément ici le nœud de la question.

Il y a un abîme entre la faculté de juger et celle de vouloir, entre l'intelligence et la volonté. Lorsqu'elles sont unies, ce n'est point par affinité d'essence, ce n'est point par leur fait propre ; c'est par un intermédiaire, un intercesseur, pour ainsi dire, qui recommande au cœur la cause de l'intelligence. La conviction de l'esprit n'entraîne point une détermination correspondante de la volonté. Si l'on obéit à un raisonnement, ce n'est qu'autant qu'on a dans le cœur l'impulsion d'obéir à sa conviction, ou que le raisonnement a mis en évidence des faits propres à émouvoir

_____
(1) Livre II, chapitre I.

la volonté. Il y a plus, il n'est pas toujours possible que nos raisonnements soient compris, bien loin qu'ils puissent toujours être suivis. En matière de morale, il arrive souvent que les déductions les plus claires ne sont pas comprises, parce qu'elles ne correspondent pas à un sentiment du cœur. Dans ce cas, les conseils les plus raisonnables sont perdus. Comment seriez-vous compris lorsque vous en appelez à un mobile qui n'existe pas chez celui à qui vous vous adressez? Essayez, par exemple, de porter un homme à une certaine action par un sentiment d'honneur. Si cet homme n'a qu'indifférence ou mépris pour l'opinion de ses semblables, vous y perdrez vos peines; il ne saurait vous entendre.

L'homme n'est déterminé en dernier résultat que par des affections. Pour maîtriser une passion, il en faut faire naître une autre; une affection n'est détruite que par une autre affection. Mais les affections ne peuvent être provoquées que par des faits : je dis, Messieurs, par des faits qui fassent vibrer l'une des deux cordes de toute âme humaine, l'égoïsme ou l'amour.

Plus forte que tous les raisonnements est la pure et simple apparition d'un fait de telle nature que l'âme ne puisse le contempler sans en être modifiée. Ce sont les faits qui sont nos maîtres. Qui veut nous dominer doit, ou créer des faits nouveaux, ou mettre à notre portée les faits connus. Si vous ne pouvez faire ni l'un ni l'autre, vous ne pouvez prétendre à aucun empire sur notre volonté. Alléguez-vous seulement des faits épuisés, il vaut autant vous taire. C'était là le problème à résoudre pour toute religion qui aspirait à s'emparer de la volonté humaine. Et plus ou moins, toutes l'ont tenté, à proportion de la valeur des faits qu'elles ont produits, combinée avec l'intensité de foi qu'elles ont obtenue.

C'est donc à tort que Charron en appelle au raisonnement, et pour lui le tort est double, puisqu'il a commencé par vouer la raison humaine à la nullité.

Il en vient ensuite aux *fondements de la sagesse*, et, selon lui, le premier est la *prud'hommie*. « Or, le ressort « de cette prud'hommie, c'est la loy de nature, c'est « à dire l'équité et raison universelle, qui luit et es- « clate en un chacun de nous. Qui agit par ce ressort, « agit selon Dieu ; car cette lumiere naturelle est un « esclair et rayon de la divinité (1). » Il porte en luy « la table de Moïse. » Les lois « n'ont esté au dehors « et humainement publiees, que pource que celle qui « estoit au dedans, toute celeste et divine, a esté par « trop mesprisee et oubliee (2) » Et encore : « Nature « en chacun de nous est suffisante et douce maistresse, « et regle toutes choses, si nous la voulons bien es- « couter, l'employer, l'esveiller, et n'est besoin aller « quester ailleurs les moyens, les remedes et les re- « gles qui nous font besoin (3). »

Vous n'avez pas oublié, Messieurs, ce premier livre, où l'auteur s'en est donné à cœur joie d'avilir cette nature, qu'il célèbre ici, répétant à outrance

(1) Livre II, chapitre III.   (2) *Ibid.*   (3) *Ibid.*

qu'elle n'est qu'un ramassis de préjugés locaux, d'habitudes, de passions.

Mais sans retourner en arrière, passons à la manière dont il répond à une objection qu'il se pose à lui-même. Cette nature que nous rencontrons dans les individus, tantôt bonne, tantôt mauvaise, qu'en ferat-on dans la dernière alternative ? Au premier cas, tout est simple ; il n'y a qu'à laisser aller : ce sont les hommes *bien nés*. Mais quant aux *mal nés* ? Le remède alors sera « de recourir à l'estude de la philosophie « et à la vertu, qui est un effort et un combat penible « contre le vice (1). »

Le second fondement de la sagesse a quelque rapport avec le premier ; il consiste à avoir « un but et « train de vie certain (2). »

Des fondements de la sagesse, l'auteur passe enfin à ses *offices*. Ici, pour la première fois, se trouve prononcé le mot de *religion*. Le premier des offices de la sagesse est « d'estudier la vraie pieté. » Au lieu donc de poser pour fondement à la sagesse la piété, Charron réduit la piété à n'être pour la sagesse qu'un objet d'examen et d'étude ; il l'isole complétement de la morale ; il la réduit au rôle unique de connaissance imposée, acceptée comme un fait, qui, d'ailleurs, ne s'adresse ni à la raison, ni au cœur, ni à l'imagination. « Pour estre propre « à recevoir religion, il faut estre simple, obeïssant « et debonnaire, croire et se maintenir soubs les loix, « par reverence et obeïssance, assujettir son juge-

(1) Livre II, chapitre III.   (2) Livre II, chapitre IV.

« ment, et se laisser mener et conduire à l'authorité
« publique (1). »

On se demande comment cet esprit de passivité
peut se concilier avec l'autocratie que, tout à l'heure,
Charron sommait tout homme d'exercer dans son for
intérieur, à l'égard de ses passions et de ses préjugés.
Mais il s'embarrasse peu des conciliations.

Il poursuit : « Tous disent qu'ils tiennent la religion
« et la croyent, et tous usent de ce jargon, que non
« des hommes, ny d'aucune creature, ains de Dieu.
« Mais, à dire vray, sans rien flatter ny desguiser, il
« n'en est rien. Elles sont, quoy qu'on dise, tenuës
« par mains et moyens humains. Si elle tenoit et es-
« toit plantee par une attache divine, chose du monde
« ne nous en pourroit esbranler. S'il y avoit de la
« touche et du rayon de la divinité, il paroistroit
« partout (2). »

Montaigne se sert aussi, quoique sous une forme
moins absolue, de cet argument déjà employé par les
anciens, et qui se présente, il faut l'avouer, naturellement à l'esprit.

Charron cite la parole d'un philosophe païen qui disait que « les chrestiens estoient plus qu'hommes aux
« articles de leur creance et pires que pourceaux en
« leur vie (3). » Mais c'est un argument superficiel,
déloyal, et même blasphématoire, quand il sort d'une
bouche prétendue chrétienne. Car si la vie générale
de ceux qui portent le nom de chrétiens calomnie la
divine origine de leur religion, la vie exceptionnelle

(1) Livre I, chapitre V.   (2) *Ibid.*   (3) *Ibid.*

d'un certain nombre a, dans tous les temps, fait éclater la vertu surnaturelle qui habitait en eux. Et si l'époque déplorable où fut écrit le livre de *la Sagesse* atténue jusqu'à un certain point la déloyauté d'un doute qui nie implicitement l'action victorieuse de l'Esprit-Saint, la généralité de ce désordre ne saurait absoudre l'auteur d'avoir oublié, à défaut des vrais chrétiens qu'il ne savait pas discerner près de lui, tant de glorieuses preuves offertes par les chrétiens des âges antérieurs.

En quoi donc consiste la religion? où gît-elle aux yeux de Charron? Écoutons-le lui-même : « La religion « est en la cognoissance de Dieu et de soy mesme : son « office est d'élever Dieu au plus haut, et baisser « l'homme au plus bas, l'abbattre comme perdu, et luy « fournir des moyens de se relever, luy faire sentir sa « misere et son rien, afin qu'en Dieu seul il mette sa « confiance et son tout. L'office de religion est de nous « lier avec l'autheur et principe de tout bien, reünir et « consolider l'homme à sa premiere cause, comme à sa « racine, en laquelle tant qu'il demeure ferme et fiché, « il se conserve à sa perfection : au contraire quand il « s'en separe, il seiche aussitost sur le pied (1). »

Paroles fort belles assurément, mais que, d'après la teneur du livre entier de Charron, nous ne pouvons accepter de sa part que comme des mots. Il parle de nous lier à Dieu, et tout le travail de son œuvre ne tend qu'à nous en délier. Comment la religion nous lierait-elle à Dieu, quand nous refusons à Dieu sa

(1) Livre II, chapitre V.

placé de centre et de pivot de toute notre vie morale ?

Plus on lit Charron, plus on s'assure qu'il n'attache au mot de *religion* d'autre idée que celle d'un culte tout extérieur et cérémoniel. Dans les lignes que nous venons de citer on reconnaît le prêtre, qui, pour quelques instants, donne congé au philosophe, quitte à le rappeler dès que sa déclaration de principe l'aura mis hors du danger d'être taxé d'impiété. Mais son calcul l'abuse : entre dix lignes du prêtre et un gros volume du philosophe, il n'y a pas moyen d'hésiter.

Allons plus loin. Il faut, selon Charron, réunir, mais non pas confondre la piété et la prud'hommie : « Ce sont deux choses bien distinctes, et qui ont leurs « ressorts divers, que la piété et probité, la religion « et la prud'hommie... Je veux que chacune subsiste « et se soustienne de soy mesme, sans l'aide de l'au- « tre, et agisse par son propre ressort. Je veux que « sans paradis et enfer, l'on soit homme de bien : ces « mots me sont horribles et abominables : si je n'es- « tois chrestien, si je ne craignois Dieu et d'estre « damné, je ferois cela. O chetif et miserable! quel « gré te faut-il sçavoir de tout ce que tu fais (1)? »

Au fait, si Charron avait été plus conséquent, il eût élagué cette religion qui n'est qu'un hors d'œuvre dans son système, et un embarras pour lui. Remarquons, au surplus, que sa doctrine n'est pas morte avec lui. On rencontre à chaque pas des gens qui font la même distinction entre la vertu et la piété, qui scindent la vie en deux, la grosse part, à leur dire,

(1) Livre II, chapitre V.

appartenant à la vertu, l'autre, fort minime, ressor-
tissant à la piété. Ils sont chrétiens quatre fois l'an.

Mais le christianisme n'est rien de tout cela. La
religion de l'Évangile est une force, une séve répandue
dans toute la vie. Ce n'est pas un système de raisonnements, c'est un fait propre à envahir le cœur et emporter les actes. C'est par un fait, un fait unique,
mais nouveau, que Dieu a jugé à propos d'agir sur
l'humanité. Il existait déjà un fait immense et magni-
fique qui, au premier abord, aurait semblé devoir
s'emparer du cœur et de l'esprit de l'homme, c'est
l'œuvre de la création. Mais ce fait primordial avait
perdu sa force, parce que l'homme avait perdu celle
de le percevoir. L'expérience avait prouvé, comme
de nos jours elle le prouve encore, que le fait de la
création est un fait usé, épuisé, incapable de régé-
nérer l'âme humaine ; il en fallait donc un autre.
Alors a été produit le grand fait de l'Évangile, où
toute l'idée de Dieu et toute la nature de l'homme
sont embrassées. Le message de grâce a été publié :
« Dieu a tant aimé le monde qu'il a donné son Fils
« unique, afin que quiconque croit en lui ne périsse
« point, mais qu'il ait la vie éternelle (1). » Dans
l'Évangile, la question n'est plus de savoir si Dieu
peut être apaisé envers l'homme ; il l'est par le fait
même de l'apparition de Jésus-Christ, et avant de nous
parler de vertu, il nous parle de grâce, de rémission,
de salut. Ce fait accepté change toute la position de
l'homme ; il opère une révolution dans tout son être ;

(1) Évangile selon saint Jean, III, 16.

il l'émeut, l'entraîne, le renouvelle. Mais ce n'est qu'après avoir reçu cette impression qu'en étudiant la cause qui l'a renouvelé, l'homme observe avec admiration l'étonnante beauté du système comme système. Deux problèmes insolubles se présentaient; il fallait deux fois concilier deux contraires : en Dieu la sainteté et la miséricorde, en l'homme l'égoïsme et l'amour. L'Évangile saisit l'homme par les deux éléments constitutifs de son être, le *moi* et le *non-moi*. Ce sont deux forces, l'une centripète, qui tend sans cesse à nous replier sur nous-mêmes, l'autre centrifuge qui nous arrache à nous-mêmes pour nous emporter à Dieu. Soulagé des reproches de la conscience et des terreurs de la mort, l'homme se voit transporté dans la paix, dans la joie; les exigences incessantes du *moi* se taisent devant l'inépuisable aliment dont l'âme est rassasiée. A ce sentiment en succède un autre : dans l'élan de sa reconnaissance, l'âme sent s'établir entre elle et Dieu un lien nouveau et puissant; elle s'identifie avec Celui dont elle a tout reçu, qui, en se donnant lui-même, a dépassé tous ses désirs et toutes ses pensées; elle se détache d'elle-même, elle aime enfin. Concevez, si vous en êtes capable, un système plus harmonique au fond de la nature humaine, qui s'en empare à la fois par ses deux pôles, la satisfaisant pleinement d'une part, la ramenant à Dieu de l'autre. Le tout, par un fait.

Pour en revenir à Charron, remarquons que s'il eût bien compris le sens de ses propres paroles, il aurait pu s'élever à cette idée féconde et rénovatrice.

Mais il aurait fallu se dépouiller de l'illusion de la suffisance de la raison humaine et comprendre le système évangélique non-seulement par une clarté de l'intelligence, mais aussi et surtout par une inclination du cœur.

Le second office de la sagesse consiste à « regler « ses desirs et plaisirs (1). » Ici l'auteur fait des plaisirs une apologie qui nous semble au moins inutile.

Le troisième office c'est de « se porter moderement « et esgalement en prosperité et adversité (2). »

Le quatrième, c'est « obeyr et observer les loix, « coustumes et ceremonies du pays où l'on est,... et « ce, non pour la justice ou equité qui soit en elles, « mais simplement pource que ce sont loix et cous- « tumes... Il adviendra quelquefois que nous ferons « par une seconde, particuliere et municipale obliga- « tion ce qui est contre la premiere et plus ancienne, « c'est à dire la nature et raison universelle; mais « nous luy satisfaisons, tenant nostre jugement et nos « opinions saintes et justes selon elle. Car aussi nous « n'avons rien nostre, et de quoy nous puissions li- « brement disposer que de cela; le monde n'a que « faire de nos pensees, mais le dehors est engagé au « public (3). »

Il y aurait fort à dire sur la réserve que Charron propose ici. Tout le monde convient qu'il est certains cas où cet *office* peut trouver son application ; mais l'auteur n'ayant rien déterminé, nous laisse dans le

(1) Livre II, chapitre VI.   (2) Livre II, chapitre VII.
(3) Livre II, chapitre VIII.

doute sur le genre de sagesse qu'il recommande à son lecteur. Faudra-t-il, par exemple, sacrifier la loi de la justice aux barbares coutumes, aux préjugés cruels d'une nation? Charron nous dit bien qu'après avoir satisfait à cette obligation, on peut toujours se replier en soi et se mettre « d'idée » en harmonie avec la loi de nature. Si les conséquences étaient moins graves, on ne pourrait s'empêcher de rire de la compensation. Faire le mal au dehors, estimer, aimer le bien au dedans, est une sorte de sagesse peu nécessaire à préconiser en présence de l'infirmité humaine. L'homme de bien, sans doute, en proie à d'injustes attaques, se réfugie dans sa conscience comme dans un fort, et il attend là le combat. Mais ce n'est pas une forteresse que nous ménage Charron, c'est une caverne souterraine où il s'abrite contre les reproches de sa raison, tandis qu'au dehors il abandonne sa vie à de lâches accommodements.

Nous ignorons si c'est par cette maxime et d'autres semblables que Charron a mérité l'estime particulière où l'ont tenu quelques philosophes du dernier siècle. Il n'est pas probable que ces champions de la tolérance et de la liberté de penser lui aient su beaucoup de gré d'une doctrine qui, engageant au public le *dehors*, c'est-à-dire la parole et l'action, ne laisse à l'individu de droit que sur sa pensée, dont le public n'a que faire et dont on peut dire aussi que l'individu n'a que faire, si elle doit demeurer sans application et même sans expression. Ce n'était pas à eux, sans doute, mais aux despotes et aux prêtres auxquels

ils ont fait une si rude guerre, à se réjouir de cette
doctrine et du développement que Charron lui donne
dans la phrase qu'on va lire :

« Le prince doit soigner que la religion soit con-
« servee en son entier selon les anciennes ceremonies
« et loix du païs, et empescher toute innovation et
« broüillis en icelle, chastier rudement ceux qui l'en-
« treprennent (1). »

En voilà, ce semble, plus qu'il n'en fallait pour in-
disposer les philosophes contre l'auteur du livre *de
la Sagesse,* et pourtant ce n'était pas tout encore : la
maxime de Charron a bien une autre portée ; nous y
reviendrons tout à l'heure.

Après avoir caractérisé quelques autres offices de
la sagesse : « se bien comporter avec autruy (2); se
« conduire prudemment aux affaires (3); se tenir
« tousjours prest à la mort; se maintenir en vraye
« tranquillité d'esprit (4), » Charron arrive à la troisième partie de son œuvre. C'est là que, sous la classification scolastique et surannée des quatre vertus
cardinales, *Prudence, Justice, Force* et *Tempérance,*
il présente quelques sortes de règles, applicables
aux positions particulières où peuvent se trouver
ses lecteurs. On rencontre, au chapitre de la *Prudence,* qui est tout d'abord, selon lui, la *prudence
politique,* une dissertation sur l'art de la guerre,
qui pourrait passer pour un cours de stratégie (5) :

(1) Livre III, chapitre II.   (2) Livre II, chapitre IX.
(3) Livre II, chapitre X.   (4) Livre II, chapitre XII.
(5) Livre III, chapitre III, §§ 18 à 39.

sujet assez curieux sous la plume d'un chanoine, et qui rappelle le mot d'Annibal sur Phormion (1).

Dans la section de la *Justice*, Charron comprend les devoirs de l'homme envers soi. L'un d'eux est de « regler et conduire son esprit : l'homme de bien se « doit regenter et respecter (2). » Il range la vérité parmi les devoirs de l'homme envers l'homme et il flétrit le mensonge : « Certes, le silence est plus so- « ciable que le parler faux (3). » Montaigne avait dit plus énergiquement : « Nous ne sommes hommes et « ne nous tenons les uns aux aultres que par la pa- « role (4). » Les devoirs qui concernent les diverses relations spéciales se trouvent naturellement dans cette partie; ceux des parents envers leurs enfants y sont traités d'une manière certainement bien supé- rieure au siècle de l'auteur (5). Ainsi que son maître Montaigne, Charron s'élève contre l'abus de la science pédantesque de son temps; il s'applique à combattre l'erreur qui tendait à confondre la science et la sa- gesse; il déclare que la sagesse vaut mieux que toute la science, comme le ciel vaut mieux que la terre, comme l'or vaut mieux que le fer : « Science est un « grand amas et provision du bien d'autruy; l'estuy

_____

(1) Annibal ayant entendu Phormion, qui ne comprenait absolument rien à la guerre, discourir pendant plusieurs heures sur l'art militaire et sur les devoirs d'un général d'armée, répondit à ceux qui admiraient cet orateur et qui lui deman- daient ce qu'il en pensait : *multos se deliros senes sœpe vidisse, sed qui ma- gis quam Phormio deliraret, vidisse neminem.* Cicéron, qui rapporte ce mot (*De oratore.* Lib. II, c. XVIII), est du même avis : *Neque mehercule injuria.* (*Éditeurs.*)

(2) Livre III, chapitre VI.   (3) Livre II, chapitre X.

(4) MONTAIGNE. *Essais.* Livre I, chapitre IX.

(5) Livre III, chapitre XIV.

« de la science et des biens acquis est la memoire.
« Qui a bonne memoire, il ne tient qu'à luy, qu'il n'est
« sçavant : car il en a le moyen. La sagesse est un
« maniement doux et reglé de l'ame. — L'atheisme,
« les erreurs, les sectes et troubles du monde sont
« sortis de l'ordre des sçavants. La science est ca-
« queteresse, envieuse de se monstrer, etc..... Il y a
« force gens, que s'ils n'eussent jamais esté au col-
« lege, ils seroient plus sages : et leurs freres qui
« n'ont point estudié sont plus sages. Venez à la pra-
« tique, prenez moy un de ces sçavanteaux, menez
« le moy au conseil de ville en une assemblee en
« laquelle l'on delibere des affaires d'estat, ou de la
« police, ou de la mesnagerie, vous ne vistes jamais
« homme plus estonné, il pallira, rougira, blesmira,
« toussira : mais en fin il ne sçait qu'il doit dire. S'il
« se mesle de parler, ce seront de longs discours, des
« definitions, divisions d'Aristote. Escoutez en ce
« mesme conseil un marchand, un bourgeois, qui n'a
« jamais ouy parler d'Aristote, il opinera mieux,
« donnera de meilleurs advis et expediens que les
« sçavans (1). »

Les chapitres *de la force* traitent de la vertu qui
nous rend capables de résister aux maux internes et
externes (2).

La *tempérance* est ensuite opposée aux atteintes de
la prospérité, comme l'était la force à celles de l'adversité (3).

---

(1) Livre III, chapitre XIV.   (2) Livre III, chapitres XIX à XXXV.
(3) Livre III, chapitres XXXVI à XLIII.

Charron a resserré dans le *Petit Traicté de Sagesse,*
la doctrine renfermée dans son grand ouvrage : ce
dernier livre sert en quelque sorte d'analyse et d'apologie au premier. Le passage suivant est comme un
résumé de l'œuvre : « L'homme veut avoir toutes ses
« pieces bonnes et saines, son corps, sa teste, ses
« yeux, son jugement, sa memoire, voire ses chausses
« et ses bottes : pourquoy ne voudra il avoir sa vo-
« lonté aussi de mesmes, c'est à dire estre bon et
« sain tout entier (1)? »

A en juger par le succès, l'influence de l'œuvre de
Charron a dû être grande ; elle paraît analogue à celle
qu'exercèrent les *Essais* de Montaigne. Même doctrine
et même but : tous deux s'élèvent contre les opinions
reçues alors ; tous deux s'efforcent également de substituer la morale au dogme, et la loi de nature à la
loi révélée. A ce propos nous devons revenir, Messieurs, sur la contradiction que nous avons signalée,
il y a un moment. Comment Charron n'a-t-il pas vu le
coup qu'il portait à la loi de nature en écrivant ce
passage déjà cité : « Il adviendra quelquefois que nous
« ferons par une seconde, particulière et municipale
« obligation ce qui est contre la premiere et plus an-
« cienne, c'est à dire la nature et raison universelle;
« mais nous luy satisfaisons, tenant nostre jugement
« et nos opinions saintes et justes selon elle (2). »

C'est un sophisme; non-seulement une loi *première*
et plus ancienne, qui doit, en toute occasion, céder le

(1) *Petit Traité de Sagesse,* chapitre II.   (2) Livre II, chapitre VIII.

pas à *une seconde, particulière et municipale obligation,*
dont elle est pourtant la norme et l'unique sanction,
ne peut plus être appelée *loi première ;* mais encore
une loi incessamment refoulée dans la pensée, une
loi naturelle à laquelle il ne serait jamais permis de
passer dans les faits et de se réfléchir dans la vie, que
sauf le bon plaisir des conventions humaines, une telle
loi sans doute n'est rien. Vainement on voudrait lui
ménager, dans les interstices et les lacunes de l'obligation *municipale,* quelques furtives obligations, lui
assigner dans les arrière-plans de la vie quelque
place précaire et honteuse : forte de sa date et de son
nom même, elle se refuse à de tels accommodements ;
elle consent à s'anéantir plutôt qu'à s'abaisser ; elle
ne veut pas même du noble asile de la pensée, quand
de palais il est devenu prison ; en un mot, les assertions de Charron emportent nécessairement avec elles
la négation même de cette *loi de nature,* si chère aux
philosophes ; elle n'a été arrachée par leurs soins à
l'empire de la religion positive que pour se voir jetée
sous le joug, ou plutôt sous les pieds de la loi humaine, des codes des nations ; et rien désormais n'est
obligatoire pour l'homme que ce qu'il trouve écrit de
main d'homme dans la loi de son pays.

Je dis que les philosophes qui se sont faits, au dix-
huitième siècle, les parrains de la gloire pâlie de
Charron, n'ont pu lui savoir gré d'une doctrine qui,
enlevant à la loi naturelle toute autorité naturelle, ne
laisse de choix, pour la direction de la vie, qu'entre
la religion positive et la loi positive, et nous livre ainsi

à la révélation sous deux formes différentes. Mais j'ajoute que Charron, en y bien pensant, n'a pu luimême s'applaudir d'un paragraphe qui compromet la base même de son système de morale; car cette loi de nature à laquelle il rend un culte est implicitement annulée dans le passage que nous venons de citer.

Il est même très curieux de voir comment Charron ayant besoin de constater l'identité de la loi morale à travers le chaos des lois et des préjugés les plus disparates, s'y prend pour ramener les infinies divergences des coutumes à une sorte d'unité. A l'entendre, il en serait de ces diversités comme de celles que présente la comparaison des différents idiomes. De même qu'on voit les formes grammaticales changer d'une langue à l'autre et se légitimer dans chacune par des raisons valables, bien que diverses, de même, selon Charron, chaque coutume a pour elle la raison, ou du moins une raison; et chacune est bonne, au moins dans son point de vue. Cela peut se soutenir jusqu'à un certain point, mais seulement jusqu'à un certain point. Si l'on pose en fait que chaque partie de la morale, chaque devoir est à son principe un sentiment du cœur, on pourrait exiger que l'identité de ce sentiment, chez les différents peuples et les différents individus, fût constatée par une application, sinon exactement pareille, du moins évidemment homogène, où la communauté d'origine se trahît au premier regard. Ceux qui n'exigeraient pas autant seraient, du moins, en droit de prétendre qu'en passant de creuset en creuset, c'est-à-dire d'application en application ou de forme en forme, ce sentiment ne finît pas par se contredire et s'annuler ; autrement, en s'apercevant de sa disparition au bout de cette longue série, on serait autorisé et même entraîné à conclure qu'au premier terme il n'existait pas ; car si chaque pratique, chaque coutume n'a été que ce même sentiment diversement élaboré, si tout le travail de la pensée a tourné autour de lui seul, comment se fait-il qu'il se soit perdu en route? Et lors même qu'enfin on parviendrait à le démêler et à le reconnaître dans un acte qui, au premier instant, lui paraissait étranger et même contradictoire, on devrait conclure, ce me semble, de ce qui se trouve de bizarre et d'arbitraire dans l'application, qu'au point de départ même, ce sentiment était plus ou moins affaibli ou dénaturé ; car s'il eût été entier et sain, il se fût lui-même imposé sa forme et l'eût conservée. Comment se fait-il que la nature n'ait pas réglé le mode en même temps que le principe? Je ne crois guère les sentiments moraux susceptibles de varier dans leur forme ; je crois qu'en littérature l'idée, qu'en morale le sentiment, donne la forme, de même qu'un fruit détermine les contours de son enveloppe.

Réduisons-nous toutefois, comme Charron, à demander que l'identité du sentiment soit reconnaissable dans la diversité des actes, et nous consentirons, à toute rigueur, à reconnaître la présence de l'amour filial dans l'action du sauvage qui tue son vieux père et lui donne son propre corps pour sépulture, comme nous le reconnaissons dans la conduite de l'enfant qui

entoure de soins et de respect la vieillesse de ses
parents. Mais nous hâterons-nous de conclure de ce
fait, habilement choisi, l'intégrité de la loi naturelle?
Il est d'autres faits dont Charron n'aurait pas aussi
bon marché. Il se garde bien de parler du meurtre
des nouveau-nés, qui avait lieu à Sparte, qui se pratique encore à la Chine, que le christianisme vient de
bannir des îles de l'océan Pacifique (1), et qui, dans
ces différents lieux, prenait place parmi les pratiques
avouées, faisait partie des mœurs publiques, se com-
mettait sans répugnance, ou tout au moins sans
remords. Honte et malheur à la raison humaine, si
elle essayait de ramener dans l'unité de la morale de
pareilles abominations! si elle prétendait exhumer,
du fond de ces horreurs, ce germe de justice et d'a-
mour qui doit reposer à la base de toute action morale pour que nous puissions l'appeler morale! Un
égoïsme féroce est la seule raison qu'on en puisse
donner, même à Lacédémone. Et s'il se trouvait que,
dans quelqu'un de ces pays, l'opinion eût attaché une
idée de devoir à des actes semblables, ce serait tout
bonnement qu'une raison avilie, courtisane sans pu-
deur, serait venue au secours d'un sentiment dénaturé, et qu'à force de mentir aux autres, on serait
enfin parvenu à se mentir à soi-même. Que m'importe
que Lycurgue allègue le patriotisme contre le sentiment maternel? Ainsi que dans cette Chine où les fa-
milles pauvres se débarrassent d'une progéniture
surabondante comme un vaisseau s'allége en jetant à

_____

(1) Ceci a été écrit en 1832. (*Éditeurs.*)

la mer une partie de sa charge, la morale ici n'en est
pas moins faussée, et faussée dans sa base, qui est le
sentiment.

Il est vrai qu'il y a des peuples chez qui la loi de
nature semble avoir souffert de moins profondes atteintes, et qui, sans lumières surnaturelles, s'abstiennent de ces actes révoltants qu'on voit autorisés chez
d'autres. Il est difficile de dire à quoi tient cette différence. Les circonstances, le tempérament, la forme de
gouvernement expliqueraient peut-être la supériorité
des uns, l'infériorité des autres. Mais toujours est-il
que ces degrés divers n'ont pas leur mesure dans
le développement de la raison. Les Germains, du
temps de Tacite, étaient, sous bien des rapports, loin
de la culture des Chinois de nos jours; et cependant
ils ne donnaient pas la mort à leurs nouveau-nés. Il
semblerait que la nature morale dissoute cherche en
vain un centre autour duquel elle puisse se constituer
de nouveau, ou du moins il semblerait que, permanente, mais sans énergie, elle se laisse envahir par
une foule d'altérations, ne conservant intacte et inaccessible que la seule conscience, c'est-à-dire, ainsi
que nous l'avons définie, le sentiment abstrait ou élémentaire de l'obligation. Ce serait peine perdue que
de vouloir ramener à un sentiment universel les
déviations nationales et séculaires de la moralité humaine. On conçoit même que, dans cet état de choses,
quelques-uns aient douté s'il y a une loi de nature.
Ce doute est une des grandes afflictions de l'âme, et
quoique un sentiment, qui peut bien se qualifier d'in-

stinct, s'élève avec force contre ce scepticisme moral,
la loi de nature, quand nous venons à l'examiner, ne
nous en semble pas moins fort lacérée, fort chargée
de ratures, d'interpolations. La glose a très souvent
passé dans le texte, et le tout ne présente pas, il faut
l'avouer, un caractère d'authenticité bien satisfaisant.
Vouloir l'éclaircir et le compléter par lui-même est
une entreprise vaine.

Qu'est-ce que la *nature*? C'est, d'après l'étymologie
du mot, l'homme lui-même avec ses qualités natives,
l'homme tel qu'il naît. Mais comment naît-il? Entier,
sain, normal? La seule divergence de ses mœurs suivant les pays et les climats prouverait le contraire.
S'il était sain, il serait un. Mais il naît égaré; mais la
première des vérités lui manque. Séparé de Dieu dès
sa naissance, ignorant de son but, doué d'une existence sans objet hors de lui, détaché de la chaîne des
êtres, fibre discordante dans le concert de la création,
il n'a ni garantie sûre contre les désirs de son propre
cœur, ni pierre de touche infaillible. En un mot, sa
nature est corrompue, et d'après cela, qu'est-ce que
le renvoyer à la nature? C'est renvoyer les ténèbres
aux ténèbres.

Suppléera-t-on à la nature par la raison? Mais la
raison doit avoir un point de départ; elle n'est qu'un
instrument. Où cherchera-t-elle ses données sinon
dans la nature? Qu'on ne s'y trompe pas : la nature
dégradée de l'homme a bien plutôt perverti la raison
que la raison n'a perverti la nature. On a tort de
parler de raison égarée, de raison corrompue. En

elle-même elle ne se corrompt pas. Ce qui est corrompu, ce sont les éléments sur lesquels elle opère
Mais aussi, comme la raison toute seule n'a pu per-
vertir, la raison toute seule ne peut redresser; les
résultats que nous attendons d'elle dépendent de ces
premières données. Elle n'est pas une règle inflexible,
sûre, constante; sur des sujets comme ceux-ci, elle
dit également et indifféremment le pour et le contre; elle se prête à toutes les mœurs, elle sanc-
tionne tout, elle justifie tout. Elle supporte en paix
que tous les rapports soient troublés, toutes les données primitives de la nature effacées, pourvu qu'elle
puisse, elle, l'ingénieuse, la subtile, rattacher d'une
manière spécieuse la violation du devoir au devoir
même, le vice à la vertu, le crime à l'innocence, à la
grande surprise du vice et du crime, qui probablement ne s'en doutaient pas, avaient fort bien oublié
le prétendu sentiment moral qui est le point de départ lointain de leur conduite, et dès lors échangeront
utilement ce préjugé brutal contre les motifs *raisonnés*
qu'on leur suggère. Voilà comment la raison refait
après coup la nature; mais c'est là tout : la nature ou
les sentiments naturels, éteints ou affaiblis par le
péché, ne sauraient être rétablis par la raison seule.

L'homme n'a-t-il donc reçu aucun enseignement de
la voix intérieure? Je suis loin de le nier. Je pense,
Messieurs, avec saint Paul, que Dieu, avant la révélation, indépendamment de la révélation, a gravé quelque chose dans les cœurs. (Romains I, 19-21.) En
d'autres termes, je crois à la loi naturelle. Mais notre

corruption l'ayant de bonne heure beaucoup corrompue, je crois que pour rétablir ce texte altéré dans son évidence et son intégrité primitives, pour élever son authenticité au-dessus de tous les doutes, c'est par la restauration du sentiment que l'œuvre doit s'opérer. Or, la morale est une; on ne la peut concevoir autrement; elle est composée de sentiments qui se continuent les uns les autres; elle est même un seul sentiment, la justice, rayonnant avec expansion vers tous les objets de nos relations. Un seul de nos devoirs conçu dans sa spiritualité, dans toute sa sainteté, conduirait à tous les autres; mais on ne peut concevoir la sainteté sur un point particulier à moins de la concevoir sur tous les autres; et l'on ne saurait la concevoir sur tous ensemble sans avoir l'idée de la sainteté en général, et cette idée ne peut être isolée de celle de Dieu. C'est donc à Dieu qu'il faut remonter pour dominer l'ensemble, apprécier les rapports, mesurer les proportions de toutes nos obligations morales. Et l'on ne monte à Dieu que par l'amour; et l'on n'aime le Dieu vivant et saint qu'autant qu'on le connaît, et nous ne le connaissons qu'autant qu'il nous a été montré, et lui seul peut se montrer à nous. Cette révélation a été donnée, mais il importe de faire remarquer de quelle manière elle a opéré.

Lorsque nous voyons les éléments de la loi morale se dissoudre et s'en aller, tellement que nous avons grand'peine à les tenir rassemblés et que nous ne pouvons même que difficilement les reconnaître, il est clair que le sentiment central n'est plus en notre pos-

session, il est clair qu'il faut d'abord le reconquérir.
Ce sentiment ne peut être que l'amour de Dieu : où
donc y aurait-il un centre, s'il n'était pas là? Aucun
autre point n'est central. Autour de chaque autre
peuvent s'inscrire des cercles plus ou moins grands,
mais dont aucun n'enserre toute la vie, tout l'homme,
toute l'âme. Au lieu que, rattachés à Dieu, nous sommes rattachés à la loi morale tout entière que Dieu
renferme toute en lui ; la vérité, rétablie sur ce point,
se rétablit sur tous les autres ; la lumière faite sur
nos rapports avec Dieu rayonne sur tout le cercle de
nos affections et de nos devoirs.

Et ce n'est pas, dans le principe, œuvre de réflexion, d'enseignement, mais d'illumination intérieure et de résurrection. L'âme connaît mieux parce
qu'elle sent mieux. Sa lumière ne lui vient pas d'un
nouveau raisonnement, mais d'un nouveau sens. Ce
n'est pas sa raison, c'est son être qui est changé.
Avez-vous vu des lignes tracées à l'encre sympathique raviver, à l'approche du feu, des traits dont la
pâleur se confondait avec la blancheur du papier sur
lequel elles furent tracées ? Cette écriture invisible est
la loi de nature, ranimée par l'amour de Dieu, lequel
est ranimé lui-même par un fait prodigieux, Dieu fait
homme, Dieu mourant pour nos péchés. C'est là le
feu dont la chaleur fait revivre sur le papier des syl-
labes, des mots, des lignes effacées. Si l'homme doutait de la loi morale, ce n'était pas faute d'une raison
assez éclairée, mais faute d'un cœur régénéré. Lorsqu'il s'est repris à croire en Dieu, il s'est repris à

croire à tout le reste. Le christianisme a mis hors de contestation, d'abord dans les âmes régénérées, puis chez les masses, les principes de la loi naturelle ; la Révélation a réhabilité la nature ; elle maintient les notions morales à un état d'uniformité et de constance, je dirais volontiers de consistance logique, où la dialectique des philosophes n'avait pu les élever. Ceux qui, au sein de la chrétienté, nous proposent avec tant de confiance la loi morale, savent-ils que la connaissance qu'ils en ont, et l'assurance avec laquelle ils peuvent en parler sont un don que leur a fait le christianisme, et que c'est grâce à l'Évangile que les problèmes de la morale antique sont des axiomes pour nous ?

V.

ÉTIENNE DE LA BOËTIE.

1530—1563.

Le seizième siècle nous présente encore quelques moralistes assez remarquables, particulièrement dans la sphère politique; l'un d'eux est Étienne de la Boëtie, célèbre surtout par l'amitié de Montaigne. Sa mort, arrivée dans la trente-troisième année de son âge, est rapportée avec détail dans une lettre de Montaigne, qui, héritier des papiers de son ami, publia le *Discours de la Servitude volontaire, ou le Contr'un.* Cet opuscule très court et, sous plusieurs rapports, curieux, se trouve inséré à la suite des *Essais.* L'auteur l'écrivit vers l'âge de dix-huit ans. C'est, presque d'un bout à l'autre, une véhémente déclamation contre la royauté. Il est étrange de rencontrer au seizième siècle un ouvrage conçu dans un pareil esprit; l'époque était royaliste, s'il en fut; mais ce qui est plus étonnant encore c'est qu'un écrit qui s'élevait si formellement contre le principe même de toute royauté n'ait encouru aucune réprobation, et que cette explosion n'ait pas même remué les esprits. C'est assurément le cas de répéter après Voltaire qu'il n'est rien de tel que d'arriver à propos. En d'autres moments, ces pages eussent soulevé les masses ; alors on les regarda comme l'œuvre purement littéraire d'un auteur épris du beau génie de l'antiquité. Le livre avait tiré trop haut.

En lisant aujourd'hui cet opuscule, on ne peut se défendre d'un mouvement de sympathie pour le jeune auteur ; il exprime l'horreur du despotisme et de l'arbitraire ; il sent vivement l'avilissement de l'esclavage ; il est plein de verdeur et de séve ; tout chez lui respire un noble amour pour la liberté. De temps en temps il s'élève à l'éloquence, mais trop souvent il retombe dans la déclamation ; ses arguments sont en général peu forts, et il brûle aussi quelques grains sur le vieil autel de la rhétorique. Voici un échantillon de sa manière, genre où la vérité du sentiment apparaît sous les défauts de la forme :

« Cette bonne mere (la nature) nous a donné à
« touts toute la terre pour demeure, nous a touts logez
« aulcunement en une mesme maison, nous a touts
« figurez en mesme paste, à fin que chascun se peust
« mirer et quasi recognoistre l'un dans l'aultre ; si
« elle nous a touts en commun donné ce grand pre-
« sent de la voix et de la parole, pour nous accointer
« et fraterniser dadvantage, et faire, par la commune
« et mutuelle declaration de nos pensees, une com-
« munion de nos volontez : et si elle a tasché par
« touts moyens de serrer et estreindre plus fort le
« nœud de nostre alliance et societé ; si elle a montré,
« en toutes choses, qu'elle ne vouloit tant nous faire

« touts unis que touts uns : il ne fault pas faire doubte
« que nous ne soyons touts naturellement libres,
« puisque nous sommes touts compaignons ; et ne
« peult tumber en l'entendement de personne que
« nature ayt mis aulcuns en servitude, nous ayants
« touts mis en compaignie.

  « Reste doncques de dire que la liberté est natu-
« relle, et, par mesme moyen (à mon advis) que nous
« ne sommes pas seulement nays en possession de
« nostre franchise, mais aussi avecques affection de la
« deffendre. Or, si d'adventure nous faisons quelque
« doubte en cela, et sommes tant abbastardis que ne
« puissions recognoistre nos biens ny semblable-
« ment nos naïfves affections, il fauldra que je vous
« face l'honneur qui vous appartient, et que je monte,
« par maniere de dire, les bestes brutes en chaire,
« pour vous enseigner vostre nature et condition.
« Les bestes (ce m'aid' Dieu!), si les hommes ne
« font trop les sourds, leur crient : *Vive liberté*.
« Plusieurs y en a d'entr'elles, qui meurent sistost
« qu'elles sont prinses : comme le poisson qui perd la
« vie aussitost que l'eau. »

  Nombre d'autres passages montrent au vif l'ardeur
avec laquelle La Boëtie avait embrassé sa théorie :

  « Mais à propos, si d'adventure il naissoit aujour-
« d'huy quelques gents, touts neufs, non accoustu-
« mez à la subjection, ny affriandez à la liberté, et
« qu'ils ne sceussent que c'est ny de l'une ny de
« l'aultre, ny à grand'peine des noms ; si on leur pre-
« sentoit, ou d'estre subjects, ou vivre en liberté, à

« quoy s'accorderoient-ils? Il ne fault pas faire diffi-
« culté qu'ils n'aimassent trop mieulx obeïr seulement
« à la raison, que servir à un homme; sinon possible
« que ce feussent ceulx d'Israël qui, sans contraincte,
« ny sans aulcun besoing, se feirent un tyran : du
« quel peuple je ne lis jamais l'histoire, que je n'en
« aye trop grand despit, quasi jusques à devenir
« inhumain pour me resjouïr de tant de maulx qui
« leur en adveinrent.

Et plus loin : « Tousjours le populas a eu cela : Il
« est, au plaisir qu'il ne peult honnestement recevoir,
« tout ouvert et dissolu; et, au tort et à la douleur
« qu'il ne peult honnestement souffrir, insensible. Je
« ne veois pas maintenant personne qui, oyant parler
« de Neron, ne tremble mesme au surnom de ce vi-
« lain monstre, de cette orde et sale beste : on peult
« bien dire qu'aprez sa mort, aussi vilaine que sa vie,
« le noble peuple romain en receut tel desplaisir, se
« souvenant de ses jeux et festins, qu'il feut sur le
« poinct d'en porter le dueil. Ce qu'on ne trouvera pas
« estrange, si l'on considere ce que ce peuple là
« mesme avait faict à la mort de Iules Cesar qui donna
« congé aux loix et à la liberté : auquel personnage
« ils n'y ont, ce me semble, trouvé rien qui valust,
« que son humanité; laquelle, quoyqu'on la preschast
« tant, feut plus dommageable que la plus grande
« cruauté du plus sauvage tyran qui feut oncques,
« pource que, à la verité, ce feut cette venimeuse
« doulceur qui envers le peuple romain sucra la ser-
« vitude. »

Dans la *Servitude volontaire* pas de traces du scepticisme de Montaigne, malgré l'amitié réciproque des
deux auteurs. La vie future y est toujours mention-
née, même en passant, comme un état de rétri-
bution. Ainsi, après avoir traduit en vers le passage
où Virgile montre précipité au plus bas des enfers
ce Salmonée qui avait voulu contrefaire Jupiter, La
Boëtie ajoute : « Si celuy qui ne faisoit que le sot est
« à cette heure si bien traicté là bas, je crois que ceulx
« qui ont abusé de la religion pour estre meschants,
« s'y trouveront encores à meilleures enseignes. »

Et à la fin et pour conclusion : « Apprenons donc-
« ques quelquesfois, apprenons à bien faire : levons
« les yeulx vers le ciel, ou bien pour nostre honneur,
« ou pour l'amour de la mesme vertu, à Dieu tout
« puissant, asseuré tesmoing de nos faicts, et juste
« juge de nos faultes. De ma part, je pense bien, et ne
« suis pas trompé, puisqu'il n'est rien si contraire à
« Dieu tout liberal et debonnaire que la tyrannie,
« qu'il reserve bien là bas à part pour les tyrans et
« leurs complices quelque peine particuliere. »

VI.

JEAN BODIN.

1530 — 1596.

Nous dirons quelques mots, Messieurs, de *la République* de Jean Bodin, ouvrage assez peu connu aujourd'hui, mais qui obtint dans le temps un succès prodigieux. Il fut traduit dans la plupart des langues alors usitées, et admis comme texte d'enseignement dans plusieurs universités, entre autres dans celle d'Oxford.

Jean Bodin naquit à Angers en 1530. Il se voua à la carrière du barreau, et bientôt ses talents firent sensation, même à la cour. Il parvint à un haut degré de faveur auprès de grands personnages. Ce qu'il y a de plus honorable pour lui, ce n'est pas d'avoir obtenu cette faveur, c'est de l'avoir volontairement perdue. Il encourut la disgrâce de ses protecteurs en défendant aux États-Généraux les grands intérêts de la nation, et notamment la liberté de conscience. A en juger, soit par sa conduite, soit par ses ouvrages, on peut croire qu'il nourrissait un sentiment religieux sincère et profond. Bayle rapporte, d'après Ménage, « que Bodin avait été *de la religion*. »

Outre son livre de *la République*, Bodin en a publié
un autre, intitulé : *Démonologie*. C'est une théorie sur
les démons et les sorciers, sujet qu'on voit avec dé-
plaisir abordé par un esprit de cette trempe, et qui
fait disparate avec la nature et les facultés de l'auteur.
Mais c'est là un trait caractéristique du seizième siècle.
Il en est de même de la croyance à l'astrologie judiciaire, alors généralement répandue, et sur laquelle
on rencontre dans *la République*, un passage assez
curieux :

« Tous les astrologues demeurent d'accord que les
« sages ne sont point subjects aux astres, mais que
« ceux-là qui laschent la bride aux appetits desrei-
« glez ne peuvent eschapper les effects des corps
« celestes (1). »

Le mérite du livre de Bodin n'est ni dans la méthode, ni dans le style, passablement embarrassé; il
consiste d'abord dans le vaste savoir dont il fait
preuve, et par-dessus tout dans l'admirable modération qui s'y manifeste. Dans la seconde moitié du seizième siècle, ce caractère de sagesse et d'impartialité
n'est pas un mince éloge. En général, la modération
ne fait pas trop fortune dans ce monde. La Rochefoucauld en a fait l'apanage du faible. Mais la modération est de deux sortes : elle est négative, elle est
positive. A une époque de torpeur, la force, la passion,
une teinte même d'exaltation, sont un signe de puissance et d'individualité. Mais dans une période
d'excès, de partis, de violence, comme celle où vi-

(1) Livre IV, chapitre III.

vait Bodin, la modération est une vertu, qui ne peut être conservée que par une âme forte.

La marche de l'auteur est remarquable; il va de la famille à l'État par gradation, et finit son premier livre en définissant la souveraineté. Le seul point qui fasse contraste avec l'esprit de modération que nous venons de signaler, c'est l'opinion de Bodin sur la puissance paternelle. Il insiste pour que ce pouvoir soit restitué aux parents dans toute son étendue, tel que l'ordonnait l'ancienne loi de Rome, y compris le droit de vie et de mort : « Tout ce que j'ay dit ser-« vira pour monstrer qu'il est besoin en la Republique « bien ordonnee rendre aux peres la puissance de « la vie et de la mort, que la loy de Dieu et de nature « leur donne (1). » Charron, comme nous l'avons vu, ne va pas si loin que Bodin; il reste même en arrière de Montaigne.

Ici, comme en beaucoup de cas, Bodin s'efforce de faire revivre la législation de l'Ancien Testament. Un fait digne de remarque, c'est la place assignée à l'Ancien Testament vis-à-vis du Nouveau, dans le seizième et le dix-septième siècle. Je crois qu'à ce sujet on est tombé dans l'erreur, et qu'aujourd'hui même il nous en reste quelque chose, sous une forme, il est vrai, fort mitigée. Bodin envisageait l'œuvre de Moïse comme une religion, plutôt que comme une législation. Assurément la loi de Moïse est l'œuvre de Dieu; mais prise en soi, nous n'y trouvons pas tous les caractères qui font l'essence d'une religion. Il nous semble que,

(1) Livre I, chapitre IV.

par Moïse, Dieu a voulu surtout fonder un peuple, mais un peuple façonné de manière à recevoir en dépôt le germe de la vérité et de la vie, le germe du peuple chrétien. C'était l'enveloppe du fruit qui se formait et grossissait sous l'écorce ; à mesure que le fruit se développait, la coque mûrissait ; elle a éclaté enfin, et ses fragments épars gisent à nos pieds.

L'usage, au fond intempestif, que Bodin voulait faire de la législation mosaïque, le fit accuser de judaïsme par plusieurs de ses contemporains. On ne s'en tint pas là, on l'appela aussi *huguenot* et même *idolâtre.* Le fait est que, dans sa jeunesse, il paraît avoir été protestant ; plus tard, cependant, il semble être retourné au catholicisme. Ce fut le cas de plusieurs hommes remarquables du seizième siècle. Convenons qu'à cet égard une différence notable existe entre ces temps et les nôtres. A son aurore, le protestantisme ne manifesta pas son principe de la manière dont il le déploie à présent. Aux yeux de beaucoup de gens il se produisait plutôt comme une nuance, une réforme à côté de la religion anciennement établie. Son esprit propre, ce qu'il a d'incompatible avec Rome, ne s'était pas encore nettement dégagé. Ceci explique comment un certain nombre d'hommes distingués et sincères, après avoir d'abord goûté ces formes nouvelles, plus satisfaisantes pour leur raison et pour leur cœur, plus tard, frappés peut-être des divisions qui se produisaient dans le sein du protestantisme, ou effrayés des conséquences de la séparation, finirent par se rejeter dans le sein de l'Église où ils étaient nés. Jean

Bodin paraît avoir été de ce nombre; mais, quoi qu'il en soit, il demeura chrétien, et ses sentiments chrétiens se font jour dans son ouvrage. C'est à lui qu'on doit cette belle définition de la République :
« Les anciens appelloyent Republique, une societé
« d'hommes assemblés pour bien et heureusement
« vivre..... Par ainsi nous ne mettrons pas en ligne
« de compte, pour definir la Republique, ce mot *heu-*
« *reusement* : ains nous prendrons la mire plus haut,
« pour toucher, ou du moins approcher au droit gou-
« vernement. Or si la vraye felicité d'une Republique
« et d'un homme seul est tout un, et que le souve-
« rain bien de la Republique en general, aussi bien
« que d'un chacun en particulier, gist es vertus in-
« tellectuelles et contemplatives, il faut accorder que
« ce peuple-là jouist du souverain bien, quand il a ce
« but devant les yeux, de s'exercer en la contempla-
« tion des choses naturelles, humaines et divines, en
« rapportant la louange du tout au grand Prince de
« nature (1). »

Bodin s'élève vigoureusement contre l'esclavage dans le chapitre V du livre Ier, intitulé : *S'il faut souf-frir les esclaves en la republique bien ordonnee.* Il estime l'esclavage incompatible avec la raison et la religion. On rencontre dans ce chapitre cette maxime, qu'il est utile de comparer à celle de Charron qui y corres-pond : « Il ne faut pas mesurer la loy de nature aux
« actions des hommes, quoyqu'elles soyent invete-
« rees. » Et il ajoute : « Ni conclurre pour cela que la

(1) Livre I, chapitre I.

« servitude des esclaves soit de droit naturel, et en-
« cores moins y a de charité de garder les captifs
« pour en tirer gain et proffit comme de bestes (1). »
Le chapitre entier présente de l'intérêt.

Plus loin, dans le livre V, Bodin se prononce contre
les confiscations : « Le droit des confiscations est l'un
« des plus grands moyens qui fut oncques inventé,
« pour faire d'un bon prince un tyran (2). »

Enfin Bodin a été un avocat zélé de la liberté religieuse. Dugald Stewart en a fait la remarque et l'a
cité avec éloge dans son *Histoire des sciences métaphy-
siques, politiques et morales.*

Voici un passage de la *République* qui contraste
fort avec la doctrine de Charron. Le philosophe prêche
la contrainte; le chrétien réclame la liberté de la
pensée : « La seigneurie de Basle ayant changé de
« religion, ne voulut pas soudain chasser les religieux
« des abbaïes et monasteres, ains seulement ordonna
« qu'en mourant ils mourroyent pour eux et pour
« leurs successeurs : de sorte qu'il se trouva un
« chartreux qui fut longuement tout seul en son
« convent et ne fut oncques forcé de changer ni de
« lieu, ni d'habit, ni de religion, et quasi tous les
« autres volontairement s'en allerent. Ceste mesme
« ordonnance fut publiee à Coire, à la diete des Gri-
« sons tenue au mois de novembre 1558. En quoy
« faisant, les uns et les autres estoyent contents (3). »

(1) Livre I, chapitre V.
(2) Livre V, chapitre III. — Tout le chapitre a de l'intérêt.
(3) Livre IV, chapitre III.

Mais un passage plus remarquable sur le même sujet est le suivant : « Si le prince qui aura certaine « asseurance de la vraye religion veut y attirer ses « subjects divisez en sectes et factions, il ne faut pas, « à mon advis, qu'il use de force ; car plus la vo- « lonté des hommes est forcee, plus elle est revesche ; « mais bien ensuyvant et adherant à la vraye reli- « gion sans feinte ni dissimulation, il pourra tourner « les cœurs et volontez des subjects à la sienne, sans « violence ni peine quelconque ; en quoy faisant, non « seulement il esvitera les esmotions, troubles et « guerres civiles, ains aussi il acheminera les subjects « desvoyez au port de salut..... Autrement il advien- « dra que ceux qui sont frustrez de l'exercice de leur « religion et desgoutez des autres, deviendront du « tout atheïstes, comme nous voyons, et apres avoir « perdu la crainte divine, fouleront aux pieds et « lois et magistrats (1). »

Ici, Messieurs, je me trouve conduit à revenir en arrière. Les observations qu'on m'a présentées sur la manière dont j'ai envisagé l'Ancien Testament, m'en font un devoir (2). »

Il est des sujets auxquels s'applique avant tout la parole adressée à Moise : « Déchausse les souliers de « tes pieds, car ce lieu-ci est saint (3). » Le point de

(1) Livre IV, chapitre VII.

(2) Ceci a été dit à Bâle, cours de 1832 à 1833. Dans l'intervalle d'une séance à l'autre, plusieurs des auditeurs de M. Vinet lui témoignèrent leur étonnement de la manière dont il avait parlé de l'œuvre de Moïse ; c'est pourquoi, dans la séance suivante, il s'attacha à développer et à préciser sa pensée. (*Éditeurs.*)

(3) Exode, III, 5.

vue que je n'ai fait qu'indiquer en passant avait déjà
rappelé ce mot à mon esprit; vos bienveillantes observations m'en ont mieux encore signalé l'importance. Peut-être, en parlant du degré d'autorité de
l'Ancien Testament en fait de morale et d'institutions
sociales, ai-je sacrifié la précision à la concision. Je
ne veux ni rétracter, ni défendre ce que j'ai avancé
lorsque j'ai dit que l'œuvre de Moïse me paraissait
législation, non *religion ;* mais j'espère que l'importance du sujet et l'incertitude où j'ai pu jeter quelques esprits, m'autorisent à revenir là-dessus et à
expliquer ma véritable pensée.

J'observe premièrement que je n'ai point prétendu
énoncer une idée neuve. Sur un sujet pareil et traité
depuis tant de siècles, une idée neuve pourrait
presque s'intituler une idée fausse.

En second lieu, je dois dire que mon assertion ne
tombait que sur l'œuvre de Moïse, et nullement sur
l'Ancien Testament pris dans son ensemble.

Enfin, j'ai proclamé la divinité de l'œuvre de
Moïse, dans quelque catégorie qu'il plaise d'ailleurs
de la ranger. Qu'elle soit législation, ou qu'elle soit
religion, je la tiens pour divine dans toute la valeur
et la force du terme.

Ces points établis, j'entre en matière et je dis que
si Dieu a donné une religion aux hommes, il n'en a
donné qu'une, et que cette religion existait avant
Moïse.

En fait de religion, Moïse ne fournit rien de nouveau, rien qui soit propre à la dispensation dont

il est l'organe. Moïse lui-même, en tant qu'historien, nous apprend que la vraie religion subsistait avant lui ; il nous la montre sur le seuil d'Éden, descendant en héritage à une lignée de personnages dont il nous a transmis le souvenir ; il nous la fait voir en Noé, « ce prédicateur de la justice (1), » en Abraham, qui salua de loin le jour de Christ, en Melchisédech, « roi de justice et de paix, sacrificateur du « Dieu souverain, » type de Jésus-Christ (2). Nous la voyons enfin chez Moïse lui-même ; car, si je n'admets pas que son œuvre spéciale fut une religion, je suis loin d'admettre que la religion fut étrangère, non pas à son cœur, cela va sans dire, mais à ce que Dieu le destina à opérer.

Quelle était la religion de ces hommes des premiers temps? Il n'est pas facile d'en déterminer les détails avec précision ; mais il est certain que tandis que la multitude de ceux que l'Écriture appelle « les « enfants des hommes » était livrée à un esprit dépourvu de sens, et se faisait des dieux selon les caprices d'une imagination corrompue, l'élément de la religion vraie s'était conservé par tradition divine chez un certain nombre, un plus grand nombre peut-être qu'on ne le pense généralement. Là se retrouvait, par la foi, un culte en esprit et en vérité, entretenu de temps à autre par des révélations surnaturelles. « Mais quelle était en particulier la religion « d'Abraham? dit un écrivain allemand. Religion,

(1) II Pierre II, 5.
(2) Genèse XIV, 18, et Hébreux V, 6-10; VI, 20; VII, 1 et 9.

« c'est union avec Dieu, vie en Dieu; obéissance,
« amour, fidélité. *Je suis le Dieu fort et puissant;*
« *marche devant ma face et en intégrité* (1). Abraham
« n'avait-il pas cette religion-là (2)? » Ces traces de
l'union première de la créature avec le Créateur ne
se montrent, il est vrai, que chez un petit nombre
d'individus, vivant d'espérance, sanctifiant leur cœur
dans le commerce spirituel du monde invisible, et
ces étincelles rares allaient elles-mêmes diminuant
et s'affaiblissant. La loi primitive, non écrite, ne rem-
plissait plus son objet, de convaincre l'homme de
péché; l'idée d'un Dieu unique et spirituel disparais-
sait de plus en plus; l'idolâtrie envahissait la terre.

Mais une grande œuvre promise restait à consommer; elle devait reconquérir le monde à la vérité.
Dieu ne laissa pas à ce résidu épars le soin de former le type de ses rapports avec lui. Dans le dessein
qu'il a réalisé d'étendre et de préciser la vérité
religieuse, nous découvrons trois traits qui caractérisent son œuvre.

Premièrement, Dieu veut se former un peuple, et
ce peuple doit descendre d'Abraham. Pour l'appeler,
le rassembler, l'organiser, Dieu suscite un homme
puissant, c'est-à-dire un homme qu'il revêt de sa
puissance. Il l'appelle de sa propre voix, comme il
avait appelé Abraham. Moïse est chargé de retirer
d'Égypte la famille d'Abraham, de la conduire à travers mille obstacles, mille vicissitudes, dans une terre
de laquelle Dieu dispose en faveur de ce peuple. Le

(1) Genèse XVII, 1.   (2) ZAHN; *Das Reich Gottes.*

sol est déjà partagé d'avance. Avant d'y arriver, le peuple est successivement placé dans une foule de circonstances propres à avancer son éducation; Dieu lui est révélé de toutes sortes de manières. Mais Moïse est averti qu'il n'entrera pas dans le pays de la promesse, et, comme accablé du poids de la mission divine, il implore de l'Éternel la grâce du repos. Après lui, le peuple arrive dans la terre promise; il s'en empare en exterminant les peuplades qui l'habitent, et dès lors sol et nation appartiennent à l'Éternel. La formation du peuple est accomplie.

En second lieu, le principe de l'unité divine ayant disparu des esprits, il fallait en recréer la notion. La loi primitive, en d'autres termes la loi de la conscience, était insuffisante. Nous l'avons vu, la conscience, séparée de Dieu, ne suffit plus à ses fonctions; on choisit entre ses prescriptions; on incline vers ce qui est conforme à sa nature individuelle; on finit par s'obéir à soi-même. Il est aisé de se créer une morale d'après ses goûts et sa fantaisie; mais l'idée même de morale va peu à peu s'effaçant : il faut donc qu'elle soit remise sur la vraie base. Dieu alors proclame de nouveau son unité; mais il la proclame par des faits. Il se rend présent, il se produit lui-même dans le désert; des miracles fréquents, permanents, rappellent sans cesse qu'il est là, qu'il est le seul Dieu; l'Israélite a sous les yeux, il porte partout avec lui ce tabernacle dans lequel l'Éternel est comme contenu et renfermé. Tout se réunit pour rendre sensibles la présence et l'unité divines.

Ensuite, Dieu promulgue une *loi*. Par des faits encore il en proclame l'inviolabilité; une sanction prompte, terrible, immédiate apprend au peuple choisi que Dieu prétend être obéi. Ce n'est pas une simple morale; Dieu ne veut pas seulement une obéissance fondée sur la beauté de la loi, sur l'amour qu'elle peut inspirer; il veut que la loi tire son autorité de lui-même; il veut être obéi comme souverain. Et c'est pour cela qu'il donne à son peuple une foule d'ordonnances qu'à notre point de vue nous appellerions volontiers arbitraires, c'est-à-dire qui ne semblent avoir de racines ni dans le cœur ni dans la conscience de l'homme. Plus visiblement elles s'écartent des données ordinaires de la nature, plus il devient évident que Dieu veut être obéi comme Dieu. Ceci est important à remarquer. Cette loi, souvent minutieuse, s'étendant à tous les détails de la vie, force l'homme à reconnaître qu'il est sous le joug du péché. En lui disant : « Fais ces choses et tu vivras, » elle ajoute aussitôt : « Si tu ne les fais pas, tu mour-« ras. » Ainsi s'exécute un des grands desseins de Dieu. Positive, écrite, inviolable, la loi prend un corps; elle n'est plus cette loi intérieure, affaiblie, devenue vague, à laquelle l'homme n'échappait que trop facilement. De plus, la sanction, la récompense et la peine sont tellement immédiates, que la notion de l'autorité et de la sainteté divines en ressortent avec une évidence qui dépasse la sphère des idées et devient elle-même un fait.

Le troisième dessein de Dieu est de préparer le

terrain du christianisme. Ici viennent converger une masse de détails : culte, histoire, types, figures, prophéties, miracles, tout concourt, tout se combine, tout sert d'élément ou d'appareil à la grande œuvre dont Jésus-Christ est l'accomplissement; tout prépare les lettres de créance du divin Réparateur.

Maintenant, dans tout ceci, trouvons-nous une religion dans le sens complet du terme? Je ne saurais l'y voir. Je ne doute pas que Moïse n'eût une religion et la vraie. Mais ceci est un point de vue différent. Ce qu'il y a de spécialement religieux est un héritage de ce que nous avons vu plus haut appartenir aux patriarches. Et quant à ce qui caractérise la loi, je ne saurais non plus y trouver une religion. Il y a des traits religieux, admirables sans doute; ainsi la belle parole : « Tu aimeras le Seigneur ton Dieu de tout « ton cœur, de toute ton âme, de toute ta pensée et « de toutes tes forces (1). » Mais, à côté du précepte, une religion devrait offrir le moyen de l'accomplissement. Et quant à la promesse renfermée plus loin : « Dieu circoncira le prépuce de vos cœurs (2), » elle regarde l'économie de la grâce. Or, nous prenons l'œuvre de Moïse en elle-même, et nous disons que ce qui la caractérise, c'est d'être une *loi* et non une *religion*. Cette loi même n'a point les caractères d'une religion.

Qu'est-ce donc qu'une religion? nous demandez-vous, Messieurs. Une religion n'est ni une loi, ni proprement une doctrine; c'est un fait qui unit le cœur

---

(1) Deutéronome VI, 5 et X, 12.   (2) Deutéronome XXX, 6.

et la volonté de l'homme à l'auteur de son être; et si
l'on persiste à vouloir donner à ce fait le nom de *loi*,
c'est la loi de la liberté, la loi parfaite, comme
saint Jacques l'appelle (1). La religion unit à Dieu
l'homme, et non le Juif; or l'homme est un : elle est
donc une, par conséquent universelle, par conséquent
perpétuelle. Elle unit à Dieu le cœur; elle est donc
spirituelle; elle est le culte en esprit et en vérité. La
loi se borne à dire : « Fais ceci et tu vivras. » Mais
l'homme que fait-il, sinon les actes dont le principe
existe dans son cœur? Pour vivre d'une vie nouvelle,
il faut qu'un principe nouveau ait été déposé dans le
cœur. Nous le demandons, Messieurs, est-il de l'essence d'une loi de mettre quelque chose dans le
cœur, si ce n'est la crainte? Non; une loi nous oblige,
elle nous asservit, elle ne nous unit pas. Nous venons
de le dire, il n'y a de religion que dans l'harmonie
du cœur de l'homme avec la volonté divine; les exigences de la loi, au contraire, réduites à elles-mêmes,
nous accablent et nous épouvantent. Et ce qui épouvante, ne change ni ne rapproche le cœur. Il nous
est dit : « Tu aimeras le Seigneur ton Dieu de tout
« ton cœur. » Sans nul doute notre devoir est d'aimer notre Créateur par-dessus tout; notre raison
même est capable d'en convenir; mais sera-ce le
simple fait du commandement, ou même le sentiment
de l'obligation qui fera naître en nous cet amour? S'il
ne s'agissait que d'actes extérieurs, peut-être serait-il
possible de les accomplir, en partie du moins. Mais

---

(1) Jacques I, 25.

la loi qui demande notre cœur, répétons-le, ne saurait être obéie, si elle ne fournit en même temps un
mobile vital, qui puisse créer l'amour chez des êtres
ensevelis dans l'égoïsme et la rébellion. La loi de
Moïse n'est donc pas une religion.

Cette loi, d'ailleurs, est locale et en grande partie
temporaire. Il s'y trouve sans doute un assez grand
nombre de préceptes applicables à tous les hommes;
mais il ne faut pas oublier qu'elle élève à un rang
égal les ordonnances qui concernent le culte extérieur : ablutions, cérémonies, etc. Les commandements, qu'ils soient de l'une ou de l'autre nature,
sont toujours accompagnés de ce solennel avertissement : « Ainsi a dit l'Éternel. »

C'est une loi qui demande essentiellement l'œuvre
des mains, et qui y attache les bénédictions; une loi
qui fait marcher par la vue et non par la foi. Et pourtant, en dépit de ce caractère, que de désobéissances
signalent l'histoire du peuple auquel elle fut imposée;
quel inconcevable penchant à l'idolâtrie, s'obstinant
en présence de tant de manifestations sensibles et
effrayantes de la présence divine! Le peuple revenait à l'obéissance, il est vrai, mais il y revenait par
contrainte; car si la récompense était proche, la peine
aussi était à la porte, et elle fondait immédiatement
sur la personne du coupable. Est-ce là une loi de
liberté? Non, c'est plutôt un code pénal, avec cette
circonstance exceptionnelle que c'est Dieu même qui
décerne les châtiments. Etrange loi morale, qui dirige
uniquement les yeux vers les biens et les maux tem-

porels, qui ne rattache pas le présent à l'éternité, et qui manque ainsi d'un caractère essentiel à la vraie religion.

Il faut donc conclure que Dieu a voulu se former un peuple terrestre, et que pour cela il s'est fait législateur terrestre dans toute l'étendue du terme. Il prononce que la terre lui appartient, qu'il en est le suzerain, le seigneur. L'Israélite ne possède en quelque sorte le sol qu'à titre de fermier, de vassal à redevances féodales. En un mot, tous les caractères d'une législation temporaire se retrouvent dans cette législation divine. Sans doute, au sein de ce peuple gouverné par des lois tout extérieures, se rencontraient des hommes spirituels ; de ce sol surgissaient des adorateurs en esprit et en vérité, comme d'une terre insipide, quand le soleil l'a fécondée, peut naître un fruit nourrissant et savoureux. Ici, je le déclare, je ne puis assez admirer tant de beaux morceaux de l'Ancien Testament, tout ce qu'il y a de spirituel et de chrétien, jaillissant du sein de ces formes étroites, et s'épanchant çà et là dans la prophétie. On rencontre, au milieu de ce peuple charnel, de véritables enfants d'Abraham, dont le dernier rejeton s'offre à nous dans la personne du saint vieillard Siméon, exprimant toutes les pensées d'un disciple de Jésus-Christ, et contemplant d'avance le salut, non plus concentré dans un peuple unique, mais répandu sur toutes les nations.

Tout ce que je viens de dire, j'ai besoin, Messieurs, de l'appuyer de l'autorité du Nouveau Testament.

J'y trouve des paroles plus fortes que toutes celles dont je me suis servi, paroles tellement fortes que si le Nouveau Testament ne les avait pas dites, personne n'oserait les prononcer. Ses auteurs attribuent à la loi une haute importance, un rôle grand et indispensable ; ils l'honorent ; ils répètent que « le comman-« dement est saint, juste et bon (1). » Mais ils déclarent que « la loi est survenue pour faire abonder le « péché (2), » ou comme nous dirions, le rendre plus manifeste ; qu'elle est *survenue*, c'est-à-dire *venue après autre chose* ; qu'elle est comme un épisode, la religion existant déjà avant elle. « Les promesses ont « été faites à Abraham et à sa postérité,... qui est « Christ... L'alliance que Dieu a auparavant confir-« mée en Christ n'a pu être annulée, ni la promesse « abolie par la loi qui n'est venue que quatre cent « trente ans après (3). » Ils disent que « la loi est un « conducteur pour mener à Christ (4) ; » qu'elle pousse, qu'elle chasse, du milieu de ces ordonnances qui maudissent, dans le sein de Christ qui sauve. Le ministère de la loi est donc à leurs yeux d'un haut prix ; mais il n'en demeure pas moins redoutable et accablant, et bien loin d'en faire une *religion*, ils en font presque le contraire. « La loi a été donnée par « Moïse, mais la grâce et la vérité sont venues par « Jésus-Christ (5). » « Il nous a engendrés de sa pure « volonté, par la parole de la vérité (6). » « Si vous « êtes conduits par l'Esprit, vous n'êtes point sous la

---

(1) Romains VII, 12.   (2) Romains V, 20.   (3) Galates III, 16, 17.
(4) Galates III, 24.   (5) Jean I, 17.   (6) Jacques I, 18.

« loi, » dit saint Paul (1). Il oppose ailleurs « la
« lettre qui tue à l'Esprit qui vivifie (2). » Pierre,
d'autre part, dans le concile de Jérusalem, qualifie
la loi de joug que ni les Israélites de son temps,
ni leurs pères n'avaient pu porter (3). La loi enfin
« n'a rien amené à la perfection (4), » rien mené à
terme.

Où est donc le terme ? Il est au point où était parvenu Abraham, à la foi. Aussi est-ce à Abraham, en
passant par-dessus Moïse, ou plutôt par-dessus la loi,
que les Apôtres vont rattacher le fil du christianisme.
Abraham est le père des croyants : « il reçut le signe
« de la circoncision comme un sceau de la justice qu'il
« avait obtenue par la foi avant que d'être circon-
« cis (5). » Cette circoncision était déjà type de
l'effusion salutaire du sang de Christ. L'Église peut
dire à son chef comme Séphora à Moïse : « Certes, tu
« m'es un époux de sang (6). » « La loi n'a été qu'a-
« joutée, à cause des transgressions, jusqu'à la venue
« de la postérité à qui la promesse avait été faite (7). »

Sans doute les notions d'Abraham et des patriarches n'étaient pas complètes comme le sont les nôtres ;
mais, ainsi que les chrétiens d'aujourd'hui, ces hommes de Dieu vivaient par la foi. On se figure peut-
être que leur religion n'était que la religion dite naturelle ; on a prétendu parfois faire d'eux de simples
déistes. Mais qu'on y prenne garde ; ils adoraient

---

(1) Galates V, 18.   (2) II Corinthiens III, 6.   (3) Actes XV, 10.
(4) Hébreux VII, 19.   (5) Romains IV, 11-13.   (6) Exode IV, 26.
(7) Galates III, 19.

Dieu, ils marchaient en sa présence, ils soumettaient leur volonté à la volonté divine. Oserions-nous affirmer tout cela des déistes? D'après la signification du terme, maintenant admise, un déiste est un homme qui professe de croire à l'existence de Dieu, mais qui ne s'inquiète pas trop de le servir et de lui plaire; un homme, en un mot, qui reconnaît l'être à un Dieu, mais sans l'adorer. En dehors de la religion positive, l'homme ne peut s'élever à l'adoration en esprit et en vérité. Si Abraham et les patriarches ne connaissaient pas Jésus-Christ de la manière dont nous le connaissons, ils le connaissaient en espérance; Jésus-Christ était l'esprit même de la promesse faite à Adam, et confirmée de plus en plus dans une des lignées de ses descendants.

Résumons-nous. La loi entrait de plusieurs manières dans le plan de Dieu relativement à la vraie religion : elle posait le fondement; le faîte devait venir plus tard. Elle sert à la religion; elle n'est pas une religion. Quel parti pouvons-nous tirer de la loi de Moïse? Lui prendrons-nous ses ordonnances cérémonielles? Elles n'étaient que l'image de la réalité dont le corps est en Christ; le sacrifice de Christ les a donc abolies. Ses règlements politiques? Ils étaient faits pour la Palestine, et appropriés à des circonstances qui n'existent plus. Sa morale? Ce qui fut vrai pour le temps de Moïse demeure vrai dans tous les temps; mais nous avons plus et mieux dans l'Évangile. Ce qui s'y trouve de religieux? Mais la religion est toute en Jésus-Christ, et si nous en trouvons le commencement dans Moïse, nous en possédons l'accomplissement et la perfection dans l'Évangile. Nous n'avons donc de règle à demander à Moïse sur rien. Mais ceci admis, ses livres reprennent une valeur immense comme monument, comme document. Ils sont l'alphabet du genre humain, le sol où Dieu a enfoncé les racines du christianisme, la scène où se développent les premiers actes du plan divin, où s'annoncent et se préparent les derniers, où Jésus-Christ, enfin, trouve ses titres et les autorités qui l'introduisent. Une grande vénération, une profonde reconnaissance, une respectueuse attention doivent entourer l'Ancien Testament. Nous devons le dire, Messieurs, il est à regretter que ses livres, et en particulier les prophètes, soient trop peu lus par beaucoup de chrétiens de nos jours.

VII.

MICHEL DE L'HOPITAL.

1505 — 1573.

Avant de terminer ce qui se rapporte au seizième siècle, nous avons quelques mots à dire sur l'un de ses hommes les plus distingués, le chancelier de l'Hôpital.

D'après notre point de vue, un écrivain politique a droit à être placé parmi les moralistes. Nous venons de ranger dans cette classe La Boëtie et Jean Bodin : comment n'y pas introduire ce grand caractère? Le nom de l'Hôpital fût-il même ici une exception, il faudrait la faire pour lui. Son âme, sa conduite, ses opinions forment un contraste frappant avec l'ensemble du seizième siècle, et surtout avec les personnages desquels il vécut entouré.

Dans cette période, l'histoire de France afflige l'esprit et le cœur ; il est triste et honteux de voir une grande nation livrée à une troupe d'histrions et de baladins, un peuple généreux et fort qui semble n'exister que pour le plaisir de trois ou quatre mauvais sujets, possédant tous les vices et point de grandeur. Malheureusement l'histoire ne s'attache qu'aux figures éminentes et laisse dans l'ombre, au fond du tableau, le gros de la population. La seconde moitié du seizième siècle nous montre, autour d'une reine infâme, les intrigues, les agitations d'une foule d'hommes rampants, voluptueux, assassins, mêlant les fêtes au poison, les massacres aux grossiers plaisirs. La domination scandaleuse de Catherine de Médicis ressemble à un long carnaval entrecoupé de péripéties sanglantes. Et pourtant, à côté de ces misérables factions, sous ce joug honteux, cruel et frivole, on devine un peuple patient, laborieux, intelligent, qui sème et qui plante à mesure qu'on arrache, et qui cultive, sans se lasser, l'industrie, les arts et les sciences. On y trouve des savants qui associent la religion à la science, et pour qui la science est une sorte de religion. Chez les magistrats, on rencontre plus de gravité et non moins de savoir; Dumoulin, Olivier, l'Hôpital nous offrent de beaux modèles de ce stoïcisme chrétien, si rare toujours, et frappé à un coin qui semblait perdu.

Ce contraste, éclatant chez tous ceux-là, l'est particulièrement chez l'Hôpital. En lisant sa vie, on ne s'explique guère comment cet homme, né dans la bourgeoisie, put être appelé à exercer les premières dignités de l'État, et encore moins comment, au milieu de ces éléments hostiles à tout bien, il put exercer un tel ascendant sur des gens dont il contrariait toutes les passions.

On sait que le chemin de la fortune fut pour lui semé d'obstacles. Il en rencontra un premier dans la

position de son père, attaché au connétable de Bourbon ; il avait peu de goût, en outre, pour la profession
qu'il avait adoptée. Plus tard, quand il fut nommé
ambassadeur auprès du concile de Trente, quelles ne
durent pas être les impressions de cette noble et forte
nature en présence de ce qui s'y passa! La liberté
de conscience fut sa cause favorite; défendue par
lui en toute occasion, elle devint l'intérêt dominant
de sa vie. A quelque bord qu'on appartienne, la liberté de conscience, il faut en convenir, est une
grande idée morale, une idée qui se rattache aux
conceptions les plus élevées de la philosophie, et
celui qui sait la faire prévaloir doit être compté parmi
les moralistes éminents.

Ce n'est pas en théoricien, toutefois, que l'Hôpital
a traité cette grande question. Il réclame la tolérance
parce qu'il l'aime ; il s'efforce de maintenir la paix de
religion ; il le fait avec une rondeur, une liberté, qui
auraient lieu d'étonner si l'on ne se souvenait qu'à
cette époque une certaine faveur se portait sur les
huguenots. C'était l'heure où la reine Catherine,
effrayée des Guises, semblait pencher vers le parti
évangélique. Mais ce n'est pas la politique qui inspire
la profession de foi du chancelier ; il expose ce qu'il
estime conforme à l'humanité et au véritable esprit
de la religion. Aux États d'Orléans, en 1560, où
nous le rencontrons d'abord, il prend, en homme
pratique, l'expédience et l'utilité pour point de départ,
et n'arrive qu'ensuite à la question d'équité. Il y
fait entendre des vérités tristes, mais importantes :

« Nous ne pouvons nier, dit l'Hôpital, que la
« religion, bonne ou mauvaise, ne donne telle pas-
« sion aux hommes que plus grande ne peut estre.

« C'est follie d'esperer paix, repos et amytié entre
« les personnes qui sont de diverses religions. Et n'y
« a opinion qui tant perfonde dedans le cœur des
« hommes, que l'opinion de religion, ny tant les se-
« pare les uns des aultres (1). »

Selon lui, le remède aux divisions religieuses devait se trouver dans la convocation d'un concile général. C'était la pensée dominante de son temps ; et
pour lors, aimer la liberté religieuse, en avoir seulement conçu l'idée, c'était beaucoup plus que d'être
en état, de nos jours, d'en présenter la théorie la plus
complète.

Aux États de Saint-Germain-en-Laye, qui eurent
lieu l'année suivante, nous voyons le chancelier,
ramené à son sujet, insister encore en faveur de
la tolérance. Plus tard, dans l'assemblée des pré-
lats qui précéda le colloque de Poissy, il y revient de
nouveau :

« Toutes les fois que l'on delibere d'appaiser les
« differendz subveneus pour le faict de la religion,
« entre aultres choses qui doibvent estre observees,
« ycelle est la principale, qu'on use de toute doulceur
« et benignité, afin que ceulx qui seront en erreur
« puissent recevoir instruction, à laquelle il n'y a
« rien si contraire que la force et violence, suyvant
« le dict de saint Augustin, qui dict que c'est une

(1) Œuvres complètes de Michel de l'Hospital. Tome I, page 398.

« diligence plus griefve que profitable de contraindre
« les hommes sans les enseigner.

« La conscience est de telle nature qu'elle ne peult
« estre forcee, mais doibt estre enseignee..... Et
« mesme la foy, (si elle est) contraincte, elle n'est
« plus la foy (1). »

S'appuyant sur ce que les *évangélistes* prêchent une
doctrine peu différente de celle des catholiques, l'Hôpital ajoute :

« Et ce qui nous doibt ezmouvoir davantaige, c'est
« l'offre de ceulx qu'on appelle evangelistes, lesquelz
« ont tousjours offert d'eulx assujettir à la parole de
« Dieu, laquelle ils disent recognoistre pour la seule
« regle de verité.

« Les dictz evangelistes ne pourroient estre con-
« vaincus d'heresie manifeste, selon les anciennes
« coustumes, attendeu qu'ils receoivent l'Escriture
« saincte,..... et tout leur differend est en cele,
« qu'ils veulent aujourd'huy que l'Eglise soit refor-
« mee en la façon de la primitive.

« Et est merveilleux qu'on a veu par cy-devant,
« en la mort de plusieurs d'entre eulx executés pour
« la religion, une conscience admirable et une voye
« plus que humaine, par laquelle ils surpassoient les
« frayeurs et apprehensions de la mort; mais chan-
« tant au milieu des flammes, invoquant à haute
« voix le nom de nostre Seigneur Jesus Christ : et en
« quelque partie qu'on l'interprete, si est-ce qu'il ap-
« pert clairement par cela que telles genz sont reso-

(1) *Œuvres complètes de Michel de l'Hospital.* Tome I, page 460.

« leus et persuadés qu'ils tiennent une bonne doc-
« trine, et ne sont comme plusieurs seditieux qui ont
« mauvaise conscience, et contre le temoignage d'y-
« celle taschent neantmoins à empoisonner le peuple
« de leurs erreurs; et pourtant ne fault proceder
« contre les uns comme on faict contre les aultres.

« Quant à leurs assemblees, il ne les fault point
« separer de leur religion; car ils croient que la pa-
« role de Dieu les oblige estroictement de s'assem-
« bler pour oyr la predication de l'Evangile et par-
« ticiper aux sacrements, et tiennent cela pour un ar-
« ticle de foy.

« Il ne se trouvera pas que les assemblees soyent
« seditieuses, mais au contraire. Et est appareu qu'en
« ycelles on prie Dieu pour le roy, pour les judges
« de son royaume et pour tous les hommes, et est une
« chose fort contraire au prince de rendre son peu-
« ple sans forme de religion et exercice d'ycelle. Car
« de là proviendroient les atheismes, rebellions et
« aultres inconvenients qui n'adviendront quand les
« hommes sont reglés par quelque discipline (1). »

Ainsi donc, sur trois grands écrivains qui se sont
occupés de la liberté religieuse au seizième siècle (2),
c'est par les deux d'entre eux qui étaient chrétiens
que les droits de la conscience ont été réclamés. Il
ne faut pas l'oublier.

On comprend sans peine que l'Hôpital ait failli
être victime de sa franchise; on s'étonne même qu'il

---

(1) *OEuvres complètes de Michel de l'Hospital.* Tome I, pages 471-477.
(2) Charron, Bodin, l'Hôpital.

ne l'ait pas été. Un magistrat qui justifiait la Réforme, qui du moins soutenait le droit de ses partisans, pouvait bien être accusé de défendre sa propre cause. On sait que le peuple voyait l'Hôpital de mauvais œil, et qu'on se répétait ce mot, passé dès lors en proverbe : « Défiez-vous de la messe de M. le Chance- « lier. » Mais rien ne l'ébranlait ; il bravait toutes les préventions. C'était le courage chrétien dans son admirable simplicité.

Sur d'autres sujets aussi, l'Hôpital, accoutumé, devant les cours de justice, à dire la vérité sans réserve et sans ménagement, continuait à le faire avec une franchise austère et quelquefois rude. Voici comment il s'exprimait devant le parlement :

« Vous estes juges du pré ou du champ, non de la « vie, non des mœurs, non de la religion.

« Si ne vous sentez assez forts et justes pour com- « mander vos passions et aimer vos ennemis selon « que Dieu commande, abstenez-vous de l'office de « juges.

« Vous estes, tout l'an, trois chambres ordinaires, « tousjours assiz, et néantmoins les procez ne dimi- « nuent point ; c'est-à-dire que chascung veult vivre « de son mestier, et iceluy faire durer et valoir : « vous ferez bien d'y donner ordre.

« Vous vous plaingnez des revelations faictes au « roy..... Qui feroit les choses bonnes, et de bonne « sorte, ne craindroit point qu'elles feussent veues et « congneues : veoire comme faictes en ung theatre, et « feroit peu de compte des revelateurs.

12

« L'œil de justice veoit tout; le roy veoit tout, et
« le temps descouvre tout : ne faictes rien que ce que
« vous vouldrez estre sceu (1). »

Les discours de l'Hôpital sont plutôt des haran-
gues, des discours d'ouverture; rien de polémique ne
s'y fait remarquer; il discute, mais il n'y a pas de
véritable combat. L'occasion a manqué au chancelier
pour le développement des puissances oratoires qu'il
portait en lui. Elles sont à peine indiquées : point de
grâce, peu de vivacité ni de véhémence, pas de net-
teté dans le style, pas de disposition savante des
idées, point de proportion. Il est toujours de sang-
froid; mais son ton a la gravité simple, la candeur, la
noble franchise. Ses discours se recommandent encore
par la grande sagesse pratique, la prudence d'un véritable homme d'État. On y peut goûter aussi une certaine bonhomie familière de langage, une parole sen-
tencieuse, quelquefois pittoresque, un parler bref qui
rappellerait celui de Montaigne. Mais au total, si l'on
se place au point de vue oratoire, on ne peut élever
de telles productions bien haut; ce qu'on trouve chez
l'Hôpital, c'est bien moins le grand orateur que le
grand homme. Sous ce dernier aspect, rien ne lui a
manqué que le bonheur. Et même, eût-il réussi, sa
renommée n'en serait ni plus grande ni plus populaire.

On ne sait que trop comment les efforts de l'Hôpital
en faveur de la justice et de la tolérance échouèrent
devant le fanatisme et la perfidie de la cour. Retiré

(1) *Œuvres complètes de Michel de l'Hospital.* Tome II, pages 69-74.

à la campagne lors du massacre de la Saint-Barthélemi, il avait été compris, dit-on, dans les listes de
proscription, la cour ne se souciant guère de laisser
subsister un pareil témoin de ses actes. Quoi qu'il en
soit, lorsque les meurtriers approchèrent, il les at-
tendit avec calme, et commanda qu'on leur ouvrît
toutes les portes. Frappés de respect à sa vue, ils
reculèrent et se retirèrent. Mais le coup était porté ;
l'Hôpital ne s'en releva pas et mourut au bout de
quelques mois. On est donc en droit de dire que la
Saint-Barthélemi l'a tué. Il eut le temps d'exprimer
dans une pièce de vers latins les émotions profondes
qu'elle lui avait fait éprouver (1).

On a de l'Hôpital un recueil entier de poésies la-
tines, écrites d'un style mâle et ferme.

(1) Ad Annam Estensem. (*Œuvres complètes de Michel de l'Hospital.* Tome III,
page 491.)

VIII.

DIX-SEPTIÈME SIÈCLE.

CONSIDÉRATIONS PRÉLIMINAIRES.

En passant, Messieurs, du seizième siècle au dix-septième, on est, dès l'abord, frappé des différences qui les caractérisent. L'époque à laquelle nous arrivons voit naître des changements simultanés dans la politique, la philosophie, la littérature.

L'effervescence du seizième siècle a cessé ; rien ne rappelle la fiévreuse énergie des luttes précédentes. Une force secrète semble même comprimer à la fois toutes les branches de l'activité humaine. Les questions politiques n'intéressent plus ; nul maintenant ne cherche à les résoudre. Tout s'apaise sous le sceptre de Richelieu.

Dans la philosophie la révolution n'est pas moins sensible. L'esprit humain poursuit le même but, mais il y tend par une voie différente. Il veut sans doute encore s'affranchir de l'autorité ; toutefois l'indépendance qu'il réclame se présente sous un autre aspect. L'école de Montaigne avait entrepris la réforme de la philosophie avec pétulance, sans système, bien plus occupée à détruire qu'à bâtir, peu scientifiquement en un mot. Cette philosophie ne pouvait durer; tout au plus pouvait-elle satisfaire le vulgaire qu'elle dispensait de croire, et les gens à demi-savoir qui s'en contentaient et s'estimaient philosophes en goûtant Montaigne et Charron. Mais généralement on était loin de comprendre le but de la philosophie. Comme on l'a dit, ce qui plaisait surtout dans Montaigne c'était son air cavalier; en le lisant, on se savait bon gré d'en savoir autant que lui. Il est, du reste, évident que, vers le commencement du dix-septième siècle, les *Essais*, pénétrant les masses, y avaient produit ces fruits amers d'incrédulité, d'impiété même, que des témoignages irrécusables nous signalent. Le nombre des non-croyants et des athées s'était accru au point que Descartes croira devoir diriger ses efforts contre ce torrent qui envahissait les esprits.

Si le vulgaire était satisfait, les penseurs sérieux et solides demandaient autre chose. Sans doute, ils ressentaient le même besoin d'affranchissement que leurs devanciers; mais ils comprenaient que la marche mal dirigée de ceux-ci avait renforcé, au fond, plutôt que réduit à ses justes bornes le principe d'autorité.

L'école philosophique du seizième siècle pourrait être comparée à l'avant-garde de la première croisade, composée, comme on sait, d'un essaim d'aventuriers et de demi-sauvages qui portèrent sur leur chemin le pillage et la ruine, et qui périrent en route avant d'avoir pu arriver. De même, la philosophie du temps de Montaigne détruisit beaucoup et établit peu; ses sectateurs furent les enfants perdus de l'esprit d'examen. Non contents de faire du doute leur point de départ, ils en firent encore leur but, ce qui est contraire à la nature humaine. La nature humaine veut croire; quiconque cherche à la détourner de cette impulsion la rejette en définitive du côté de l'autorité, et cela dans un sens bien plus étendu qu'on ne se l'imagine.

A une époque telle que la nôtre, où les droits de l'autorité sont réduits à si peu de chose, il y a quelque avantage à rappeler quelle était, sous ce rapport, la situation du seizième siècle. Alors l'autorité, c'est-à-dire le droit ou la faculté dont jouit un être raisonnable d'être cru sur parole, était le fondement principal de toutes les croyances. En physique, en médecine, en philosophie, on invoquait sans cesse l'opinion de ceux qui avaient vécu auparavant. L'ascendant des anciens était irrésistible. Dans cette position, si différente de la nôtre, de bons esprits, s'élevant d'une part au-dessus de la multitude asservie, et d'autre part au-dessus de l'opposition effrénée, sentirent que la seule voie d'avancement était, non de détruire l'autorité, mais de faire transaction avec elle, et d'en obtenir une place pour la conviction individuelle.

Nous ne sommes tenus d'accepter que ce dont nous sommes intérieurement convaincus, je l'accorde et j'y reconnais la base de nos opérations intellectuelles. Mais si c'est là un principe vrai, voici un fait de la nature humaine qui ne l'est pas moins. L'homme n'est pas constitué de manière à ce que chacun puisse, sans le concours d'autrui, se former sur chaque objet une conviction propre et personnelle. Nous voyons les esprits ordinaires se grouper toujours autour de quelque intelligence supérieure, et en recevoir la loi ou l'impulsion. Sans doute l'opinion à laquelle nous sommes attachés semble, au premier abord, nous appartenir tout entière ; mais prenons la peine de remonter jusqu'à la source historique d'où elle découle, et nous verrons presque toujours que cette opinion individuelle a pris naissance en grande partie dans une opinion reçue.

Y a-t-il là de quoi nous humilier ? je l'ignore ; — de quoi nous décourager ? je ne le crois pas. Lorsque la pensée d'un autre a enfanté chez nous une pensée, il est vrai que cette idée ne nous appartient pas d'emblée. Mais si, usant des ressources de notre intelligence, nous l'élaborons, nous l'assimilons à notre être, alors elle arrive à devenir nôtre. Il est très beau et même très doux de penser que nous n'avons toute notre puissance, ajoutons toute notre originalité intellectuelle, que par l'appropriation de ce qu'on a pensé avant nous, hors de nous.

Il en est ainsi, en un sens, des idées religieuses qu'a fait naître ou qu'a développées en nous l'insensible influence de nos parents, de nos lectures, de l'atmosphère qui nous entoure. Le fait ne peut se nier. Sous un rapport, c'est un secours que Dieu accorde à notre faiblesse. Si, plus tard, nous appliquons notre raison à ces principes, si, après examen, nous les tenons pour justes et conformes à la nature humaine, nous avons le droit de nous les approprier comme étant réellement à nous. Nous commentons alors le mot remarquable des Samaritains, quand ils dirent à la femme qui leur avait annoncé le Messie : « Ce n'est plus à cause de ce que tu nous as dit que « nous croyons; car nous l'avons entendu nous- « mêmes (1). »

Les philosophes du dix-septième siècle ne crurent donc pas devoir attaquer l'autorité dans son centre, c'est-à-dire dans la constitution de l'homme; ils s'attachèrent plutôt à faire ressortir les limites naturelles de ce principe nécessaire. Ils firent mieux encore : s'abstenant de prolonger les discussions, ils agirent, ils marchèrent, ils expérimentèrent, ils raisonnèrent, ils introduisirent enfin quelques convictions nouvelles qui s'unirent ou s'opposèrent à celles qui existaient déjà.

Cette œuvre fut surtout celle de Descartes, vaste et puissant génie, qui ne se borna pas à remonter au principe de telle ou telle branche des connaissances humaines, mais au principe même de l'intelligence et de la certitude, et qu'on peut appeler l'un des régulateurs de l'esprit humain. Contemporain de Bacon, il partage avec l'illustre Anglais la gloire d'avoir créé la philosophie expérimentale, cette philosophie qui, à la place des préjugés, des confiances, des superstitions du passé, ne se permet de conclure que d'après l'observation des faits. Descartes n'a pas, si vous le voulez, fait avancer chacune des sciences à

(1) Jean IV, 42.

part ; mais, surintendant de la science en général, il en a embrassé d'un coup d'œil l'ensemble, et il y a introduit les méthodes qui permettent le progrès dans toutes les branches. Il a fait la revue des opinions de son temps, en se mettant dans la situation d'un homme qui commence par douter de tout, mais non pas dans l'esprit de Montaigne, pour faire du doute le terme et le but de ses recherches. Le doute de Descartes est sage; il est provisoire; bien loin de satisfaire son âme, il lui est à charge, et Descartes voit arriver avec joie l'instant où il pourra échanger son doute contre des convictions fortes et durables. C'est sous ce point de vue que ce grand génie, cet héroïque champion de la liberté d'examen, peut surtout être rangé parmi les moralistes (1).

(1) Ici serait la place de Pascal; mais tout ce que M. Vinet a écrit sur lui ayant été réuni en un même volume, sous le titre d'*Études sur Blaise Pascal*, on y renvoie le lecteur. (*Éditeurs.*)

IX.

LA ROCHEFOUCAULD.

1613 — 1680.

La Rochefoucauld naquit dix ans avant Pascal. La première édition de ses *Maximes* parut en 1665, neuf ans après les *Provinciales ;* la dernière qu'il a revue, en 1678, après la mort de Pascal et la publication des *Pensées.* Mais si les deux écrivains furent contemporains, une profonde ligne de démarcation les sépare. Avec La Rochefoucauld nous passons dans une autre atmosphère ; c'est un air différent que nous allons respirer. Sa morale est triste, amère même : elle n'a pas le sérieux chrétien qui marque celle de Pascal.

Mais avant de juger, et même avant de lire un ouvrage quelconque, et même un ouvrage de morale, il faut connaître la vie de l'auteur, les rapports qu'il a soutenus dans la société, les scènes dont il a été témoin, les personnes à qui il s'est adressé, le but particulier qu'il s'est proposé. C'est l'échelle de proportion placée au bas d'une carte de géographie. A propos de Pascal, nous avons signalé l'influence de la famille et des circonstances sur l'œuvre d'un moraliste ; nous vérifierons encore les résultats de cette observation au sujet de La Rochefoucauld. De lui, plus que de beaucoup d'autres, on peut dire que sa vie a produit ses ouvrages. Ses *Mémoires*, dont une indiscrétion fit paraître la plus grande partie de son vivant, expliquent pour une bonne part ses *Maximes*.

François, duc de La Rochefoucauld, connu avant la mort de son père sous le nom de prince de Marsillac, ne reçut d'abord qu'une culture assez négligée, à laquelle il suppléa plus tard par le commerce des gens instruits. De bonne heure, d'ailleurs, il eut occasion d'étudier les hommes, même à ses dépens. A peine âgé de dix-sept ans, il entra dans le monde, et dès ce temps-là il commença, à ce qu'il nous apprend dans ses *Mémoires*, « à remarquer avec « attention ce qu'il voyait (1). » Ce que le jeune observateur vit d'abord, ce fut la lutte entre la reine-mère, Marie de Médicis, et le cardinal de Richelieu ; elle se termina à la *journée des dupes*, qui ruina l'influence de la reine-mère et consolida le pouvoir du cardinal. Les catastrophes du maréchal de Marillac et du duc de Montmorency suivirent bientôt : « La do-« mination du cardinal me parut injuste, dit La Ro-« chefoucauld, et je crus que le parti de la reine « (Anne d'Autriche) était le seul qu'il fût honnête de « suivre. Elle était malheureuse et persécutée ;..... « elle me traitait avec beaucoup de bonté et de

---

(1) *Mémoires de La Rochefoucauld.* 1re Partie, d'après le texte découvert en 1817. (*Nouvelle collection des Mémoires pour servir à l'histoire de France*, publiée par MM. Michaud et Poujulat. IIIe série, tome V, page 383.)

« marques d'estime et de confiance (1). » Quelques
années après, son zèle fut sur le point d'être mis
à l'épreuve, à propos des persécutions qu'attirèrent à
la reine les intelligences qu'elle entretenait avec le
ministre d'Espagne : « M. le chancelier l'interrogea
« comme une criminelle; on proposa de la renfermer
« au Havre, de rompre son mariage et de la répu-
« dier. Dans cette extrémité, abandonnée de tout le
« monde, manquant de toutes sortes de secours, et
« n'osant se confier qu'à Mademoiselle d'Hautefort et
« à moi, elle me proposa de les enlever toutes deux
« et de les emmener à Bruxelles. Quelque difficulté
« et quelque péril qui me parussent dans un tel pro-
« jet, je puis dire qu'il me donna plus de joie que je
« n'en avais eu de ma vie (2). »

Mis à la Bastille pour avoir servi d'intermédiaire
entre la reine et Madame de Chevreuse, La Rochefoucauld obtint, au bout de huit jours, de sortir de
prison, dans un temps où personne n'en sortait. Il se
retira dans les terres de sa famille. « Les marques
« d'estime que je recevais des personnes à qui j'étais
« le plus attaché (il parle encore ici de la reine,
« de Mademoiselle d'Hautefort et de Madame de Che-
« vreuse) et une certaine approbation que le monde
« donne assez facilement aux malheureux quand leur
« conduite n'est pas honteuse, me firent supporter
« avec quelque douceur un exil de deux ou trois an-

---

(1) *Mémoires de La Rochefoucauld.* Ire Partie, d'après le texte découvert en
1817. (*Nouvelle collection des Mémoires pour servir à l'histoire de France*,
publiée par MM. Michaud et Poujoulat. IIIe série, tome V, page 384.
(2) *Ibid.*, page 386.

« nées. J'étais jeune, la santé du roi et celle du car-
« dinal s'affaiblissaient, et je devais tout attendre d'un
« changement. J'étais heureux dans ma famille ; j'a-
« vais à souhait tous les plaisirs de la campagne ; les
« provinces voisines étaient remplies d'exilés, et le
« rapport de nos fortunes et de nos espérances ren-
« dait notre commerce agréable (1). »

Ce passage ne marque-t-il pas le mélange des inclinations diverses qui se partagèrent La Rochefoucauld :
affections de famille conservées jusqu'à la fin, comme
Madame de Sévigné l'attesta plus tard ; goût inné
pour le commerce et les sympathies de la société ;
disposition, enfin, à se rendre compte du présent et à
l'estimer ce qu'il vaut, même dans la jeunesse et au
milieu des espérances de l'avenir ?

En 1639, après la prise de Hesdin, on lui permit
de rejoindre l'armée : « Sur la fin de cette campagne,
« où l'on avait dit du bien de moi au cardinal, sa
« haine commençait à se ralentir ; il voulut même
« m'attacher dans ses intérêts... Mais la reine m'em-
« pêcha d'accepter cet avantage, et elle désira instam-
« ment que je ne reçusse point de grâce du cardinal
« qui me pût ôter la liberté d'être contre lui, quand
« elle se trouverait en état de paraître ouvertement
« son ennemie. Cette marque de la confiance de la
« reine me fit renoncer avec plaisir à tout ce que
« la fortune me présentait (2). »

Richelieu mourut le 4 décembre 1642 ; Louis XIII,
le 14 mai 1643. Anne d'Autriche fut déclarée ré-

---

(1) *Mémoires de La Rochefoucauld. Ibid.*, page 388.   (2) *Ibid.*, page 388.

gente au parlement. « La reine, dit La Rochefoucauld,
« me donnait beaucoup de marques d'amitié et de
« confiance; elle m'assura même plusieurs fois qu'il.
« y allait de son honneur que je fusse content d'elle,
« et qu'il n'y avait rien d'assez grand dans le royaume
« pour me récompenser de ce que j'avais fait pour
« son service (1). — Elle me cachait moins l'état de
« son esprit qu'aux autres, parce que, n'ayant point
« eu d'autres intérêts que les siens, elle ne me soup-
« çonnait pas d'appuyer d'autre parti que celui qu'elle
« choisirait (2). »

Chargé de ramener Madame de Chevreuse à la
cour, La Rochefoucauld fut témoin du refroidissement
de la reine pour l'amie de sa jeunesse, qui avait si
longtemps souffert à cause d'elle ; situation dont les
artifices de Mazarin et les imprudences de Madame
de Chevreuse firent bientôt une véritable disgrâce,
qui s'étendit même aux amis de la duchesse. Le cardinal Mazarin, l'ayant emporté sur elle, la fit reléguer
à Tours. La Rochefoucauld était presque le seul de
ses amis qui n'eût pas été écarté encore. Sollicité par
la reine de rompre aussi avec elle, il s'y refusa : « Je
« demandai en grâce qu'il me fût permis de suivre
« mes premiers engagements. La reine ne me parut
« pas blessée sur l'heure de cette réponse ; mais
« comme le cardinal la trouva trop mesurée, il la lui
« fit désapprouver, et je connus par une longue suite
« de mauvais traitements que ce que je lui avais dit

(1) *Mémoires de La Rochefoucauld. Ibid.*, page 393.
(2) *Ibid.*, Iʳᵉ Partie, d'après le premier texte imprimé. (*Ibid.*, page 407.)

« m'avait entièrement ruiné auprès d'elle..... Je ne
« trouvai dans la suite guère plus de reconnaissance
« du côté de Madame de Chevreuse : elle oublia dans
« son exil aussi facilement ce que j'avais fait pour
« elle, que la reine avait oublié mes services quand
« elle fut en état de les récompenser (1). »

Longtemps sans emploi, rebuté dans la plupart de
ses demandes, mécontent, La Rochefoucauld, dont
l'intelligence sagace s'était dès l'abord occupée à démêler les motifs des actions humaines, dut assez naturellement en venir à étudier de préférence le jeu
des ressorts égoïstes qui en déterminent un si grand
nombre. Il fut confirmé dans cette disposition par la
guerre de la Fronde, dernier retentissement des que-
relles féodales et, par-dessus tout, mouvement sans
idée, où les difficultés financières, la misère du peuple,
l'ambition vaniteuse des grands jouèrent une de ces
parties sans but défini, qui ne profitent jamais à ceux
qui les entreprennent :

« Ma fortune était désagréable, et je portais im-
« patiemment la perte de tant d'espérances. J'avais
« voulu m'attacher à la guerre, et la reine m'y avait
« refusé les mêmes emplois que, trois ou quatre ans
« auparavant, elle m'avait empêché de recevoir du
« cardinal de Richelieu. Tant d'inutilités et tant de
« dégoûts me donnèrent enfin d'autres pensées, et me
« firent chercher des voies périlleuses pour témoigner
« mon ressentiment à la reine et au cardinal Mazarin.

(1) *Mémoires de La Rochefoucauld.* Irᵉ Partie, d'après le texte découvert en
1817. (*Ibid.*, page 398.)

« La beauté de Madame de Longueville, son esprit
« et tous les charmes de sa personne attachèrent à
« elle tout ce qui pouvait espérer d'en être souf-
« fert. Beaucoup d'hommes et de femmes de qualité
« essayèrent de lui plaire; et par-dessus les agré-
« ments de cette cour, Madame de Longueville était
« alors si unie avec toute sa maison, et si tendrement
« aimée du duc d'Enghien son frère, qu'on pouvait se
« répondre de l'estime et de l'amitié de ce prince
« quand on était approuvé de madame sa sœur (1). »
Le dépit, l'intérêt, la galanterie s'unirent donc pour
jeter La Rochefoucauld dans le parti des mécontents.
« Je ressentis, dit-il, un grand plaisir de voir qu'en
« quelque état que la dureté de la reine et la haine
« du cardinal eussent pu me réduire, il me restait
« encore des moyens de me venger d'eux (2). »
Ainsi c'est bien pour en avoir fait l'expérience que
l'auteur a pu dire, comme nous le trouverons dans le
portrait qu'il a fait de lui-même, « qu'il n'est pas in-
« capable de se venger. » Dans tous les cas, on doit
lui savoir gré de la sincérité avec laquelle il avoue des
mobiles peu différents de ceux qui animaient la plupart des acteurs d'un drame qu'il a caractérisé en
ces mots : « Il est presque impossible d'écrire une
« relation bien juste des mouvements passés, parce
« que ceux qui les ont causés, ayant agi par de mau-
« vais principes, ont pris soin d'en dérober la connais-
« sance, de peur que la postérité ne leur imputât

- (1) *Mémoires de La Rochefoucauld.* (*Ibid.*, page 399.)
   (2) *Ibid.*, page 401.

« d'avoir dévoué à leurs intérêts la félicité de leur
« patrie (1). »

Nous ne suivrons pas La Rochefoucauld dans les
vicissitudes de ces années, où, selon sa propre remarque, les faux pas furent le partage de tous,
« chaque parti s'étant surtout maintenu par les man-
« quements de celui qui lui était opposé (2). » Cette
guerre insensée et frivole se termina pour lui, après
une suite de désappointements de tout genre, par la
blessure qu'il reçut à la fameuse journée de la porte
Saint-Antoine, où Mademoiselle sauva le grand Condé
et les restes de son armée, en faisant tirer le canon de
la Bastille sur les troupes royales. Blessé à en perdre
presque la vue, le duc de La Rochefoucauld se retira
hors de France d'abord, ensuite dans ses terres en
Angoumois. Plus tard, revenu à Paris, il y vécut
dans l'inaction et dans une sorte de demi-disgrâce,
dont toute la faveur de son fils, le prince de Marsillac, ne réussit pas à le faire sortir. Était-ce chez
Louis XIV souvenir de la Fronde, ou crainte de cet
observateur pénétrant, dont la réputation était déjà
grande, et dont une partie des *Mémoires* avaient paru
en 1662?

Quoi qu'il en soit, la vie privée de La Rochefoucauld, devenue inactive, fut loin cependant d'être
désagréable. Retenu souvent par la goutte, il sut
faire de sa maison le rendez-vous des hommes d'esprit de son temps. Il vécut aussi dans l'amitié de deux

(1) *Mémoires de La Rochefoucauld.* 1re Partie, d'après le premier texte imprimé. (*Ibid.*, page 409.)

(2) *Ibid.*, IIe Partie. (*Ibid.*, page 454.)

femmes distinguées, Madame de La Fayette et Madame de Sévigné ; une teinte plus intime, toutefois, marqua son attachement à la première. La seconde nous laisse suivre dans le cours de ses lettres une portion assez étendue de la vie de l'auteur des *Maximes*. C'est de chez lui fort souvent, qu'elle écrit à sa fille, ajoutant pour elle, à tout moment, quelques mots de « M. de La Rochefoucauld qui est présent. » C'est chez lui qu'on lit cinq ou six fables de La Fontaine ; on en est ravi ; on apprend par cœur *le Singe et le Chat*, vrai ragoût pour les anciens acteurs de la Fronde. Corneille y fait lecture d'une de ses pièces « qui fait ressouvenir de sa défunte veine (1). » En 1672, le 1ᵉʳ mars, on y lit une comédie de Molière, apparemment les *Femmes savantes*, représentées le 11 du même mois.

Madame de Sévigné appuie par-dessus tout sur la tendresse de cœur de La Rochefoucauld pour sa famille et ses amis : « M. de La Rochefoucauld a perdu « sa mère ; je l'en ai vu pleurer avec une tendresse « qui me le faisait adorer ; c'était une femme d'un « extrême mérite ; et enfin, dit-il, c'était la seule qui « n'ait jamais cessé de m'aimer..... Le cœur de « M. de La Rochefoucauld pour sa famille est une « chose incomparable ; il prétend que c'est une des « chaînes qui nous attachent l'un à l'autre (2). » Ailleurs elle le voit pleurer au récit d'une action généreuse ; plus loin elle se console d'avoir été dupe

---

(1) *Lettres de Madame de Sévigné.* Lettre à Madame de Grignan, du 15 janvier 1672.

(2) *Ibid.* A la même, du 4 mai 1672.

d'une plaisanterie en ajoutant : « Si je voulais, je
« vous citerais M. de La Rochefoucauld, qui était
« aussi aisé à tromper que moi ; mais il avait tant
« d'autres sortes de mérites, que je n'en puis pas
« faire une consolation, ni une comparaison (1). »
En parlant de son goût pour les romans de la Calpre-
nède et les grands coups d'épée, Madame de Sévigné
ajoute : « Si je n'avais M. de La Rochefoucauld pour
« me consoler, je me pendrais de trouver encore en
« moi cette faiblesse (2). »

A ces témoignages, on en pourrait joindre une
foule d'autres répandus dans les lettres de l'aimable
amie de La Rochefoucauld. Elle nous fait bien connaître les regrets vifs et durables de sa famille et de
ses amis après sa mort, en particulier ceux de Madame de La Fayette, sur lesquels elle revient souvent : « Le temps, qui est si bon aux autres, aug-
« mente et augmentera sa tristesse (3). Elle s'aperçoit
« à tous moments de la perte qu'elle a faite (4). Ce
« n'est plus la même personne ; je ne crois pas qu'elle
« puisse jamais ôter de son cœur le sentiment d'une
« telle perte ; je l'ai sentie, et par moi, et par
« elle (5). » Nulle passion n'aurait pu surpasser la
force d'une telle liaison.

Tout cela, rapproché de ce que La Rochefoucauld
raconte lui-même des impressions de sa jeunesse,

---

(1) *Lettres de Madame de Sévigné.* Lettre à Madame de Grignan 21 juin 1680.
(2) *Ibid.* A la même, 12 juillet 1671.
(3) *Ibid.* A la même, 22 mars 1680.
(4) *Ibid.* A la même, 26 mars 1680.
(5) *Ibid.* A la même, 5 avril 1680.

donnerait l'idée d'une nature originairement sensible
et généreuse, que les désappointements personnels
et le spectacle des petitesses humaines auraient enfin
prévenue à l'excès contre les sentiments désintéressés. Ceci n'aurait rien d'anormal; on voit souvent
les hommes doués d'une vive sensibilité naturelle
arriver, en avançant en âge, à une sorte de dureté.
Hors de l'action d'un principe surnaturel d'amour
et de dévouement, on dirait même qu'une loi générale pousse le cœur sur cette triste pente; à force
d'avoir été blessé, il se cicatrise; à certaines places,
un calus s'y forme, et le souvenir de ce qu'on a souffert peut finir par rendre insensible aux souffrances
d'autrui. Le mot fameux sur la *pitié*, tant reproché à
l'auteur : « Je suis peu sensible à la pitié, et je vou-
« drais ne l'y être point du tout (1), » tire peut-être
de là son origine. Il ne faut pas oublier cette remarque en répondant à la question que les lecteurs
des *Maximes* se sont souvent adressée : Jusqu'à quel
point l'époque où l'auteur a vécu, a-t-elle influé sur
leur tendance? Cette action est manifeste, du moins
quant aux jugements que l'auteur a portés sur les
femmes. Cela ne l'empêcha pas de les avoir pour
amies. Mais ceci n'est pas particulier à La Rochefoucauld : les femmes ont souvent aimé ceux qui ont dit
du mal d'elles. Est-ce uniquement générosité de leur
part? Je ne sais ; mais, quoi qu'il en soit, le fait n'en
est pas moins avéré.

Quant à l'ensemble des jugements de La Rochefou-

(1) Portrait du duc de La Rochefoucauld, fait par lui-même.

cauld, tous les temps, sans doute, ont pu offrir des circonstances analogues ou équivalentes ; il est trop évident que jamais la vertu humaine n'apparaît pure du mélange d'éléments étrangers. Mais tous les hommes ne sont pas placés de manière à en souffrir également, et d'ailleurs, il peut y avoir pour l'observateur des conditions qui changent l'aspect des choses. M. de Barante a dit fort justement : « Quand « on vit sous les lois d'une religion, le sentiment du « mépris de soi, qui pervertit les uns et attriste les « autres, rend meilleur et plus heureux. »

La forme du livre des *Maximes* fut l'objet du soin extrême de l'auteur ; il était si attentif à porter l'expression de chacune de ses pensées au plus haut degré de perfection possible, que la dernière édition de son livre est fort différente de la première. La correspondance où nous venons de puiser renferme plusieurs détails à ce sujet : « Voilà les *Maximes* de « M. de La Rochefoucauld, revues, corrigées et aug- « mentées, écrivait Madame de Sévigné à sa fille ; « c'est de sa part que je vous les envoie ; il y en a « de divines ; et, à ma honte, il y en a que je n'en- « tends point ; Dieu sait comme vous les enten- « drez (1). » Remarquons seulement que ce fut Madame de Grignan qui retourna plus tard une de ces pensées. La Rochefoucauld avait dit, et peut-être sa vie l'avait-elle confirmé : « Nous n'avons pas assez

_____

(1) *Lettres de Madame de Sévigné*. A Madame de Grignan, le 20 janvier 1672. — L'édition dont il s'agit dans la citation est probablement la troisième, publiée en 1671. (*Éditeurs.*)

« de force pour suivre toute notre raison (1). » Madame de Grignan disait au contraire : « Nous n'avons « pas assez de raison pour employer toute notre « force ; » ce que Madame de Sévigné préférait. « Il « aurait été bien surpris de voir, disait-elle, qu'il n'y « avait qu'à retourner sa maxime pour la faire beau- « coup plus vraie (2). »

Au point de vue du fond, l'auteur adoucit beaucoup de choses d'une édition à l'autre. Mais nous verrons bientôt que ce soin minutieux n'allait point jusqu'à la conciliation des pensées entre elles. Quoi qu'il en soit des modifications que le temps put apporter aux principales idées de La Rochefoucauld, il est certain que le piquant, la vigueur, la propriété de l'expression rangeraient à eux seuls ce recueil parmi les chefs-d'œuvre de cette grande époque. Voici comment ce livre a été apprécié par Voltaire :

« Un des ouvrages qui contribuèrent le plus à « former le goût de la nation, et à lui donner un « esprit de justesse et de précision, fut le petit recueil « des *Maximes* de François duc de La Rochefoucauld. « Quoiqu'il n'y ait presque qu'une vérité dans ce « livre, qui est que l'amour-propre est le mobile de « tout, cependant cette pensée se présente sous tant « d'aspects variés, qu'elle est presque toujours pi- « quante. C'est moins un livre que des matériaux « pour orner un livre. On lut avidement ce petit « recueil; il accoutuma à penser et à renfermer ses

(1) Maxime 42.
(2) *Lettres de Madame de Sévigné.* A Madame de Grignan, 14 juillet 1680.

« pensées dans un tour vif, précis et délicat. C'était
« un mérite que personne n'avait eu avant lui, en
« Europe, depuis la renaissance des lettres (1). »

Les maximes de La Rochefoucauld, après avoir
fait, une à une, les délices d'une société aristocra-
tique, se rassemblèrent sous la main de leur auteur;
puis, polies, aiguisées, acérées avec art, elles furent
livrées dans un même carquois à tout le public;
chacun vint faire son choix dans cette satire à mille
pointes de la nature humaine, et se pourvut, à son
gré, de quelque flèche bien aiguë, propre à être dé-
cochée, selon l'occasion ou le besoin, contre cette
humanité de laquelle tour à tour on se glorifie et l'on
rougit. Mais, chose étrange! tandis que chaque trait
semblait bon, tandis qu'on souriait à chaque attaque
particulière, l'attaque générale déplut; on sut tout à
la fois bon et mauvais gré à l'auteur de sa sincérité;
on aurait voulu, ce semble, que chacune des épi-
grammes fût conservée, et que leur ensemble formât
un panégyrique. Des gens qui, dans le détail de la
vie, donnaient incessamment raison à La Rochefou-

(1) VOLTAIRE. *Siècle de Louis XIV*. Chapitre XXXII.
Ce qui précède est tiré des notes de M. Vinet et des cahiers de quelques-uns de
ses auditeurs. Ce qui va suivre a été écrit par M. Vinet lui-même pour le *Semeur*.
Le professeur ayant dit, comme on l'a vu, qu'il était nécessaire de connaître la
vie de La Rochefoucauld pour comprendre ses maximes, on a cru devoir conserver cette introduction biographique. Quoique sa rédaction soit loin d'être aussi
achevée que celle du reste du morceau, elle est remarquable comme appréciation
du caractère de La Rochefoucauld et comme indication de la marche des pensées
de l'auteur. M. Vinet tenait fort à offrir à ses auditeurs quelques détails sur la
vie des écrivains moralistes dont il avait à s'occuper; mais il se bornait à ceux
que le but de son enseignement lui paraissait exiger. Ces introductions ne sont
donc pas des notices complètes. (*Éditeurs.*)

cauld, en se défiant de tout homme, en prêtant à
chaque action un mauvais motif, déclarèrent néanmoins (J.-J. Rousseau à leur tête) que le recueil des
Maximes était « un livre désolant, qui ne serait ja-
« mais aimé des bonnes gens. » Car il y a deux penchants dans l'homme, l'un qui le porte vers la vérité,
quand la vérité ne lui nuit pas ; l'autre qui l'entraîne vers le mensonge, quand le mensonge le sert
ou le flatte. Dans le détail, la corruption humaine est
bien reconnue ; on la suppose même là où l'on ne la
voit pas ; mais quand il s'agit de rassembler tous ces
traits épars pour en former un jugement général et
collectif, les censeurs de l'humanité en deviennent
les louangeurs les plus intrépides, parce que, dans
un blâme qui atteint expressément *l'humanité*, ils se
sentent nécessairement enveloppés et compromis.
C'est à eux à s'accorder, s'ils le peuvent. D'autres,
plus hardis, bien loin de se plaindre du poison que
les premiers voyaient découler du livre des *Maximes*,
les ont pressées pour en extraire, s'il était possible,
encore davantage. Ce poison leur a paru un suc précieux ; ce fait que La Rochefoucauld reproduit si
souvent et avec tant de complaisance, savoir la présence de l'amour-propre (l'amour de soi) dans toutes
les actions humaines et notamment dans les actions
de vertu, ce fait, ils se sont hâtés de l'élever à la
puissance d'un fait absolu, fondamental dans la nature humaine, générateur de toute notre activité et
de tous les phénomènes quelconques de notre vie morale. Ce point gagné, ou pour mieux dire dérobé, les

a conduits sans peine à la théorie qu'ils poursuivaient avec préoccupation, et le livre de La Rochefoucauld leur a servi comme d'un pont pour arriver à l'utilitarisme.

Les uns et les autres, ce me semble, se sont trop hâtés de conclure, les premiers à leur préjudice, les seconds en leur faveur. Le livre des *Maximes* ne renferme ni un système, ni même les éléments d'un système. Les grands seigneurs font peu de systèmes. Les idées générales dont la conduite de la vie ne peut se passer, ils les prennent comme ils les trouvent, sans y regarder beaucoup ; ils s'en munissent négligemment pour les besoins courants ; et ils diraient volontiers, au sujet de telles idées, ce qu'un d'entre eux, le maréchal de Villeroi, disait à ses valets, sa toilette achevée : « A-t-on mis de l'or dans mes « poches ? » Le duc de La Rochefoucauld, esprit distingué, était pourtant grand seigneur dans toute la force du terme ; il n'a fait ni un système ni un livre (1) ; il n'a rattaché les éléments de son ouvrage à aucun principe général ; nul caractère scientifique n'apparaît dans ce travail d'un homme de cour ; ce sont, ainsi qu'il convient à un tel homme, des jets de pensée, des sentences ingénieuses et quelquefois profondes, mais brèves et détachées comme la parole du commandement. Il n'y a pas de principe général dans son ouvrage, parce qu'il n'y en eut pas dans sa

---

(1) Que les grands seigneurs de notre époque, si toutefois il y a encore des grands seigneurs, nous pardonnent cette observation ; nous faisons la part des exceptions. On peut être grand seigneur, et faire un traité admirable sur l'*Existence de l'Ame*, qui vaut tout un livre, qui est un livre.

vie. Lisez le portrait qu'il a tracé de lui-même. Rien
de plus ordinaire, dans ces sortes d'écrits, que d'af-
fecter une sorte d'unité, alors même qu'elle a manqué. Mais, au contraire, ce qui frappe dans ce
portrait, ce sont les incohérences et l'absence de tout
principe directeur. L'homme donné par la nature,
l'homme façonné par le monde et par la cour, s'y
mêlent si bien que les traits de l'un se perdent dans
les traits de l'autre, et La Rochefoucauld lui-même
n'eût pas su démêler en lui l'être factice et l'être naturel. « Il est mélancolique. Il a de l'esprit; à quoi
« bon tant façonner là-dessus?... Il a les sentiments
« vertueux, les inclinations belles, et une si forte
« envie d'être tout à fait honnête homme, que ses
« amis ne sauraient lui faire un plus grand plaisir
« que de l'avertir sincèrement de ses défauts.....
« Il a toutes les passions assez douces et assez ré-
« glées..... Il n'est pourtant pas incapable de se
« venger, si on l'avait offensé et qu'il y allât de son
« honneur à se ressentir de l'injure qu'on lui aurait
« faite. Au contraire, il est assuré que le *devoir* ferait
« si bien en lui l'office de la haine, qu'il poursuivrait
« sa vengeance avec encore plus de vigueur qu'un
« autre. L'ambition ne le travaille point. Il ne craint
« guère de choses, et ne craint aucunement la mort.
« Il est peu sensible à la pitié, et il voudrait ne l'y
« être point du tout. Cependant il n'est rien qu'il ne
« fît pour le soulagement d'une personne affligée;
« et il croit effectivement que l'on doit tout faire,
« jusqu'à lui témoigner même beaucoup de compas-

« sion de son mal ; car les misérables sont si sots que
« cela leur fait le plus grand bien du monde ; mais
« il tient aussi qu'il faut se contenter d'en témoi-
« gner, et se garder soigneusement d'en avoir (1). »

Son prétendu *système* ne l'empêcha pas d'avoir des
rapports de société assez étendus, et des amis fort
dévoués, au dévouement desquels il parut croire.
Fut-il chrétien? C'est lui qui a dit que « la vérité ne
« fait pas tant de bien dans le monde que ses appa-
« rences y font de mal (2) ; » c'est lui, d'ailleurs, un
des plus profonds observateurs du mal de la nature
humaine, qui ne fait nulle part la moindre allusion
au remède apporté par la religion. Après cela, on
fera ce qu'on voudra de ces témoignages de Madame
de Sévigné, témoin de ses derniers moments : « Il
« est fort bien disposé pour sa conscience; *voilà qui*
« *est fait.* — Ce n'est pas inutilement qu'il a fait des
« réflexions toute sa vie ; il s'est approché de telle
« sorte ces derniers moments, qu'ils n'ont rien de
« nouveau ni d'étranger pour lui (3). » Il est permis
de conclure de ces paroles, qu'il mourut, comme
on l'a dit plus tard, *avec bienséance.*

Je ne crois donc point à un *système* du duc de La
Rochefoucauld, mais seulement à une *tendance.* Tout
son livre, il faut l'avouer, respire cette pensée,
que l'amour-propre, ou l'intérêt, a plus de part à
toutes nos actions que nous ne le croyons ; et cette
pensée se reproduit si souvent et sous tant de formes,

(1) Portrait du duc de La Rochefoucauld, fait par lui-même.
(2) Maxime 64.
(3) *Lettres de Madame de Sévigné.* A Madame de Grignan, 15 mars 1680.

qu'on peut concevoir le reproche adressé à l'auteur,
d'avoir nié la réalité de toute vertu. On a cherché à
faire ressortir cette tendance dans un dialogue supposé entre La Rochefoucauld et un de ses contemporains, dialogue où les pensées de la même couleur se
serrent les unes contre les autres et font masse plus
que dans l'ouvrage lui-même.

— On dit, Monsieur, que, dans un livre que
vous allez publier, vous menez assez mal la nature humaine. D'autres l'ont attaquée sur ses vices;
vous l'attaquez sur ses vertus. Il se peut que
j'en vienne à partager votre sentiment; mais d'a-
bord je voudrais le connaître. Que je sache donc,
s'il vous plaît, ce que vous pensez de nos vertus
en général.

La R. « Ce que nous prenons pour des vertus
« n'est souvent qu'un assemblage de diverses actions
« et de divers intérêts, que la fortune ou notre in-
« dustrie savent arranger (1). Les vices entrent dans
« la composition des vertus, comme les poisons
« entrent dans la composition des remèdes (2).
« La vertu n'irait pas loin, si la vanité ne lui te-
« nait compagnie (3). Les vertus se perdent dans
« l'intérêt, comme les fleuves se perdent dans la
« mer (4). »

— Voilà un langage fort clair. La vertu ne serait
donc, à vous entendre, qu'une invention de l'amour-

---

(1) Maxime 1.   (2) Maxime 182.
(3) Maxime 200.   (4) Maxime 171.

propre; et l'amour-propre serait l'unique mobile de notre conduite, bonne ou mauvaise.

La R. L'amour-propre! « Toute la vie n'en est « qu'une grande et longue agitation..... Il est tous « les contraires; il est impérieux et obéissant, sin- « cère et dissimulé, miséricordieux et cruel, timide « et audacieux (1). »

— Il me faudra du temps pour m'accoutumer à cette pensée. Mille exemples, présents à mon sou- venir, s'élèvent à la fois contre elle. Espérez-vous bien d'expliquer par l'amour-propre tant de belles actions dont l'histoire est pleine?

La R. « Quelque découverte que l'on ait faite « dans le pays de l'amour-propre, il y reste encore « bien des terres inconnues (2), » par conséquent bien des actions dont on ne peut rendre compte; mais je n'en conclus pas qu'elles soient vertueuses.

— Je vous entends. Ainsi il y aurait moyen, en y bien pensant, de flétrir ce qui, jusqu'à présent, a paru le plus pur et le plus généreux. Il ne faut pas désespérer de voir l'homme un jour nier la réalité de toute vertu.....

La R. Eh non! n'ayez pas peur; l'homme s'en gardera bien; il se trompera toujours là-dessus, parce qu'il a besoin de s'y tromper. « Les hommes « ne vivraient pas longtemps en société s'ils n'étaient « les dupes les uns des autres (3). » Suis-je donc le premier qui l'ai dit? Lisez Pascal : « L'union qui « est entre les hommes n'est fondée que sur cette

(1) Pensée 1.   (2) Maxime 3.   (3) Maxime 87.

« mutuelle tromperie (1). » Ce qui nous aide à nous tromper sur autrui, c'est que nous nous trompons sur nous-mêmes. « Nous sommes si accoutumés à « nous déguiser aux autres, qu'enfin nous nous dé- « guisons à nous-mêmes (2), » et du moment que nous attribuons à nos vertus quelque réalité, comment la refuser à celles de tout le monde?

— Ainsi donc, à vous croire, il se serait dépensé beaucoup d'admiration en pure perte, et ces hommes que l'histoire place avec orgueil à la tête de l'humanité, ces héros.....

La R. Tenez, commençons par eux, car j'en suis plus désabusé, s'il se peut, que de tout le reste. Qu'admirez-vous en eux? Par où commencerons-nous? Par la valeur? Cette valeur, qui « n'est, dans « les simples soldats, qu'un métier qu'ils ont pris « pour gagner leur vie (3), » qu'est-elle chez les vaillants d'un ordre plus élevé? Si vous remontez à son principe, vous verrez que « l'amour de la gloire, « la crainte de la honte, le dessein de faire fortune, « le désir de rendre notre vie commode et agréable, « et l'envie d'abaisser les autres, sont souvent les « causes de cette valeur si célèbre parmi les hom- « mes (4). » Vous voyez bien comme ils se conduisent au grand jour; mais il faut les observer dans l'ombre et les voir sans être vu : car « la parfaite « valeur est de faire sans témoins ce qu'on serait « capable de faire devant tout le monde (5). La

(1) PASCAL. *Pensées.* Partie I, Art. V, § 8.
(2) Maxime 119.   (3) Maxime 214.   (4) Maxime 213.   (5) Maxime 216.

« plupart des hommes s'exposent assez dans la
« guerre pour sauver leur honneur ; mais peu se
« veulent toujours exposer autant qu'il est nécessaire
« pour faire réussir le dessein pour lequel ils s'expo-
« sent (1). »

Tel que je suis, je ferais naturellement plus de cas
de la constance que de la valeur ; mais je l'ai ob-
servée aussi, et j'ai vu que « la constance des sages
« n'est que l'art de renfermer leur agitation dans leur
« cœur (2). » Pour apprécier cette constance si vantée, étudiez le moment où elle vient à défaillir :
« Lorsque les grands hommes se laissent abattre par
« la longueur de leurs infortunes, ils font voir qu'ils
« ne les soutenaient que par la force de leur ambi-
« tion, et non par celle de leur âme ; et qu'à une
« grande vanité près, les héros sont faits comme les
« autres hommes (3). »

Je voulais parler d'une autre vertu héroïque, la
clémence ; mais j'espère que vous me l'abandonnez.
Vous reconnaissez déjà que « la clémence des princes
« n'est souvent qu'une politique pour gagner l'affec-
« tion des peuples (4) ; » vous ne vous ferez pas presser pour convenir que « cette clémence, dont on
« fait une vertu, se pratique tantôt par vanité, quel-
« quefois par paresse, souvent par crainte, et presque
« toujours par tous les trois ensemble (5). »

Pour en finir avec les grands hommes, parlons
encore de la vertu qui leur est la moins naturelle,

---

(1) Maxime 219.   (2) Maxime 20.   (3) Maxime 24.
(4) Maxime 15.   (5) Maxime 16.

dont ils se piquent aussi le moins, et qui leur siérait
le mieux, je veux dire la modération. « On a fait
« une vertu de la modération pour borner l'ambition
« des grands hommes, et pour consoler les gens mé-
« diocres de leur peu de fortune et de leur peu de
« mérite (1). » Les gens médiocres ont volontiers accepté une règle qui ne les regardait pas ; les grands
hommes, qui ne le sont point sans des passions fortes,
ne connaissent point cette vertu favorite des âmes
faibles. « La modération ne peut avoir le mérite de
« combattre l'ambition et de la soumettre : elles ne
« se trouvent jamais ensemble. La modération est la
« langueur et la paresse de l'âme, comme l'ambition
« en est l'activité et l'ardeur (2). » Il semblera quelquefois qu'un homme met des bornes à ses propres
desseins ; mais ne vous y trompez pas : « La modé-
« ration, alors, est une crainte de tomber dans l'en-
« vie et dans le mépris que méritent ceux qui s'eni-
« vrent de leur bonheur ; c'est une vaine ostentation
« de la force de notre esprit ; et enfin la modération
« des hommes dans leur plus haute élévation est un
« désir de paraître plus grands que leur fortune (3). »
— Vous en voulez beaucoup, ce me semble, à la
modération ?

La R. Non, mais aux gens qui se trompent si
grossièrement que de prendre pour vertu l'absence
même de la vertu. C'est pis, à mon sens, que de
prendre le vice pour la vertu ; car le vice est au
moins quelque chose. « La faiblesse est plus opposée

(1) Maxime 308.   (2) Maxime 293.   (3) Maxime 18.

« à la vertu que le vice (1). » Et aucune erreur n'est plus commune. « Pendant que la paresse et la timi- « dité nous retiennent dans notre devoir, notre vertu « en a souvent tout l'honneur (2). » Vous voyez çà et là des passions qui s'éteignent, et vous applau- dissez. D'abord, vous oubliez probablement « qu'il y « a dans le cœur humain une génération perpétuelle « de passions, en sorte que la ruine de l'une est pres- « que toujours l'établissement d'une autre (3) ; sou- « vent même les passions en engendrent d'autres qui « leur sont contraires ; l'avarice produit quelquefois « la prodigalité, et la prodigalité l'avarice (4) ; » mais souvent aussi la défaite des passions a lieu à moins de frais. « La paresse, toute languisssante qu'elle « est, ne laisse pas d'en être souvent la maîtresse ; « elle usurpe sur tous les desseins et sur toutes les « actions de la vie ; elle y détruit et y consume insen- « siblement les passions et les vertus (5). Quand « les vices nous quittent, nous nous flattons que « c'est nous qui les quittons (6). » On attribue quelquefois cet effet au repentir ; je le veux bien ; mais « notre repentir n'est pas tant un regret du « mal que nous avons fait, qu'une crainte de celui « qui nous en peut arriver (7). Nous oublions aisé- « ment nos fautes, lorsqu'elles ne sont sues que « de nous (8). » Qu'est-ce qu'on appelle dans le monde sagesse de conduite ? Le talent de tenir ses

(1) Maxime 445.   (2) Maxime 169.   (3) Maxime 10.
(4) Maxime 11.   (5) Maxime 266.
(6) Maxime 192. — Voyez aussi la maxime 122.   (7) Maxime 180.
(8) Maxime 196.

vices bien alignés, de sorte qu'aucun ne dépasse
l'autre et que le rang ne soit pas rompu. « Ce qui
« nous empêche souvent de nous abandonner à un
« seul vice, c'est que nous en avons plusieurs (1). »
Ne me parlez donc plus de vos vertus négatives; ce
ne sont que des négations de vertus.

— Eh bien! soit, n'en parlons plus; et passons en
revue les vertus positives, celles qui supposent l'emploi et l'exercice d'une force quelconque. Celles-là,
du moins, sont quelque chose, et j'espère que quelques-unes trouveront grâce devant vous.

La R. Ne vous en flattez pas trop; j'ai fait cette
revue dans mon livre, et je ne m'en rappelle pas une
qui ait résisté à l'épreuve. Je vais recommencer, si
c'est votre bon plaisir, et pour mettre un peu plus
d'ordre dans cet entretien que dans mon ouvrage, je
diviserai méthodiquement la matière en deux chapitres; l'un pour les vertus intransitives, c'est ainsi
que je nomme celles qui n'ont point leur objet en
dehors de l'individu qui les exerce; l'autre pour les
vertus transitives ou relatives, c'est-à-dire celles qui
s'exercent sur autrui.

« Le mépris des richesses était, dans les philoso-
« phes, un désir caché de venger leur mérite de
« l'injustice de la fortune par le mépris des mêmes
« biens dont elle les privait; c'était un secret pour
« se garantir de l'avilissement de la pauvreté; c'était
« un chemin détourné pour aller à la considération
« qu'ils ne pouvaient avoir par les richesses (2). »

(1) Maxime 195.   (2) Maxime 54.

Or, si le mépris des richesses n'est que cela chez les philosophes, que sera-t-il chez les autres hommes? Je ne dis pas qu'on n'ait jamais méprisé les richesses; mais c'est lorsque leur poursuite se trouvait incompatible avec quelque autre avantage auquel on attachait plus de prix; un intérêt chassait un autre intérêt. Il ne faut pas s'en laisser imposer : « L'intérêt « parle toutes sortes de langues et joue toutes sortes « de personnages, même celui de désintéressé (1). »

« La persévérance, » qu'on estime fort, « n'est « digne ni de blâme ni de louange, parce qu'elle « n'est que la durée des goûts et des sentiments, « qu'on ne s'ôte et qu'on ne se donne point (2). »

« Ce qui paraît générosité n'est souvent qu'une « ambition déguisée, qui méprise de petits intérêts, « pour aller à de plus grands (3). La magnanimité « méprise tout pour avoir tout (4). On pourrait dire « que c'est le bon sens de l'orgueil, et la voie la plus « noble pour recevoir des louanges (5). »

Je croirai à la vertu quand je saurai de science certaine qu'elle ne poursuit pas la louange; car, à mes yeux, « le vrai honnête homme est celui qui ne « se pique de rien (6). » Mais comment pourrais-je le croire jamais? Vous me montrez, il est vrai, des gens qui repoussent la louange; montrez-moi des gens qui l'évitent. « Le refus des louanges est un désir d'être « loué deux fois (7). »

(1) Maxime 39.   (2) Maxime 177.   (3) Maxime 246.
(4) Maxime 248.   (5) Maxime 285.   (6) Maxime 203.
(7) Maxime 149.

Vous me direz peut-être que vous détestez très sincèrement la flatterie; je vous crois volontiers, et je pourrais vous en offrir autant; mais qu'est-ce que cela prouve? « On croit haïr la flatterie; mais on ne « hait que la manière de flatter (1). »

De quoi se pique-t-on plus que de ne point redouter la mort? Et quelle prétention est plus mal fondée? Quelle fanfaronnade plus avérée, ou du moins quelle illusion plus complète? Affronter un danger dont on connaît la réalité et l'étendue, voilà ce que j'appellerais du courage; mais le braver parce qu'on ne le connaît pas, c'est tout autre chose. Or, « peu de « gens connaissent la mort; on ne la souffre pas or- « dinairement par résolution, mais par stupidité et « par coutume; et la plupart des hommes meurent, « parce qu'on ne peut s'empêcher de mourir (2). » Convenons-en une fois : « le soleil ni la mort ne se « peuvent regarder fixement (3). On a écrit tout ce « qui peut le plus persuader que la mort n'est point « un mal; cependant je doute que personne de bon « sens l'ait jamais cru; et la peine que l'on prend « pour le persuader aux autres et à soi-même, fait « assez voir que cette entreprise n'est pas aisée. Les « plus habiles et les plus braves sont ceux qui pren- « nent de plus honnêtes prétextes pour s'empêcher « de la considérer; mais tout homme qui la sait voir « telle qu'elle est, trouve que c'est une chose épou- « vantable (4). »

(1) Maxime 329.   (2) Maxime 23.
(3) Maxime 26.   (4) Maxime 504.

Passons maintenant aux vertus de l'autre sorte, aux vertus sociales, et commençons par le commencement, je veux dire par la justice. Ceux qui sont remontés à la source de ce sentiment savent bien que « l'amour de la justice n'est, dans la plupart des « hommes, que la crainte de souffrir l'injustice (1). » Il y a, dans l'état ordinaire des choses, une utilité si évidente à se conformer aux règles de la justice, le chemin de la probité se confond si bien avec celui de l'habileté, « qu'il est difficile de juger si un procédé « net, sincère et honnête, est un effet de probité ou « d'habileté (2). »

Que dirons-nous de la sincérité, autre espèce de justice, et la condition de toute justice? La sincérité des grands n'est le plus souvent qu'impertinence ; la sincérité du vice, effronterie. Sortons de là ; qu'est-elle encore? Si la véritable sincérité n'est autre chose qu'une « ouverture de cœur, on la trouve en fort peu « de gens ; et celle que l'on voit d'ordinaire n'est « qu'une fine dissimulation pour attirer la confiance « des autres (3). » N'y croyez pas même alors qu'elle se met en train de confession et d'aveux : « L'envie « de parler de nous et de faire voir nos défauts du « côté que nous voulons bien les montrer, fait « une grande partie de notre sincérité (4). Nous « avouons nos défauts pour réparer par notre sin- « cérité le tort qu'ils nous font dans l'esprit des « autres (5). » Et admirez jusqu'où va notre raffine-

(1) Maxime 78.   (2) Maxime 170.   (3) Maxime 62.

(4) Maxime 383.   (5) Maxime 184.

ment : « Nous avouons quelquefois de petits dé-
« fauts pour persuader que nous n'en avons pas
« de grands (1). »

La reconnaissance n'est ainsi qu'une branche de
la justice; parlons-en. Vous me montrerez tant que
vous voudrez des actes de reconnaissance; je ne me
contente pas de cela : je remonte au principe. « Tous
« ceux qui s'acquittent des devoirs de la reconnais-
« sance ne peuvent pas pour cela se flatter d'être
« reconnaissants (2). » C'est dans le cœur qu'est la
reconnaissance; or, bien habile qui l'y trouve. « Il
« en est de la reconnaissance comme de la bonne foi
« des marchands, elle entretient le commerce; et
« nous ne payons pas parce qu'il est juste de nous
« acquitter, mais pour trouver plus facilement des
« gens qui nous prêtent (3). La reconnaissance de la
« plupart des hommes n'est qu'une secrète envie de
« recevoir de plus grands bienfaits (4). Aussi ne
« trouve-t-on guère d'ingrats, tant qu'on est en état
« de faire du bien (5). »

Du reste, gardons-nous de trop exiger; il n'est en
vérité pas toujours aisé d'être reconnaissant. Les
bienfaiteurs nous rendent quelquefois ce devoir bien
difficile. « Tel homme est ingrat, qui est moins cou-
« pable de son ingratitude que celui qui lui a fait du
« bien (6). » Nous ne pouvons être cordialement
reconnaissants que des intentions, et quand l'intention nous paraît mauvaise, notre reconnaissance est

(1) Maxime 327.   (2) Maxime 224.   (3) Maxime 223.
(4) Maxime 298.   (5) Maxime 306.   (6) Maxime 96.

nécessairement factice et forcée. Prenons un des services les plus vantés, les bons conseils. « On ne
« donne rien si libéralement que ses conseils (1); »
car « il est plus aisé d'être sage pour les autres que
« de l'être pour soi-même (2); » mais « rien n'est
« moins sincère que la manière de les demander et
« de les donner. Celui qui les demande paraît avoir
« une déférence respectueuse pour les sentiments de
« son ami, bien qu'il ne pense qu'à lui faire approu-
« ver les siens et à le rendre garant de sa conduite;
« et celui qui conseille paye la confiance qu'on lui té-
« moigne d'un zèle ardent et désintéressé, quoiqu'il
« ne cherche le plus souvent, dans les conseils qu'il
« donne, que son propre intérêt ou sa gloire (3). »
Il en est de même « des remontrances que nous fai-
« sons à ceux qui commettent des fautes; l'orgueil
« y a plus de part que la bonté, et nous ne les repre-
« nons pas tant de leurs fautes pour les en corriger
« que pour leur persuader que nous en sommes
« exempts (4). Les vieillards aiment à donner de
« bons préceptes pour se consoler de n'être plus en
« état de donner de mauvais exemples (5). »

La bonté! la bonté! voilà la vertu par excellence,
et que chacun admire, et dont chacun se pique ;
tout le monde veut passer pour bon. Et, après tout,
qu'est-ce que la bonté? « Il semble, en vérité, que
« l'amour-propre soit la dupe de la bonté, et qu'il
« s'oublie lui-même lorsque nous travaillons pour

(1) Maxime 110.   (2) Maxime 132.   (3) Maxime 116.
(4) Maxime 37.   (5) Maxime 93.

« l'avantage des autres. Cependant c'est prendre le
« chemin le plus assuré pour arriver à ses fins ; c'est
« prêter à usure sous prétexte de donner ; c'est enfin
« s'acquérir tout le monde par un moyen subtil et
« délicat (1). » Quand la bonté n'est pas calcul, elle
est faiblesse, elle tient à la mollesse du tempérament, et alors elle n'est d'aucune valeur. « Nul ne
« mérite d'être loué de sa bonté, s'il n'a pas la force
« d'être méchant. Toute autre bonté n'est le plus sou-
« vent qu'une paresse ou une impuissance de la vo-
« lonté (2). » La vraie bonté suppose encore autre
chose que de la force ; elle suppose du bon sens. « Un
« sot n'a pas assez d'étoffe pour être bon (3). »

Calcul ou faiblesse, voilà ce que vous trouverez
généralement dans toutes les nuances et dans tous
les actes de la bonté. « Ce qu'on nomme libéralité
« n'est le plus souvent que la vanité de donner, que
« nous aimons mieux que ce que nous donnons (4).
« La pitié est souvent un sentiment de nos propres
« maux dans les maux d'autrui. C'est une habile pré-
« voyance des malheurs où nous pouvons tomber.
« Nous donnons du secours aux autres pour les en-
« gager à nous en donner en de semblables occasions,
« et ces services que nous leur rendons sont, à pro-
« prement parler, un bien que nous nous faisons à
« nous-mêmes par avance (5). La civilité est un désir
« d'en recevoir et d'être estimé poli (6). » C'est par

----

(1) Maxime 236.   (2) Maxime 237. — Voir aussi la maxime 481.
(3) Maxime 387.   (4) Maxime 263.   (5) Maxime 264.
(6) Maxime 260.

le même principe, et non par obligeance, que nous louons les autres. « On n'aime point à louer, et on « ne loue jamais personne sans intérêt (1). On ne « loue d'ordinaire que pour être loué (2), » ou bien c'est « pour faire remarquer son équité et son discer- « nement (3). » Quelquefois même on loue pour mieux déchirer. « Nous choisissons des louanges « empoisonnées, qui font voir par contre-coup en « ceux que nous louons des défauts que nous n'osons « découvrir d'une autre sorte (4); » et on nous laisse exercer tout à notre aise ce manége perfide, « car peu de gens sont assez sages pour préférer « le blâme qui leur est utile à la louange qui les « trahit (5). »

— Assez, assez; voilà un assez grand abatis de vertus humaines. Je juge par là du reste. Je m'imagine de reste tout ce que vous diriez des autres choses. Ainsi, le pardon des offenses.....

La R. Je vous dirais que « la réconciliation avec « nos ennemis n'est qu'un désir de rendre notre « condition meilleure, une lassitude de la guerre, et « une crainte de quelque mauvais événement (6). »

— Avec votre manière de voir, la société doit vous offrir un étrange aspect. C'est une troupe de comédiens qui, sachant fort bien, les uns des autres, qu'ils jouent la comédie, ne laissent pas de se faire illusion sur leurs intentions réciproques, et dont chacun s'identifie si bien avec son rôle qu'il oublie que c'est

(1) Maxime 144. (2) Maxime 146. (3) Maxime 144.
(4) Maxime 145. (5) Maxime 147. (6) Maxime 82.

un rôle. Ainsi tout est jeu, tout est feinte, rien n'est réel ; et, à part les sentiments de la nature, auxquels vous n'avez pas osé attenter, il ne reste aucune affection, aucun sentiment moral au milieu de tous ces intérêts. Je n'ose pas vous parler de l'amitié ; il est bien clair que, comme tout le reste, ce n'est qu'un mot.

La R. Non ; ne me parlez pas de l'amitié, car j'y crois moins qu'à chose quelconque. « Ce que les « hommes ont nommé amitié n'est qu'une société, « qu'un ménagement réciproque d'intérêts, et qu'un « échange de bons offices ; ce n'est enfin qu'un com- « merce où l'amour-propre se propose toujours quel- « que chose à gagner (1). L'amour-propre nous aug- « mente ou nous diminue les bonnes qualités de nos « amis, à proportion de la satisfaction que nous avons « d'eux, et nous jugeons de leur mérite par la ma- « nière dont ils vivent avec nous (2). » Nous ne les aimons que par rapport à nous ; c'est une autre sorte d'amour-propre ; nous sommes toujours prêts à les haïr. Je ne sais comment cela se fait ; mais « dans « l'adversité de nos meilleurs amis, nous trou- « vons toujours quelque chose qui ne nous déplaît « pas (3) ; » c'est peut-être parce que « leurs dis- « grâces servent à signaler notre tendresse pour « eux (4) ; » mais c'est peut-être aussi par quelque autre raison plus cachée et plus honteuse.

En résumé (car il faut finir), voilà comme les

(1) Maxime 83.   (2) Maxime 88.
(3) Pensée 15.   (4) Maxime 235.

choses vont dans la société; tromperie réciproque, illusion volontaire; et de cette manière cela ne va point trop mal; la vérité nous enlèverait nos meilleures jouissances. « On n'aurait guère de plaisirs si « l'on ne se flattait jamais (1). » Il est clair que l'erreur est grossière, car elle va jusqu'à ce point « qu'il « y a des gens qu'on approuve dans le monde, qui « n'ont pour tout mérite que les vices qui servent au « commerce de la vie (2). » L'arbitraire le plus illimité règne dans tous les jugements; nos actions sont comme « les bouts rimés, que chacun fait rapporter « à ce qu'il lui plaît (3). » Eh bien! cet arbitraire et ces erreurs conservent la société; je ne m'en plains pas; je devrais me plaindre plutôt de ne pas partager la prévention universelle; j'en ai pris mon parti. Si je pouvais, je tâcherais de substituer de la réalité à toutes ces vertus feintes, de donner un corps à toutes ces apparences; la société sans doute en irait mieux encore, mais pour cela il faudrait trouver, avant tout, un point d'appui dans les âmes, et je l'y cherche en vain. Elles ne sont qu'amour-propre; et comme si ce n'était pas assez de ce premier fonds fourni par la nature, « l'éducation que l'on donne d'ordinaire « aux jeunes gens est un second amour-propre qu'on « leur inspire (4). » Vous voyez donc qu'il n'y a rien à faire, rien à faire qu'à observer, et j'observe.

Nous avons fait assez ressortir l'idée dominante

(1) Maxime 123.   (2) Maxime 273.
(3) Maxime 382.   (4) Maxime 261.

du livre de La Rochefoucauld. Et cependant nous n'avons cité que les maximes où elle est flagrante et nettement formulée. Nos citations se seraient fort multipliées si nous avions dû rapporter toutes les maximes d'où elle ressort indirectement, toutes celles où elle est tendue en piége, toutes celles où l'auteur l'a blottie dans un coin obscur, en réserve pour les lecteurs plus attentifs. Les pensées en apparence le plus inoffensives la recèlent ; elle transperce à tout moment le tissu doux et soyeux où la main passait avec complaisance ; on voit que, soit conviction, soit malice, l'auteur ne s'en sépare point et la sème en tous lieux. « On pardonne, dit-il quelque part, on « pardonne tant que l'on aime (1). » Que cela est simple, et que cela est fin! Et c'est la simplicité de l'expression qui en fait la finesse. Que l'auteur ait eu en vue des rapports de galanterie ou des rapports plus généraux, n'importe : il veut dire, dans les deux cas, qu'il y a ordinairement dans le pardon moins de générosité qu'on ne pense ; qu'un amour dont nous ne sommes pas maîtres, un attachement involontaire, un servage, une faiblesse de cœur est le vrai principe de nos pardons; que c'est à nous-mêmes que nous accordons ce pardon que notre cœur demande; mais que pardonner, hors de cette disposition, pardonner sans avoir le cœur lié, est beaucoup plus rare et presque inouï. La pensée n'est pas trop innocente; c'est toujours, comme on voit, l'idée favorite de l'amour-propre s'introduisant partout et s'ingérant

(1) Maxime 330.

de tout diriger. Et une foule d'autres *maximes* ont la même tendance.

Malgré tout cela, il ne nous est pas possible de dire, avec le cardinal de Retz, que La Rochefoucauld ne croyait pas à la vertu. Il y croyait pour le moins autant que le célèbre coadjuteur. D'abord, il faut remarquer que son expression est plutôt générale qu'absolue. *Souvent*, *quelquefois*, *presque toujours*, *d'ordinaire*, voilà ses termes. Il va aussi plus loin de temps en temps, et occupe hardiment tout le terrain; mais s'il le fait pour quelques vertus, il ne le fait pas pour toutes; et le peu de rigueur scientifique de son langage peut faire penser que, même dans ces cas, il ne tranche que pour abréger, ou que l'absolu de l'assertion n'est qu'une figure de langage.

D'ailleurs, plusieurs de ses pensées supposent chez lui la croyance à la réalité du sens moral. Ainsi les suivantes :

« Il est plus honteux de se défier de ses amis que « d'en être trompé (1). »

« Il faut demeurer d'accord, à l'honneur de la « vertu, que les plus grands malheurs des hommes « sont ceux où ils tombent par les crimes (2). »

« Il y a une certaine reconnaissance vive qui ne « nous acquitte pas seulement des bienfaits que « nous avons reçus, mais qui fait même que nos « amis nous doivent, en leur payant ce que nous leur « devons (3). »

« Quelque méchants que soient les hommes, ils

(1) Maxime 84.   (2) Maxime 183.   (3) Maxime 438.

« n'oseraient paraître ennemis de la vertu; et lors-
« qu'ils la veulent persécuter, ils feignent de croire
« qu'elle est fausse, ou ils lui supposent des cri-
« mes (1). »

« L'hypocrisie est un hommage que le vice rend à
« la vertu (2). »

Un seul de ces passages suffirait à absoudre La
Rochefoucauld. Et si l'on tenait pour une contradiction que des chrétiens, qui professent que « le monde
« est plongé dans le mal (3), » appliquent ici le mot
d'*absolution*, nous répondons que le sens dans lequel
La Rochefoucauld aurait nié la vertu, si en effet il
l'avait niée, n'est point du tout le nôtre. Selon l'idée
qu'on lui attribue, la vertu ne serait qu'un nom arbitraire donné à l'intérêt; l'intérêt serait le véritable et
unique principe de toutes les actions humaines; le
principe moral n'aurait jamais résidé dans l'âme humaine, ou en aurait disparu. Or, s'il en était ainsi,
si la notion de devoir et d'amour était réellement
anéantie, le langage de l'Écriture serait une énigme
pour nous. La Rochefoucauld, selon la pensée qu'on
lui prête, ne serait point l'auxiliaire, mais l'adver-
saire du dogme chrétien, qui suppose ou plutôt qui
reconnaît dans l'âme la présence d'un élément moral.
Au reste, notre auteur s'est exposé à de telles impu-
tations. N'ayant de pensée générale sur rien, mais
beaucoup de vues particulières, il les a jetées à côté
les unes des autres, sans les juger les unes par les
autres, sans se soucier de leur contradiction mutuelle,

(1) Maxime 489.   (2) Maxime 218.   (3) 1 Jean V, 19.

et leur laissant, pour ainsi dire, le soin de s'accommoder ensemble comme elles le pourraient. Dans son
livre, le spiritualiste et le matérialiste se rencontrent,
se heurtent sans se reconnaître. Même les pensées
homogènes ne s'entr'aident pas, ne forment pas un
tout, ne s'élèvent pas en voûte vers une pierre qui
leur serve de clef. A chaque instant, on est frappé,
on s'étonne, on se récrie; mais au sortir du livre,
on ne se sent pas instruit. C'est un tourbillon d'étincelles, ce n'est pas une flamme, ce n'est pas une lumière. Beaucoup de gens n'ont vu dans ce livre
qu'une raison de plus pour mépriser les hommes;
pauvre instruction! Ce livre a fait l'impression et il a
eu les suites d'une satire, non d'un livre philosophique. Et pourtant, que d'observations vraies, fines,
admirables! Que d'éclairs jetés dans les ombres du
cœur humain! Quelle est celle des pensées que nous
avons citées à laquelle, sauf peut-être l'absolu de la
forme, chacun ne se sente obligé de souscrire! Qui
ne s'est reconnu, vingt fois, cent fois, en parcourant
ces pages peu flatteuses! Mais ce n'est pas tout que
d'être mortifiant, il faut être utile; il faut conduire
à un résultat; et La Rochefoucauld ne pouvait le
faire qu'en encadrant ses observations dans une idée
générale, dont elles n'auraient été que les pièces justificatives, les faits à l'appui. Si l'homme du monde,
l'artiste, le grand seigneur, s'était soucié d'idées
générales, voici peut-être à quelles considérations ces
faits particuliers l'auraient conduit.

. Il y a en nous un principe qui s'appelle le MOI,

principe qui a horreur du vide, principe qui s'étend autant qu'il trouve de l'espace, principe qui remplit tout ce qu'autre chose ne remplit pas, principe qui tend à absorber en soi tous les sentiments de l'âme.

Ce principe ne trouve dans l'âme, à son état actuel, rien qui puisse le contre-balancer suffisamment, rien qu'il ne soit prêt à dévorer, rien qu'il ne soit en état de convertir en sa propre substance. Toutefois il est contraint de reconnaître dans l'âme la présence d'un principe mystérieux qui ne s'explique pas comme lui par des faits matériels, par l'organisation et la sensibilité, principe qui ne se rattache à rien de visible, qui ne se déduit pas du MOI, comme il arrive dans le point de vue psychologique; qui, bien plutôt, lui est contraire, qui se déclare franchement son rival, qui ne réclame rien de moins que l'âme entière; qui est insatiable comme le MOI, mais qui est bien moins puissant; et qui, alors qu'on est parvenu à l'exclure du foyer, retiré au seuil de la porte, s'y tient debout et n'en bouge pas. Ce principe, on l'appelle, selon le point de vue, devoir, sens moral, conscience, amour, DIEU. Pour ne pas nous compromettre, nous l'appellerons le NON-MOI.

Il est prodigieux qu'il y ait dans l'âme quelque chose à côté du MOI. Et à quel titre? Et à quoi bon? Et qu'en veut-on faire? Le MOI n'est-il pas tout? A-t-il besoin de ce NON-MOI? Il paraît que c'est plutôt ce NON-MOI qui a besoin de lui; il paraît qu'il ne dépend pas de l'âme de recevoir ou de rejeter cet hôte, ni même de lui demander raison de sa présence.

Il est là, c'est un fait; il y sera toujours, nous le sentons; il veut l'empire, et malgré nous nous y souscrivons. Ce NON-MOI, cet à-côté du MOI, lequel s'en passait si bien, cette doublure de l'être humain, cet inconnu qui vient rompre une si belle unité, a donné aux philosophes et leur donne encore plus d'embarras qu'on ne saurait dire. Le problème éternel qu'ils agitent est de concilier le MOI et le NON-MOI. Ils ont avancé là-dessus plusieurs systèmes; mais ce ne sont que des systèmes.

Le premier, qui est celui du vulgaire des penseurs et des hommes, consiste à faire équitablement la part des deux éléments; mais c'est pis que chercher la quadrature du cercle ; les prétentions de l'un et de l'autre sont également exorbitantes ; ni l'un ni l'autre ne veulent entendre à un partage; il est dans la nature du NON-MOI de tout exiger, dans la nature du MOI de tout refuser. L'instinct en déciderait tout aussi bien ou tout aussi mal; ce n'est pas la peine de faire un système. La difficulté demeure entière.

Un second système consiste à sacrifier le MOI au NON-MOI; doctrine généreuse, mais pure doctrine; il ne s'agit pas de commander un sacrifice, mais de l'obtenir ; le MOI est indestructible ; quand vous croirez l'avoir étouffé, vous le retrouverez palpitant dans les actes du NON-MOI; chassez-le d'une retraite, il fuit dans une autre, et finalement dans celle de la vanité, de la propre justice, où il s'accule, et d'où il est impossible de le déloger.

15

Le troisième système consiste à sacrifier le NON-MOI au MOI; c'est la doctrine utilitaire dans toutes ses différentes nuances. Mais observez sa marche; elle ne vient pas dire : Sacrifiez le NON-MOI au MOI; car si le NON-MOI existe, elle sent bien que, par cela même qu'il existe, il est maître; son autre nom, c'est *devoir*, et ce nom seul lui décerne l'empire. Ne pouvant donc le chasser, on le nie; on le traite d'enfant supposé; on en fait un être de raison, une chimère. C'est la seule manière de s'en débarrasser, et, sous le point de vue logique, le parti me paraît fort bon.

Mais s'il est aisé de dire ou de répéter, après tant d'autres, que ce mystérieux élément est une pure invention des législateurs et des prêtres, il est moins aisé de le prouver. L'homme n'invente pas ainsi; inventer, pour l'homme, c'est combiner. Il invente des composés, il compose; il est hors de sa puissance d'inventer des substances simples; ce serait créer, et il serait Dieu. Or, je prie qu'on me dise de quelles substances est composé le NON-MOI ou la notion du devoir; et s'il faut reconnaître que c'est une substance simple, je prie qu'on veuille bien reconnaître aussi que c'est donc Dieu qui en est l'inventeur; qu'ainsi nous ne nous le sommes pas donné, mais que nous l'avons reçu; et qu'il n'est pas à nous, mais que nous sommes à lui, comme nous sommes réellement à tout ce qui constitue une partie essentielle de notre être. Or, si le NON-MOI existe, nous savons déjà, du consentement des utilitaires, quels sont ses droits; ils ont avoué qu'il était nécessaire de le nier pour le détrôner ; n'ayant pu le nier, ils l'ont donc laissé sur le trône ; il ne peut donc plus être question de le sacrifier au MOI.

Ces trois systèmes épuisent toutes les combinaisons rationnelles. Si vous ne pouvez ni régler la part de chacun des deux principes, ni anéantir le premier, ni anéantir le second, que pouvez-vous faire ? Un quatrième système pourtant a été présenté ; mais il est absurde : c'est de satisfaire l'un après l'autre les deux principes, en commençant par le MOI. Or, le MOI est insatiable ; personne au monde ne peut lui donner assez ; la satiété des jouissances n'est pas encore la satiété du MOI ; les moyens de jouir s'usent, le MOI ne s'use point ; et quand, dans ce désespoir que l'homme rencontre aux dernières limites des jouissances humaines, il se donne la mort, c'est encore le MOI qui l'ordonne, c'est le MOI qu'on cherche à satisfaire ou à apaiser. Il n'est donc pas question de rassasier le MOI ; le monde entier n'y suffirait pas : ainsi le moment ne peut point arriver où ce sera le tour du NON-MOI ; son tour ne viendra jamais. Ce système est donc une rêverie.

Aussi ce système n'a-t-il jamais été conçu par des philosophes ; je n'en connais aucun qui l'ait enseigné. Ce système a été enseigné par des hommes ignorants ; et, chose étrange, à leurs propres yeux le système a paru tellement une absurdité qu'ils l'ont eux-mêmes appelé une *folie* ; entendons-nous : une folie en tant que système, une folie en tant que pure conception de la raison ; car, d'un côté, cela ne sert de rien et

c'est un vrai babil que de parler de la satisfaction
du MOI lorsqu'on ne peut pas en même temps donner
de quoi le satisfaire ; cela n'est qu'au pouvoir de
Dieu ; et qui dit que Dieu le fera? Et à quel titre le
ferait-il? Au lieu de ce bonheur absolu, ne nous doit-il
pas plutôt le malheur, si nous en croyons le cri de
nos consciences? A moins donc qu'on ne puisse nous
dire que, contre toute vraisemblance, toute attente,
toute induction de la raison, Dieu veut faire cela,
nous sommes obligés de répéter, avec les hommes ci-
dessus, que ce système est une *folie*. Mais s'ils le
regardent eux-mêmes comme une folie, comment s'a-
visent-ils de l'enseigner, de le recommander? Précisément parce que ce n'est pas un système, mais un
fait. Ils annoncent ce fait au nom de leur maître ressuscité ; cette résurrection, fait miraculeux et toutefois constaté, suffit pour faire adopter un autre fait
dont elle n'est que la suite, le couronnement (1), le
sceau : je veux dire le fait de la *rédemption*, par
lequel le grand problème est résolu, par lequel se
termine l'interminable lutte entre le MOI et le
NON-MOI.

La rédemption rassasie le premier de ces éléments,
non pas en changeant la condition extérieure de l'humanité, non pas en ménageant une satisfaction à chacun de nos désirs : remède grossier, mesure infruc-
tueuse, s'il est vrai que le siége du bonheur soit dans
l'âme ; mais en unissant cette âme à Dieu, en la ren-

(1) « Il a été livré pour nos offenses, et est ressuscité pour notre justification. »
(Romains IV, 25.)

dant certaine de l'amour de Dieu, en défendant cette certitude contre toutes les impressions du mal extérieur par des déclarations comme celles-ci : « Celui « qui vous a donné son propre Fils, ne vous donne- « ra-t-il pas toutes choses par-dessus (1) ? » — « Toutes choses concourent au bien de ceux qui ai- « ment Dieu (2) ; » enfin, en mettant sur le cœur de l'homme le bouclier d'une impérissable espérance. L'homme qui se sait et se sent, malgré son indignité, aimé de Dieu, aimé sans condition et pour toujours, celui qui, dans les privations même et dans les douleurs, ne peut plus voir que des preuves d'amour, celui-là a tout obtenu : s'il forme des désirs, c'est selon Dieu, et avec l'espérance qu'il obtiendra mieux encore que ce qu'il désire ; chaque privation, chaque perte éveille une espérance, chaque atteinte de l'aiguillon du malheur avertit ses yeux et son âme de s'élever à Dieu, qui est la source à jamais jaillissante de sa félicité.

Comment l'élément moral, le NON-MOI, jusqu'alors resserré dans un coin de l'âme, ne se mettrait-il pas dès lors au large et en liberté ? Comment ne pas voir que, dans les relations qui viennent d'être créées, tout favorise et hâte son développement ? Comment ne pas voir que les deux éléments n'en font plus qu'un, que l'idée de devoir vient d'être identifiée avec celle de bonheur, et qu'en dernier résultat le triomphe du NON-MOI est le triomphe du MOI, et réciproquement ? Comment ne pas reconnaître

(1) Romains VIII, 32.　　(2) Romains VIII, 28.

que toute contradiction intérieure cesse, et que l'u-
nité, une glorieuse unité est rentrée dans l'âme par
le seul chemin qui lui fût ouvert ? Telle est la divine
psychologie du christianisme, et le développement
rationnel de la grande folie de l'Évangile. Cette folie
de la croix, on ne l'explique pas, mais elle explique
tout ; et à défaut même d'autres preuves, comment
ce qui explique tout ne serait-il pas la vérité ?

Or, quelle place prend le livre de La Rochefoucauld
dans la théorie que nous venons d'exposer? Une très
importante, si l'auteur l'eût bien marquée. Il consta-
terait à la fois les envahissements du MOI et les réclamations infatigables du NON-MOI ; la première de
ces choses, par la présence du principe égoïste dans
une foule d'actes qu'on rapporte à un autre principe ;
la seconde de ces choses, par ce besoin singulier de
rapporter à un principe désintéressé les actes qui
découlent d'une tout autre source ; les vaines et
perpétuelles tentatives d'accommodement entre deux
éléments que le péché a rendus hostiles ; l'impossibilité de sortir par nous-mêmes de ce cercle fatal ;
l'aveu qu'une conciliation, qu'une réduction de la
dualité à l'unité est au-dessus de la sagesse et des
forces humaines.

Le chrétien seul peut lire La Rochefoucauld sans
danger et avec fruit. Je ne dis pas que le chrétien
seul puisse le lire avec plaisir. Peu d'auteurs, ce me
semble, sont faits pour donner à l'intelligence des
joies aussi vives. Je ne sais s'il en est aucun qui,
dans le genre des maximes, ait atteint à une perfec-

tion d'expression plus complète. La forme la plus lumineuse, la plus compréhensive, le point de vue le plus riche, semblent être échus en partage à chacune de ses pensées. Comme la pierre, en tombant dans l'eau, s'entoure d'un cercle médiocre, puis d'un plus grand, et d'un plus grand encore, jusqu'à un point où l'œil n'atteint plus, ainsi tombe chacune des *maximes* dans l'esprit du lecteur attentif : le point devient en peu d'instants une vaste circonférence. On cite de préférence, parmi les pensées de La Rochefoucauld, celles qui se rapportent à son idée favorite. Les plus belles de ses pensées n'appartiennent peut-être pas à cette sphère. J'en citerai quelques-unes dont la frappante vérité pour le fond et pour l'expression cause comme un tressaillement dans l'âme, et livre le lecteur à une suite indéfinie de contemplations. Ce sont de vrais diamants, qu'il ne faut ni enchâsser, ni réunir ; leur isolement les fait mieux éclater :

« Chacun dit du bien de son cœur, et personne « n'en ose dire de son esprit (1). »

« On ne se peut consoler d'être trompé par ses en- « nemis et trahi par ses amis, et l'on est souvent « satisfait de l'être par soi-même (2). »

« Assez de gens méprisent le bien, mais peu savent « le donner (3). »

« Les personnes faibles ne peuvent être sin- « cères (4). »

---

(1) Maxime 98.   (2) Maxime 114.
(3) Maxime 301.   (4) Maxime 316.

« On donne des conseils, mais on n'inspire point
« de conduite (1). »

« Il y a du mérite sans élévation, mais il n'y a
« point d'élévation sans quelque mérite (2). »

« Nous arrivons tout nouveaux aux divers âges de
« la vie, et nous y manquons souvent d'expérience,
« malgré le nombre des années (3). »

« La plus véritable marque d'être né avec de
« grandes qualités, c'est d'être né sans envie (4). »

Toutefois La Rochefoucauld n'a pas vu l'âme humaine dans sa profondeur; il n'a pas été au delà de
la région secondaire de ses phénomènes; et il est
douteux qu'il ait connu la vaste portée de quelques-
unes de ses propres observations.

(1) Maxime 378.   (2) Maxime 400.
(3) Maxime 405.   (4) Maxime 433.

X.

LA BRUYÈRE.

1644—1696.

Voici encore un de ces auteurs qui n'ont point traité la morale scientifiquement : La Brúyère est un artiste, comme La Rochefoucauld un homme du monde. Il n'appartenait pas aux premiers rangs de la société. Peut-être en fut-il mieux placé pour apprécier certaines classes et certains ridicules ; témoin cette plaisanterie sur sa naissance, qu'on a eu la simplicité de prendre au sérieux : « Je le déclare nette-« ment, afin que l'on s'y prépare, et que personne « un jour n'en soit surpris : s'il arrive jamais que « quelque grand me trouve digne de ses soins, si je « fais enfin une belle fortune, il y a un Geoffroy de « La Bruyère que toutes les chroniques rangent au « nombre des plus grands seigneurs de France qui « suivirent Godefroy de Bouillon à la conquête de la « Terre-Sainte : voilà alors de qui je descends en « ligne directe (1). »

La vie de La Bruyère, obscure et uniforme, fut toutefois mêlée à des vies différentes ; il fut en rela-

(1) *Les Caractères.* Chapitre XIV : *De quelques usages.*

tion avec des gens de toutes conditions. Il venait
d'acheter une charge de trésorier à Caen, lorsque
Bossuet le fit venir à Paris pour enseigner l'histoire
à Louis de Bourbon, petit-fils du grand Condé. Jusqu'à sa mort, il resta attaché à la maison du prince,
qui avait été son élève; cette situation lui permit
d'apprécier les hommes de tout rang, sans sortir du
rôle d'observateur.

En 1687 il publia une traduction des *Caractères
de Théophraste*, avec *les Caractères ou les Mœurs de ce
siècle*. Ce livre, à la fois vivement goûté et critiqué
dès son apparition, eut huit éditions du vivant de
l'auteur.

Qu'est-ce au fond que cet ouvrage? Contient-il
des portraits satiriques dessinés d'après nature, ou
des peintures moins directes, fruit d'observations
généralisées? C'est une question qui n'est pas encore
entièrement résolue. La Bruyère a protesté contre les
clefs qu'on a voulu donner de ses caractères. Après
avoir vivement repoussé l'imputation de les avoir lui-
même livrées, il ajoute : « J'ai peint, à la vérité,
« d'après nature ; mais je n'ai pas toujours songé à
« peindre celui-ci ou celle-là dans mon livre des
« *Mœurs*. Je ne me suis point loué au public pour
« faire des portraits qui ne fussent que vrais et res-
« semblants, de peur que quelquefois ils ne fussent
« pas croyables, et ne parussent feints et imaginés.
« Me rendant plus difficile, je suis allé plus loin : j'ai
« pris un trait d'un côté et un trait d'un autre ; et de
« ces divers traits, qui pouvaient convenir à une

« même personne, j'en ai fait des peintures vraisem-
« blables (1). »

Mais on ne peut se le dissimuler, dans une œuvre
pareille, comment échapper au reproche de person-
nalités? La Bruyère l'a senti; il a dit lui-même :
« Vous qui voulez être offensé personnellement de
« ce que j'ai dit de quelques grands, ne criez-vous
« point de la blessure d'un autre? Êtes-vous dédai-
« gneux, malfaisant, mauvais plaisant, flatteur, hypo-
« crite? je l'ignorais, et ne pensais pas à vous : j'ai
« parlé des grands (2). »

Il résulte de ces citations, que l'auteur a eu souvent en vue telle ou telle personne en particulier ; et
en effet, quelques-uns de ses portraits présentent
quelque chose d'individuel, l'aspect d'une épigramme
à laquelle le temps a arraché son aiguillon, en effaçant le souvenir du personnage. Il en résulte aussi
que sa méthode n'a pas été toujours celle du véritable artiste, chez qui une individualité ne naît pas
du rapprochement de plusieurs pièces de rapport.
On s'en aperçoit bien en lisant ses *Caractères* : ils ne
sont pas compacts; du moins, la plupart. La nature
cimente mieux les traits d'un caractère; toute individualité a de l'unité; un trait explique l'autre; les
contrastes s'engendrent par une loi profonde, et ce
qui, à la surface, nous paraît disproportionné, tient
fréquemment à une sorte d'équivalent intérieur, que

(1) Préface du *Discours de réception de La Bruyère à l'Académie Française*, le 15 juin 1693.
(2) *Les Caractères*. Chapitre XII · *Des Jugements*.

nous admettons peut-être en théorie, quoique nous
ne sachions pas toujours le reconnaître dans l'appréciation des individus. Mais ce qui échappe souvent à
l'œil du simple observateur est précisément ce qui se
révèle au talent du poëte. Dans le germe caché et
fécond contemplé ou conçu par le génie poétique,
celui-ci saisit l'individualité riche, puissante, variée,
toujours concrète, des êtres qu'il met en scène. C'est
la vie même qu'il reproduit, et de là le prix de son
œuvre et la dignité du rang qu'il occupe.

Telle n'est pas, en général, la méthode de La
Bruyère, quoique les facultés poétiques ne lui man-
quent pas, comme nous le reconnaîtrons plus tard.
Mais, pour le moment, renonçant à voir dans son
œuvre un recueil de satires, une galerie de portraits,
voyons-y pourtant, suivant le titre qu'il a choisi, un
tableau de son siècle, point de vue trop négligé. En
effet, les principaux éléments du siècle de Louis XIV
apparaissent dans ce tableau. Ils y sont présentés
dans une classification complétement effacée aujour-
d'hui. Ce sont les gens de cour, les bourgeois, les
hommes de finance, les hommes de robe, les gens
d'église et, tout au fond, le peuple; tout cela formant
un corps dont les membres n'étaient point liés ensemble, et dont la seule unité centrale et véritable
était la personne du monarque. Il est aisé de comprendre, et la suite l'a prouvé, combien cette société
sans consistance ni liaison naturelle entre ses parties
était facile à ébranler. Que pouvait trouver, entre
elle et les masses, une monarchie sans aristocratie?

Commençant par les gens de cour, La Bruyère les peint méprisables et librement méprisés :

« Le reproche en un sens le plus honorable que « l'on puisse faire à un homme, c'est de lui dire « qu'il ne sait pas la cour : il n'y a sorte de vertus « qu'on ne rassemble en lui par ce seul mot.

« L'on est petit à la cour ; et, quelque vanité « que l'on ait, on s'y trouve tel : mais le mal est « commun, et les grands mêmes y sont petits.

« L'on s'accoutume difficilement à une vie qui se « passe dans une antichambre, dans des cours ou sur « l'escalier.

« La cour ne rend pas content ; elle empêche qu'on « ne le soit ailleurs.

« La cour est comme un édifice bâti de marbre ; « je veux dire qu'elle est composée d'hommes fort « durs, mais fort polis.

« Un noble, s'il vit chez lui dans sa province, il « vit libre, mais sans appui ; s'il vit à la cour, il est « protégé, mais il est esclave ; cela se compense.

« Un esprit sain puise à la cour le goût de la soli- « tude et de la retraite.

« L'on se couche à la cour et l'on se lève sur l'in- « térêt : c'est ce que l'on digère le matin et le soir, « le jour et la nuit ; c'est ce qui fait que l'on pense, « que l'on parle, que l'on se tait, que l'on agit ; « c'est dans cet esprit qu'on aborde les uns et qu'on « néglige les autres, que l'on monte et que l'on « descend (1). »

(1) Chapitre VIII : *De la Cour.*

Et que de mots pareils, peut-être plus forts encore!
Ce chapitre *De la Cour* et celui *Des Grands*, qui le
suit, étonnent par la liberté avec laquelle La Bruyère
parle de la cour et de la vie qu'on y mène. Il n'était
pas le seul à parler ainsi. On sentait déjà ce qu'était
cette domesticité brillante et vile. D'ailleurs, en disant du mal de la cour, on ne déplaisait pas au monarque, surtout si l'on avait soin de le louer, ce que
La Bruyère fait avec une exagération qui peine.
La fin du chapitre *Du Souverain* est un éloge de
Louis XIV, présenté d'une manière indirecte, qui
donne plus de grâce à la flatterie. Il est vrai qu'en
1687 le grand règne était dans son plus vif éclat :
succès au dehors, grandes entreprises au dedans, tout
se réunissait pour éblouir et séduire. Toutefois la
révocation de l'édit de Nantes était prononcée, et les
maux qui en furent la suite commençaient trop bien
à se montrer pour qu'un observateur tel que La
Bruyère eût dû faire de l'intolérance religieuse un
sujet d'éloge. Saint-Simon, un peu plus tard, ne s'y
laissa pas tromper. Mais ce point de vue à part, voici,
en fait d'éloges, un passage assez étrange quand on
pense à celui qui en était l'objet. On se demande si
La Bruyère était sérieux, lorsqu'il disait du Dauphin,
fils de Louis XIV, l'un des hommes les plus insignifiants de son temps :

« Un jeune prince d'une race auguste, l'amour et
« l'espérance des peuples, donné du ciel pour prolon-
« ger la félicité de la terre, plus grand que ses
« aïeux, fils d'un héros qui est son modèle, a déjà

« montré à l'univers, par ses divines qualités et
« par une vertu anticipée, que les enfants des
« héros sont plus proches de l'être que les autres
« hommes (1). »

Quant aux *gens de ville*, bourgeois enrichis, bien
alliés, en possession des jouissances de la vie, ils y
veulent, selon l'auteur, joindre celles de la vanité, et
ils imitent les grands autant qu'il est en eux :

« Paris, pour l'ordinaire le singe de la cour, ne
« sait pas toujours la contrefaire.

« Quel est l'égarement de certains particuliers,
« qui, riches du négoce de leurs pères, se moulent
« sur les princes pour leur garderobe et leur équi-
« page, excitent, par une dépense excessive et par
« un faste ridicule, les traits et la raillerie de toute
« une ville qu'ils croient éblouir, et se ruinent ainsi
« à se faire moquer de soi (2) !

Les partisans ou traitants, entre les mains de qui
se trouvaient alors les grandes richesses, sont traînés
dans la fange :

« Les partisans nous font sentir toutes les passions,
« l'une après l'autre. L'on commence par le mépris à
« cause de leur obscurité. On les envie ensuite, on
« les hait, on les craint, on les estime quelquefois,
« et on les respecte. L'on vit assez pour finir, à leur
« égard, par la compassion.

« Il y a une dureté de complexion ; il y en a une
« autre de condition et d'état. L'on tire de celle-ci,

(1) Chapitre XII : *Des Jugements.*
(2) Chapitre VII : *De la Ville.*

« comme de la·première, de quoi s'endurcir sur la
« misère des autres, dirai-je même de quoi ne pas
« plaindre les malheurs de sa famille? Un bon finan-
« cier ne pleure ni ses amis, ni sa femme, ni ses
« enfants.

    « Champagne, au sortir d'un long dîner qui lui
« enfle l'estomac, et dans les douces fumées d'un
« vin d'Avenay ou de Sillery, signe un ordre qu'on
« lui présente, qui ôterait le pain à toute une pro-
« vince si l'on n'y remédiait : il est excusable; quel
« moyen de comprendre, dans la première heure de
« la digestion, qu'on puisse quelque part mourir de
« faim ?

    « Si le financier manque son coup, les courtisans
« disent de lui : C'est un bourgeois, un homme de
« rien, un malotru ; s'il réussit, ils lui demandent sa
« fille (1). »

Les hommes de robe, classe intermédiaire entre la
bourgeoisie et la noblesse, ou plutôt sorte de noblesse
équivoque et bâtarde, classe respectable pourtant, au
dire des historiens, et qui, mieux que les autres,
avaient conservé des habitudes et des traditions morales, ne sont pas non plus épargnés. La Bruyère
s'attache surtout à signaler la mauvaise administra-
tion de la justice; il s'étonne « de n'être pas pendu,
« cela pouvant arriver aux plus honnêtes gens. » La
magistrature, et ce qui y tient, lui apparaît surtout
sous l'aspect de la vanité et de la frivolité.

    « Il y a dans la ville, la grande et la petite robe;

----

(1) Chapitre VI : *Des Biens de fortune.*

« et la première se venge sur l'autre des dédains de
« la cour, et des petites humiliations qu'elle y es-
« suie : de savoir quelles sont leurs limites, où la
« grande finit et où la petite commence, ce n'est pas
« une chose facile.

..... « L'un, avec quelques mauvais chiens, aurait
« envie de dire : *ma meute;* il sait un rendez-vous de
« chasse, il s'y trouve, il est au laisser-courre, il
« entre dans le fort, se mêle avec les piqueurs : il a
« un cor. Il ne dit pas comme Ménalippe : *Ai-je du*
« *plaisir?* il croit en avoir; il oublie lois et procé-
« dure : c'est un Hippolyte. Ménandre, qui le vit
« hier sur un procès qui est en ses mains, ne recon-
« naîtrait pas aujourd'hui son rapporteur. Le voyez-
« vous le lendemain à sa chambre, où l'on va juger
« une cause grave et capitale? il se fait entourer de
« ses confrères, il leur raconte comme il n'a point
« perdu le cerf de meute, comme il s'est étouffé de
« crier après les chiens qui étaient en défaut, ou
« après ceux des chasseurs qui prenaient le change;
« qu'il a vu donner les six chiens : l'heure presse;
« il achève de leur parler des abois et de la curée, et
« il court s'asseoir avec les autres pour juger (1). »

Arrive le tour du clergé, des gens d'église de toutes
sortes, et avec eux d'une masse d'individus accusés
par La Bruyère de tenir plus aux formes extérieures
qu'au fond de la religion. Ce sont eux qui, selon lui,
ont fait prendre en mauvaise part le mot de *dévotion.*
A ses yeux un dévot est presque un hypocrite :

(1) Chapitre VII : *De la Ville.*

« Un dévot est celui qui, sous un roi athée, serait
« athée (1). »

« Le faux dévot, ou ne croit pas en Dieu, ou se
« moque de Dieu : parlons de lui obligeamment, il ne
« croit pas en Dieu (2).

L'honorable indignation de La Bruyère se soulève,
à toute reprise, contre cette hypocrisie consacrée par
la mode du temps. Mais quelque sympathie que nous
inspire ce courageux dégoût d'une âme droite et vraiment religieuse, n'oublions pas toutefois que cet abus
indique un sentiment vrai, un respect, un honneur
pour tout ce qui touchait à la religion, une religion,
en un mot, qui s'honorait elle-même dans une part
assez considérable de ceux qui l'enseignaient ou la
pratiquaient. On ne saurait perdre de vue Bossuet,
Fénelon, Bourdaloue et bien d'autres, ni des hommes
tels que les ducs de Beauvilliers et de Chevreuse,
même en présence de la flatterie et de l'entraînement
qui attiraient tant de courtisans sur les traces du
monarque. C'était l'heure où le roi, corrigé et placé
sous le plein ascendant de Madame de Maintenon,
recourait à un surcroît de dévotion pour remplir le
vide laissé par les passions de sa jeunesse. Cette situation reconnue sous ses deux faces, il faut savoir
gré à La Bruyère d'avoir signalé, comme il l'a fait,
l'empressement de la cour à certains actes, tout en
se dispensant de beaucoup d'autres regardés cependant comme tout aussi essentiels.

(1) Chapitre XIII : *De la Mode.*
(2) Chapitre XVI : *Des Esprits forts.*

Il caractérise fort bien la fausse dévotion :

« Négliger vêpres comme une chose antique et
« hors de mode, garder sa place soi-même pour le
« salut, savoir les êtres de la chapelle, connaître le
« flanc, savoir où l'on est vu et où l'on n'est pas vu ;
« rêver dans l'église à Dieu et à ses affaires, y rece-
« voir des visites, y donner des ordres et des com-
« missions, y attendre les réponses ; avoir un direc-
« teur mieux écouté que l'Évangile ; tirer toute sa
« sainteté et tout son relief de la réputation de son
« directeur ; dédaigner ceux dont le directeur a moins
« de vogue, et convenir à peine de leur salut ; n'ai-
« mer de la parole de Dieu que ce qui s'en prêche
« chez soi ou par son directeur, préférer sa messe aux
« autres messes, et les sacrements donnés de sa main
« à ceux qui ont de moins cette circonstance ; ne se
« repaître que de livres de spiritualité, comme s'il
« n'y avait ni évangiles, ni épîtres des apôtres, ni
« morale des Pères ; lire ou parler un jargon in-
« connu aux premiers siècles ; aller à son salut par
« le chemin de la fortune et des dignités : c'est, du
« moins jusqu'à ce jour, le plus bel effort de la dé-
« votion du temps (1). »

« Qu'est-ce qu'une femme que l'on dirige ? est-ce
« une femme plus complaisante pour son mari, plus
« douce pour ses domestiques, plus appliquée à sa
« famille et à ses affaires, plus ardente et plus sin-
« cère pour ses amis ; qui soit moins esclave de son
« humeur, moins attachée à ses intérêts ; qui aime

(1) Chapitre XIII : *De la Mode.*

« moins les commodités de la vie ; qui soit plus
« exempte d'amour de soi-même, et d'éloignement
« pour les autres ? Non, dites-vous, ce n'est rien de
« toutes ces choses. J'insiste et je vous demande :
« Qu'est-ce donc qu'une femme que l'on dirige ? Je
« vous entends, c'est une femme qui a un direc-
« teur (1). »

Les prédicateurs n'échappent pas aux sarcasmes de
La Bruyère. Il blâme hautement leur manque de
simplicité évangélique, leur prédication remplie de
pompe et de faste, un art plutôt qu'un office :

« Le discours chrétien est devenu un spectacle.
« Cette tristesse évangélique qui en est l'âme ne s'y
« remarque plus : elle est suppléée par les avantages
« de la mine, par les inflexions de la voix, par la ré-
« gularité du geste, par le choix des mots et par les
« longues énumérations. On n'écoute plus sérieuse-
« ment la parole sainte : c'est une sorte d'amusement
« entre mille autres ; c'est un jeu où il y a de l'ému-
« lation et des parieurs (2). »

Il traite comme elles le méritent les habitudes
d'une scolastique artificielle, découpure artistement
appliquée sur un fonds d'étoffe commune, pour lui
imprimer des formes qui ne lui appartiennent réellement pas ; procédé dont tant d'orateurs célèbres
et généralement admirés n'ont pas été entièrement
exempts :

« Ils ont toujours, d'une nécessité indispensable et

---

(1) Chapitre III : *Des Femmes*.
(2) Chapitre XV : *De la Chaire*.

« géométrique, trois sujets admirables de vos at-
« tentions ; ils prouveront une telle chose dans la
« première partie de leur discours, cette autre dans
« la seconde partie, et cette autre encore dans la
« troisième : ainsi vous serez convaincu d'abord
« d'une certaine vérité, et c'est leur premier point ;
« d'une autre vérité, et c'est leur second point ;
« et puis d'une troisième vérité, et c'est leur troi-
« sième point : de sorte que la première réflexion
« vous instruira d'un principe des plus fondamentaux
« de votre religion ; la seconde, d'un autre principe
« qui ne l'est pas moins, et la dernière réflexion, d'un
« troisième et dernier principe, le plus important de
« tous, qui est remis pourtant, faute de loisir, à une
« autre fois... Il semble, à les voir s'opiniâtrer à cet
« usage, que la grâce de la conversion soit attachée
« à ces énormes partitions : comment néanmoins se-
« rait-on converti par de tels apôtres, si l'on ne peut
« qu'à peine les entendre articuler, les suivre, et ne
« les pas perdre de vue (1). »

La Bruyère, qui n'épargne ni prédicateurs, ni
clergé, ni dévots, malgré leur nombre et leur crédit,
laisse percer, pour sa part, une foi véritablement
chrétienne. De là même des sévérités, et le reproche
d'athéisme que nous le voyons adresser aux dévots
par calcul. Il est vrai qu'ailleurs il a dit : « L'a-
« théisme n'est point (2) ; » mais il entend par là

(1) Chapitre XV : *De la Chaire.*
(2) Chapitre XVI : *Des Esprits forts.*

l'athéisme en tant que doctrine réfléchie, armée de preuves, formellement adoptée, et non l'athéisme comme sentiment du cœur. Remarquons, du reste, à ce point de vue, la différence de notre temps à celui de La Bruyère. Entre l'admission des vérités fondamentales du christianisme publiquement enseignées et l'athéisme, le dix-septième siècle ne comptait rien. De nos jours, au contraire, d'innombrables nuances s'échelonnent entre la pleine incrédulité qui repousse Dieu et l'adoption de la pure vérité évangélique. Nous rassemblons tout cela sous le nom de *rationalisme* ; un degré de foi chrétienne s'y mêle encore en proportion diverse et ne cesse qu'au déisme ; et du déisme à l'athéisme la distance est grande encore, au moins pour le cœur. C'est du cœur qu'il faut partir dans le jugement qu'on porte sur les hommes, fort différent de celui que les doctrines méritent. En effet, à prendre la chose logiquement et philosophiquement, les nuances s'effacent beaucoup entre les deux extrêmes, et de conséquence en conséquence, il est fort difficile d'assigner le vrai point d'arrêt entre la négation d'une vérité fondamentale de la foi chrétienne et l'athéisme. Mais, par bonheur, les hommes ne sont pas tout entiers dans leur pensée ; leur impuissance et leur excellence les en empêchent également. Qui est assez fort pour embrasser du premier coup la suite logique de toutes ses idées, et assez résolu pour faire d'avance son choix ? Beaucoup d'hommes, restés chrétiens par leurs affections et leur volonté, se trouvent dispersés sur les degrés intermédiaires entre la foi et l'absolue négation. Les uns monteront, les autres descendront peut-être ; mais il n'appartient à personne de décider à l'avance quels sont ceux qui auront la force de résister à l'inflexible ascendant de la logique, et ceux, au contraire, qui se laisseront vaincre par elle.

La Bruyère n'oublie pas les femmes ; mais il ne montre la femme que sous le costume des femmes du monde. Il décrit le rôle qu'elles jouaient alors dans la société, hors de leur véritable sphère. Justement sévère pour leurs vices et leurs faiblesses, il n'est point injuste envers les facultés dont elles sont douées et il apprécie fort bien l'emploi qu'elles en pourraient faire.

Enfin nous arrivons au peuple, entrevu par La Bruyère dans un coin du tableau. Il est presque le seul à nous montrer cette portion de la nation, si supérieure en nombre, et qui échappait néanmoins aux regards des écrivains du temps :

« L'on voit certains animaux farouches, des mâles
« et des femelles, répandus par la campagne, noirs,
« livides et tout brûlés du soleil, attachés à la terre
« qu'ils fouillent et qu'ils remuent avec une opiniâ-
« treté invincible ; ils ont comme une voix articulée,
« et quand ils se lèvent sur leurs pieds, ils montrent
« une face humaine ; et en effet ils sont des hommes.
« Ils se retirent la nuit dans des tanières où ils vivent
« de pain noir, d'eau et de racines ; ils épargnent
« aux autres hommes la peine de semer, de labou-
« rer et de recueillir pour vivre, et méritent ainsi

« de ne pas manquer de ce pain qu'ils ont semé (1). »

Ce portrait, fût-il un peu exagéré, atteste chez l'auteur ce sentiment général d'humanité que manifestent bien d'autres passages des *Caractères*, et qui était peu partagé à cette époque. Qui s'occupait alors de ce pauvre peuple, si maltraité par les uns, si méprisé par les autres? On en peut juger par des passages fort connus des lettres de Madame de Sévigné.

Tel était, dans la diversité de ses parties, l'esprit général de la société française au dix-septième siècle. Il est aisé de comprendre, d'après tout cela, que, malgré l'éclat et le charme qui en décoraient les sommités, cette vie sociale, si brillante et si raffinée, fut cependant étroite dans son ensemble; ces classifications fausses isolaient des éléments sociaux qui, plus tard, se sont mieux fondus. Aujourd'hui, la société, quels que soient ses défauts,   . forme un corps organisé, souple, dispos, où les articulations transmettent les mouvements de l'une à l'autre extrémité.

Mais il ne suffit pas d'envisager La Bruyère comme l'historien des mœurs de son époque. Comme peintre de la société humaine en général et de l'homme, en un mot comme moraliste, il mérite toute notre attention. Je me suis efforcé de découvrir son idée fondamentale, celle qui sert de lien à toutes les autres; mais cette idée centrale, saillante chez Pascal, évi-

(1) Chapitre XI : *De l'Homme.*

dente chez La Rochefoucauld, ne se laisse pas voir distinctement chez La Bruyère.

Une justice vraie, une équité délicate, se montrent ordinairement dans le jugement qu'il porte des hommes. Il n'est ni Démocrite, ni Héraclite :

« Il faut rire avant que d'être heureux, de peur « de mourir sans avoir ri (1).

« L'inquiétude, la crainte, l'abattement, n'éloi- « gnent pas la mort; au contraire : je doute seule- « ment que le ris excessif convienne aux hommes « qui sont mortels (2). »

Moraliste sans misanthropie et sans prévention, il accepte le monde comme il est fait :

« Ne nous emportons point contre les hommes, en « voyant leur dureté, leur ingratitude, leur injustice, « leur fierté, l'amour d'eux-mêmes et l'oubli des « autres : ils sont ainsi faits, c'est leur nature : c'est « ne pouvoir supporter que la pierre tombe, ou que « le feu s'élève (3). »

Mais cette sorte de résignation passive ne lui suffit pas toujours, et il a aussi de meilleurs enseignements à nous offrir :

« Chaque heure en soi, comme à notre égard, est « unique : est-elle écoulée une fois, elle a péri entiè- « rement; les millions de siècles ne la ramèneront « pas. Les jours, les mois, les années s'enfoncent et « se perdent sans retour dans l'abîme des temps. Le « temps même sera détruit : ce n'est qu'un point

(1) Chapitre IV : *Du Cœur.* (2) Chapitre XI : *De l'Homme.*
(3) Chapitre XI : *De l'Homme.*

« dans les espaces immenses de l'éternité, et il sera
« effacé. Il y a de légères et frivoles circonstances
« du temps qui ne sont point stables, qui passent, et
« que j'appelle des modes : la grandeur, la faveur,
« les richesses, la puissance, l'autorité, l'indépen-
« dance, le plaisir, les joies, la superfluité. Que de-
« viendront ces modes quand le temps même aura
« disparu ? La vertu seule, si peu à la mode, va au
« delà des temps (1). »

« Il y a deux mondes : l'un où l'on séjourne peu,
« et dont l'on doit sortir pour n'y plus rentrer ;
« l'autre où l'on doit bientôt entrer pour n'en jamais
« sortir. La faveur, l'autorité, les amis, la haute ré-
« putation, les grands biens servent pour le premier
« monde ; le mépris de toutes ces choses sert pour le
« second. Il s'agit de choisir (2). »

Certainement ceci est de la morale chrétienne, et
tel est au fond le point de vue dominant de l'œuvre
de La Bruyère. C'est un observateur chrétien, qui regarde autour de soi et qui peint ce qui le frappe. Il
ne voit pas la vie en beau ; mais, considérant sa
brièveté, il prend son parti des maux dont elle est
semée.

Ses sentiments moraux font honneur à sa profession de christianisme ; on trouve chez lui beaucoup
d'idées élevées. C'est une âme délicate et généreuse
plus que tendre et sentimentale. On en peut juger
par des mots comme ceux-ci :

(1) Chapitre XIII : *De la Mode.*
(2) Chapitre XVI : *Des Esprits forts.*

« Quelque désintéressement qu'on ait à l'égard de
« ceux qu'on aime, il faut quelquefois se contraindre
« pour eux, et avoir la générosité de recevoir.

« Celui-là peut prendre, qui goûte un plaisir
« aussi délicat à recevoir que son ami en sent à lui
« donner.

« Donner, c'est agir ; ce n'est pas souffrir de ses
« bienfaits, ni céder à l'importunité ou à la nécessité
« de ceux qui nous demandent.

« Il vaut mieux s'exposer à l'ingratitude que de
« manquer aux misérables.

« Il faut briguer la faveur de ceux à qui l'on veut
« du bien plutôt que de ceux de qui l'on espère du
« bien (1). »

« Il y a une espèce de honte d'être heureux à la
« vue de certaines misères (2). »

« L'on est plus sociable et d'un meilleur commerce
« par le cœur que par l'esprit (3). »

« Il n'y a pour l'homme qu'un vrai malheur, qui
« est de se trouver en faute, et d'avoir quelque chose
« à se reprocher. »

« Il faut des saisies de terre et des enlèvements de
« meubles, des prisons et des supplices, je l'avoue ;
« mais justice, lois et besoins à part, ce m'est une
« chose toujours nouvelle de contempler avec quelle
« férocité les hommes traitent d'autres hommes (4). »

A ce sentiment d'humanité large et général, La
Bruyère en joint un autre, que Pascal n'avait point

(1) Chapitre IV : *Du Cœur.*   (2) Chapitre XI : *De l'Homme.*
(3) Chapitre IV : *Du Cœur.*   (4) Chapitre XI : *De l'Homme.*

à montrer, et qui manque à La Rochefoucauld, celui de la nature :

« On s'élève à la ville dans une indifférence gros-
« sière des choses rurales et champêtres ; on distin-
« gue à peine la plante qui porte le chanvre d'avec
« celle qui produit le lin, et le blé froment d'avec
« les seigles, et l'un ou l'autre d'avec le méteil : on
« se contente de se nourrir et de s'habiller. Ils igno-
« rent la nature, ses commencements, ses progrès,
« ses dons et ses largesses. Il n'y a si vil praticien
« qui, au fond de son étude sombre et enfumée, et
« l'esprit occupé d'une plus noire chicane, ne se pré-
« fère au laboureur qui jouit du ciel, qui cultive la
« terre, qui sème à propos, et qui fait de riches
« moissons ; et s'il entend quelquefois parler des pre-
« miers hommes ou des patriarches, de leur vie
« champêtre et de leur économie, il s'étonne qu'on
« ait pu vivre en de tels temps, où il n'y avait encore
« ni offices, ni commissions, ni présidents, ni procu-
« reurs ; il ne comprend pas qu'on ait jamais pu se
« passer du greffe, du parquet et de la buvette (1). »

« Le monde est pour ceux qui suivent les cours ou
« qui peuplent les villes : la nature n'est que pour
« ceux qui habitent la campagne ; eux seuls vivent,
« eux seuls du moins connaissent qu'ils vivent (2). »

Sous le rapport de la pensée philosophique, il faut
le dire, nous ne pouvons égaler La Bruyère à La Rochefoucauld. Un examen attentif fait reconnaître bien

(1) Chapitre VII : *De la Ville.*
(2) Chapitre XII : *Des Jugements.*

plus de substance dans le fond des pensées de ce dernier. Comme moraliste, La Bruyère a plus de justesse que de profondeur, plus de vivacité que de force. L'horizon de sa pensée n'est pas vaste; on en peut juger par le chapitre *Du Souverain ou de la République*. Son mérite principal, à part toutefois ses sentiments honnêtes et élevés, est plutôt un mérite d'écrivain que de philosophe. Il se distingue, en premier lieu, par la variété ingénieuse et le piquant des tournures :

« Je suppose que les hommes soient éternels sur la « terre, et je médite ensuite sur ce qui pourrait me « faire connaître qu'ils se feraient alors une plus « grande affaire de leur établissement qu'ils ne s'en « font dans l'état où sont les choses (1). »

« Il n'est pas absolument impossible qu'une per- « sonne qui se trouve dans une grande faveur perde « un procès (2). »

« Faibles hommes! un grand dit de Timagène, « votre ami, qu'il est un sot, et il se trompe; je ne « demande pas que vous répliquiez qu'il est homme « d'esprit; osez seulement penser qu'il n'est pas un « sot (3). »

La Bruyère rajeunit les lieux communs, qui sont, au fond, les vérités les plus précieuses. Cette monnaie indispensable, que le long usage seul avait dépréciée, est par lui comme refondue et frappée à neuf. Voici des pensées très ordinaires, point piquantes en

---

(1) Chapitre XI : *De l'Homme.*
(2) Chapitre XIV : *De quelques Usages.*
(3) Chapitre VIII : *De la Cour.*

elles-mêmes, rendues piquantes par l'expression :

« Une belle maxime pour le Palais, utile au public,
« remplie de raison, de sagesse et d'équité, ce serait
« précisément la contradictoire de celle qui dit que la
« forme emporte le fond (1). »

« Diseurs de bons mots, mauvais caractère ; je le
« dirais, s'il n'avait été dit. Ceux qui nuisent à la
« réputation ou à la fortune des autres plutôt que
« de perdre un bon mot, méritent une peine infa-
« mante : cela n'a pas été dit, et je l'ose dire.

« Qui est plus esclave qu'un courtisan assidu, si
« ce n'est un courtisan plus assidu (2)? »

« Un homme fort riche peut manger des entremets,
« faire peindre ses lambris et ses alcôves, jouir d'un
« palais à la campagne et d'un autre à la ville, avoir
« un grand équipage, mettre un duc dans sa famille,
« et faire de son fils un grand seigneur : cela est
« juste et de son ressort. Mais il appartient peut-être
« à d'autres de vivre contents (3). »

« Après l'esprit de discernement, ce qu'il y a au
« monde de plus rare, ce sont les diamants et les
« perles (4). »

Plus on étudie la manière de La Bruyère, plus on
est frappé de la diversité, de la richesse des formes
qu'il emploie. Allusions, apologues, rapprochements,
interrogations, doute simulé, indifférence affectée,
réticences, mouvements dramatiques, se succèdent

(1) Chapitre XIV : *De quelques Usages.*
(2) Chapitre VIII : *De la Cour.*
(3) Chapitre VI : *Des Biens de fortune.*
(4) Chapitre XII : *Des Jugements.*

sans relâche dans son livre, en font une suite conti-
nuelle de surprises. Tantôt c'est par l'exagération
qu'il relève ses idées ; d'autres fois il diminue, il affaiblit l'expression, afin de rendre plus frappant le
contraste avec la grandeur de la pensée. Il veut contraindre le lecteur à s'étonner ou du moins à s'apercevoir des abus et des vices qui, à force d'habitude,
ont cessé d'être remarqués. De là tant de détours,
tant d'artifices de diction, des chutes fréquentes plus
ou moins bien ménagées, où l'attention, réveillée par
des préliminaires pleins d'ampleur et de faste, se
trouve enfin fixée sur l'idée principale, tout simplement exprimée à la fin :

« Le solide et l'admirable discours que celui qu'on
« vient d'entendre ! Les points de religion les plus
« essentiels, comme les plus pressants motifs de con-
« version, y ont été traités : quel grand effet n'a-t-il
« pas dû faire sur l'esprit et dans l'âme de tous les
« auditeurs ! Les voilà rendus, ils en sont émus et
« touchés au point de résoudre dans leur cœur, sur ce
« sermon de Théodore, qu'il est encore plus beau
« que le dernier qu'il a prêché (1). »

Il est vrai que La Bruyère n'est pas constamment
aussi heureux. A force de vouloir être neuf, il lui arrive de devenir puéril et affecté? Ceci est rare sans
doute ; mais les lointains créés par son pinceau sont
peut-être trop souvent illusoires. A l'inverse de La
Rochefoucauld, sa pensée a ordinairement moins d'é-
tendue que l'expression n'en fait pressentir. Si l'éner-

(1) Chapitre XV : *De la Chaire.*

gique fécondité du premier est contenue dans un petit nombre de paroles, c'est l'art de l'expression et le développement des nuances qui font le caractère du second. Il a dit : « Lorsqu'on désire, on se rend à « discrétion à celui de qui l'on espère : est-on sûr « d'avoir, on temporise, on parlemente, on capi- « tule (1). » La Rochefoucauld dit en deux mots : « Nous promettons selon nos espérances, et nous te- « nons selon nos craintes (2). »

La Bruyère laisse seulement trop peu à faire à son lecteur; et cependant l'un des plus grands plai-sirs comme des plus grands profits de la lecture, c'est d'éveiller la pensée du lecteur, de lancer son esprit sur une voie où il fasse par lui-même quel-ques pas.

En revanche, La Bruyère possède ce que nous avons vainement cherché auprès de La Rochefou-cauld, le talent de saisir le côté dramatique des ca-ractères. La Rochefoucauld est avant tout profond. Pascal est profond, abstrait, universel; son observa-tion s'élève du premier coup à la plus vaste généra-lité. La Bruyère est surtout dramatique; il fait res-sortir l'aspect pittoresque des individualités jusque dans les moindres détails. Son chapitre *De la Mode* mérite d'être étudié sous ce rapport. C'est là que se trouvent ces peintures du *Fleuriste* et de l'*Amateur de fruits*, tableaux piquants des manies où l'esprit humain peut s'égarer. Ailleurs il faut remarquer *Philémon* (3),

(1) Chapitre XI : *De l'Homme.*   (2) Maxime 38.
(3) Chapitre II : *Du Mérite personnel.*

Irène(1), *Giton* et *Phédon*, ou le Riche et le Pauvre (2).
Parfois, mais rarement, il a la touche un peu lourde
et grossière; ainsi dans le portrait de l'*Égoïste* :

« Gnathon ne vit que pour soi, et tous les hommes
« ensemble sont à son égard comme s'ils n'étaient
« point. Non content de remplir à une table la pre-
« mière place, il occupe lui seul celle de deux autres :
« il oublie que le repas est pour lui et pour toute la
« compagnie : il se rend maître du plat, et fait son
« propre de chaque service; il ne s'attache à aucun
« des mets qu'il n'ait achevé d'essayer de tous : il
« voudrait pouvoir les savourer tous tout à la fois :
« il ne se sert à table que de ses mains : il manie les
« viandes, les remanie, démembre, déchire, et en
« use de manière qu'il faut que les conviés, s'ils veu-
« lent manger, mangent ses restes; il ne leur épargne
« aucune de ces malpropretés dégoûtantes capables
« d'ôter l'appétit aux plus affamés : le jus et les sau-
« ces lui dégouttent du menton et de la barbe; s'il
« enlève un ragoût de dessus un plat, il le répand
« en chemin dans un autre plat et sur la nappe : on
« le suit à la trace; il mange haut et avec grand
« bruit; il roule les yeux en mangeant; la table est
« pour lui un râtelier; il écure ses dents, et il conti-
« nue à manger. Il se fait, quelque part où il se
« trouve, une manière d'établissement, et ne souffre
« pas d'être plus pressé au sermon ou au théâtre
« que dans sa chambre. Il n'y a dans un carrosse

(1) Chapitre XI : *De l'Homme.*
(2) Chapitre VI : *Des Biens de fortune.*

« que les places du fond qui lui conviennent ; dans
« toute autre, si on veut l'en croire, il pâlit et tombe
« en faiblesse. S'il fait un voyage avec plusieurs, il
« les prévient dans les hôtelleries, et il sait toujours
« se conserver dans la meilleure chambre le meilleur
« lit ; il tourne tout à son usage : ses valets, ceux
« d'autrui courent dans le même temps pour son
« service ; tout ce qu'il trouve sous sa main lui est
« propre, hardes, équipages ; il embarrasse tout le
« monde, ne se contraint pour personne, ne plaint
« personne, ne connaît de maux que les siens, que
« sa réplétion et sa bile, ne pleure point la mort
« des autres, n'appréhende que la sienne, qu'il ra-
« chèterait volontiers de l'extinction du genre hu-
« main (1). »

Outre ce qu'il y a de trop brutal dans la réunion
de tous ces traits, il est évident que l'*égoïste* ne peut
constituer un caractère spécial. L'égoïsme est, plus
ou moins, le caractère de tout le monde ; l'égoïsme
est *quelque chose* dont chacun de nous a *quelque chose*.
Fond inévitable d'une nature séparée de son vrai
centre, chaque individu y participe en une certaine
mesure ; la différence n'est guère que dans le degré
et dans le mode des manifestations. Celles que présente le portrait que nous venons de considérer sont
choquantes, et cependant trop superficielles en un
sens. Si chacune à part peut être vraie, l'ensemble
cesse de reproduire la vérité complète. Ce portrait
ne donne pas non plus l'idéal de l'égoïste ; mérite

(1) Chapitre XI : *De l'Homme.*

réservé à Arnault dans cette admirable fable du *Colimaçon* que chacun sait par cœur :

> Sans ami, comme sans famille,
> Ici-bas vivre en étranger ;
> Se retirer dans sa coquille
> Au signal du moindre danger ;
> S'aimer d'une amitié sans bornes ;
> De soi seul emplir sa maison ;
> En sortir, suivant la saison,
> Pour faire à son prochain les cornes ;
> Signaler ses pas destructeurs
> Par les traces les plus impures ;
> Outrager les plus belles fleurs
> Par ses baisers ou ses morsures ;
> Enfin, chez soi comme en prison,
> Vieillir, de jour en jour plus triste,
> C'est l'histoire de l'égoïste,
> Et celle du colimaçon.

De nos jours surtout, le morceau de La Bruyère ne saurait satisfaire ; on a peine à se figurer tant d'impudence et de grossièreté dans la préférence de soi aux autres ; c'est, en général, avec plus d'art que l'égoïsme se manifeste. Je l'estime aussi fort, aussi âpre que jamais ; mais il a su revêtir d'autres formes. L'égoïsme de notre temps, l'égoïsme dompté, apprivoisé, mais non amoindri par la civilisation, fournirait matière à une étude digne d'intérêt ; on y verrait un calcul par lequel nous renonçons à une portion de nos jouissances, afin de mieux nous assurer les autres ; ce serait l'égoïsme transigeant avec lui-même et avec les usages d'aujourd'hui.

Il serait utile encore de poursuivre l'égoïsme qui

se mêle et s'attache à certains sentiments particuliers, où il est plus aisé de se le dissimuler à soi-même. L'égoïsme sentimental, l'égoïsme de famille, de caste, de profession, pourraient donner lieu à de curieuses observations. En général, les moralistes devraient toujours aller plus loin que la peinture des vices grossiers; il faudrait nous forcer à reconnaître ceux de nos mauvais penchants qui se cachent sous l'aspect des vertus, nous dévoiler ce qui se dissimule dans le secret de nos plus intimes sentiments. Que de découvertes attristantes et honteuses à faire dans ces régions ! Dans notre patriotisme, par exemple, que d'occasions de reconnaître un égoïsme raffiné ! Et dans notre religion même, la trace de l'égoïsme n'est-elle pas souvent brûlante et profonde? Que de fois nous ne cherchons Dieu que pour nous-mêmes !

Un auteur qui, maintenant, se mettrait devant son miroir, tracerait peut-être ainsi le portrait de l'égoïste :

« Narcisse est un homme taillé pour la société; sa
« politesse est parfaite; ses idées sont toujours prêtes
« à s'abandonner au courant des vôtres; personne,
« dans une discussion, ne sait mieux amortir les
« angles du raisonnement. Il est sensible, poétique,
« un peu romanesque; il s'attendrit aisément, et son
« émotion est sincère. Vous vivrez dix jours avec
« lui, que vous ne verrez pas autre chose; mais
« peut-être le onzième observerez-vous que le récit
« d'une infortune véritable le laisse passablement
« froid, que du moins, s'il s'agit de la secourir, il
« laisse aux autres le soin d'en chercher les moyens,

« et que, dans ce genre, son imagination ne lui
« fournit rien; il donne volontiers; mais s'il faut s'en-
« tremettre, agir, recommander, représenter le mal-
« heureux, il évite avec modestie les difficultés de
« ce rôle. Vous avez été charmé de sa confiance et
« de son abandon; il vous a généreusement confié
« ses affaires; il vous cherche souvent pour vous en
« parler : il ne s'informe jamais des vôtres, excepté
« par une sorte de réflexion subite, pour l'acquit des
« formes, et surtout lorsqu'il sent qu'il vous a un
« peu fatigué du récit des siennes. Toujours plein
« d'une pensée, chaque sujet le ramène à son sujet;
« que dis-je, l'y ramène? l'y trouve établi, assis,
« planté. Votre rhumatisme le fait penser à son mal
« de dents; l'aventure que vous racontez lui est aussi
« arrivée; le goût que vous exprimez est le contraire
« du sien; à la place du personnage dont on parle,
« voici ce qu'il aurait fait, ou ce qu'il a fait peut-être.
« Clavecin sensible, sonore et toujours ouvert, chaque
« mot que vous articulez en sa présence fait vibrer
« en lui la corde du moi. Ce monosyllabe retentit in-
« cessamment dans ses discours, revient à chaque
« ligne des lettres qu'il écrit. Un moi large et reten-
« tissant fortifie habituellement le je trop mince et
« trop muet, et sa conversation n'est qu'une varia-
« tion plus ou moins agréable de ce thème favori.
« Vous le cherchez pour l'entretenir d'une chose qui
« vous intéresse; le voilà devant vous, attentif et re-
« cueilli; il sent que c'est son devoir; mais quand il
« faut qu'il vous réponde, vous êtes tout surpris de

« voir que le point délicat lui a échappé. Sa condes-
« cendance dans les détails de la vie sociale est très
« remarquable; elle serait parfaite sans la distraction
« à laquelle il est sujet, et qui, par une fatalité bi-
« zarre, tourne presque toujours à son profit; il est
« fort oublieux, mais il ne s'oublie point. Voyez-le,
« avec d'autres, au pas d'une porte : tout en causant,
« il entre le premier; à table, il se sert machinalement
« avant son voisin, et machinalement aussi il prend le
« meilleur morceau du plat qu'on fait passer. Occupe-
« t-il sur un sofa ou dans une voiture la place qui
« pourrait convenir à un autre, il l'offre, il se lève à
« moitié; mais le bras qui le repousse dans les cous-
« sins est toujours le plus fort, et il s'y renfonce en
« gémissant. En affaires, Narcisse est intègre, déli-
« cat, d'une délicatesse qui ne lui permet pas d'ac-
« cepter un service, encore moins de recevoir un
« bienfait; ce n'est que par surprise qu'on peut
« l'obliger, et jamais impunément; il rend, aussi
« promptement que la bienséance le permet et avec
« usure, tout le bien qu'on lui fait; rien ne lui pèse
« tant qu'une obligation. Quand vous avez observé
« chez lui ces traits et mille autres, vous commencez
« à comprendre que cet homme si aimable, si com-
« mode dans la société, si uni, si lisse au toucher,
« n'est pas un homme dont le commerce puisse de-
« venir un besoin de l'âme. Ce n'est pas qu'il ne soit
« né plus généreux; il y a dans son âme le commen-
« cement de tout, le germe de tout; mais il semble
« qu'une gelée subite ait tout comprimé. Cet homme

« si sociable est, au fond, l'homme le plus isolé;
« car l'égoïsme l'entoure comme d'une barrière
« mystérieuse, que la sympathie ne franchira ja-
« mais (1). »

Pour en revenir à La Bruyère, les mérites d'homme de bien, d'écrivain exquis et de peintre habile
que nous avons admirés en lui, ne nous ont guère
instruits sur l'idée fondamentale de sa morale. Il est
moins guidé par une pensée dominante qu'inspiré
par un ensemble de sentiments nobles, humains et
en général chrétiens.

Néanmoins, si La Bruyère n'a pas la profondeur
de La Rochefoucauld, qui renferme en quelques paroles tout un monde d'idées, il ne manque pas de
vérités frappantes, souvent poignantes. Voici des passages où l'on trouve la manière, et presque la touche
de La Rochefoucauld :

« Il n'y a pour l'homme que trois événements,
« naître, vivre et mourir : il ne se sent pas naître, il
« souffre à mourir, et il oublie de vivre (2). »

« Toute révélation d'un secret est la faute de ce-
« lui qui l'a confié (3). »

Il avait déjà dit à la page précédente :

« Toute confiance est dangereuse, si elle n'est en-

---

(1) En rapprochant ce portrait de *Narcisse* de celui du *Gnathon* de La
Bruyère, on remarquera comment M. Vinet a adouci tous les traits qu'il a
conservés : il a ôté l'impertinence à l'égoïste, et moins l'égoïsme qu'il nous
montre est grossier au dehors, plus nous comprenons combien il doit être profond au dedans. (*Éditeurs.*)

(2) Chapitre XI : *De l'Homme.*

(3) Chapitre V : *De la Société et de la Conversation.*

« tière : il y a peu de conjonctures où il ne faille tout
« dire ou tout cacher. On a déjà trop dit de son se-
« cret à celui à qui l'on croit devoir en dérober une
« circonstance (1). »

Voici une autre pensée qui rappelle ou plutôt
qui contredit La Rochefoucauld. Celui-ci disait :
« C'est une grande folie de vouloir être sage tout
« seul (2). » La clarté, comme la supériorité morale,
est ici du côté de La Bruyère : « Il faut faire comme
« les autres : maxime suspecte, qui signifie presque
« toujours, il faut mal faire, dès qu'on l'étend au delà
« de ces choses purement extérieures qui n'ont point
« de suite, qui dépendent de l'usage, de la mode et
« des bienséances (3). »

Remarquons, en finissant, cette pensée excellente
et d'une si parfaite justesse :

« La moquerie est souvent indigence d'esprit (4). »

Et deux lignes plus bas :

« Si vous observez avec soin qui sont les gens qui
« ne peuvent louer, qui blâment toujours, qui ne
« sont contents de personne, vous reconnaîtrez que
« ce sont ceux mêmes dont personne n'est con-
« tent (5). »

Enfin, nous indiquerons encore le morceau qui
commence ainsi : « Les hommes parlent de manière,
« sur ce qui les regarde, qu'ils n'avouent d'eux-
« mêmes que de petits défauts, et encore ceux qui

(1) Chapitre V : *De la Société et de la Conversation.*
(2) Maxime 231.   (3) Chapitre XII : *Des Jugements.*
(4) Chapitre V : *De la Société et de la Conversation.*
(5) *Ibid.*

« supposent en leurs personnes de beaux talents ou
« de grandes qualités (1). » Des nuances fines de la
vanité humaine y sont rendues avec cette vérité piquante si habituelle à La Bruyère.

(1) Chapitre XI : *De l'Homme.*

XI.

RÉCAPITULATION.

MORALISTES ASCÉTIQUES. PÉRIODE INTERMÉDIAIRE.

Arrivé au terme de la carrière que je m'étais proposé de parcourir, je comptais, Messieurs, jeter avec vous un regard sur l'espace que nous laissons derrière nous, rassembler sous un coup d'œil les principaux faits et les principales idées qui nous ont successivement occupés, en un mot résumer le cours que je viens de faire (1). Je ne me suis pas ménagé pour cette revue un espace suffisant. Quelques noms propres sont à peu près tout ce que je puis vous répéter aujourd'hui ; et ces noms sont si peu nombreux, qu'il semble que je doive hésiter à vous donner même cette simple liste, tant sa brièveté révèle clairement combien peu de parti j'ai tiré des vingt-trois heures que j'avais à ma disposition.

Ce n'est pas qu'à ce petit nombre d'individualités un plus habile que moi n'eût pu rattacher sans peine le monde entier des idées morales. Chacun des écri-

(1) On a déjà dit dans l'*Avertissement des Éditeurs*, en tête de ce volume, que les leçons sur Saint-Évremond et Bayle qu'on y a insérées, comme complément de ce cours, ont fait partie du cours donné l'année suivante par M. Vinet ; mais il est à propos de le rappeler ici. (*Éditeurs.*)

vains que nous avons essayé d'apprécier représente quelqu'une des idées qui préoccupent tour à tour ou se partagent simultanément l'espèce humaine; car le nombre de ces idées est borné, et il n'appartient à aucun génie de les multiplier; tout ce qu'il peut, c'est de les renouveler par des combinaisons, de les assortir au temps, de les individualiser en les empreignant de son propre caractère.

C'est ainsi que, dans la personne de Montaigne, nous avons vu réalisé l'épicurisme de tous les temps, modifié par le caractère de l'écrivain et par son époque : athéisme bien réel, mais pacifique, sans hostilité, peut-être sans conscience de soi-même; conduit dans la route de la vie par un aveugle et par un myope (l'aveugle, c'est la nature, le myope, c'est le bon sens); poussé par son système dans une contradiction manifeste, puisque, d'un côté, pour se défaire de toutes les convictions, il est obligé de montrer la nature sans uniformité, sans constance, se démentant elle-même à tous les instants, et que, de l'autre, il lui convient, pour se soustraire à une règle plus rigoureuse, de n'accepter pour guide que cette même nature ; système enfin qui, serré de près et sommé de répondre, se réduit en philosophie à zéro, et en morale à l'individualité pure et simple.

Pascal, se plaçant entre les deux systèmes qui toujours ont partagé et partageront les philosophes, entre la doctrine d'Épicure et celle de Zénon, se sert de l'une contre l'autre, les heurte l'une contre l'autre, les oblige à se briser mutuellement, et de leur poussière confondue évoque un nouveau système où la grandeur et la misère de l'homme figurent comme deux vérités correspondantes, corrélatives, dont le point de réunion est le point de départ de toute spéculation vraie en philosophie morale. De ces deux vérités constatées il fait ressortir avec une merveilleuse force la vérité du christianisme, qui seul a reconnu nos deux états et les contradictions de notre nature, qui seul les a expliquées, qui seul les a conciliées, non par des raisonnements, mais par un fait étranger, supérieur à toutes les données de la raison, et qu'on serait autorisé à traiter de folie, s'il n'était défendu par ses fruits, si, comme l'a dit Jésus-Christ lui-même, la sagesse n'était justifiée par ses enfants (1). C'est ainsi que Pascal a étendu le champ de l'apologétique chrétienne; car le génie est semblable à cette reine fugitive, qui vint chercher sur la rive africaine une place pour un empire; dans la peau d'une bête fauve, que lui assignait pour limites une hospitalité dérisoire, elle sut trouver l'enceinte d'une vaste cité. Avec moins de génie que Pascal, d'autres apologistes venus après lui ont encore agrandi cette science; mais il ne faut pas oublier que c'est lui qui les avait portés à leur point de départ, et que ce n'est pas merveille qu'un enfant monté sur les épaules d'un géant voie un peu plus loin que ce géant lui-même.

Dans La Rochefoucauld nous avons trouvé, avec quelques germes épars de matérialisme, le principe,

(1) Matthieu XI, 19.

sans conscience de soi-même, de ce que l'époque présente désigne sous le nom d'utilitarisme. L'intérêt, montré au fond de toutes les actions humaines, telle est la substance du livre de La Rochefoucauld, à qui, d'ailleurs, on ne saurait imputer ni à blâme ni à louange d'avoir fait un système. Il était impossible de ne pas conclure, des faits nombreux rassemblés dans cet ouvrage, l'importance du rôle que joue l'élément égoïste dans le cœur humain; cela nous a conduit à considérer la lutte permanente établie dans l'âme entre le MOI et le NON-MOI, l'impossibilité d'un vrai partage entre ces deux éléments, la nécessité de satisfaire entièrement le premier pour procurer au second un libre jeu et un plein essor, et c'est dans le christianisme que nous avons trouvé la solution de cet important problème.

Nous n'avons pas demandé à La Bruyère un système : il n'en a point. Cependant il a son caractère à lui, que nous n'avions point rencontré encore. C'est un observateur chrétien et humain de la société ; c'est ainsi un historien précieux de cette époque remarquable; c'est un peintre habile, non-seulement des mœurs de son temps, mais de la nature humaine en général.

La liste des moralistes proprement dits est plus courte sans doute qu'on ne le croit. Toutefois il s'en faut bien que nous ayons épuisé le dix-septième siècle. Je vois avec confusion et avec une sorte d'effroi bien des noms se presser sur le seuil de la porte que

nous allons fermer, et demander l'accès que nous ne
pouvons plus leur accorder.

Auprès d'eux s'offre à nous la classe nombreuse et
importante des ascétiques, c'est-à-dire des écrivains
qui donnent la vérité religieuse pour base à la vérité
morale.

Nommer ici Bossuet, Bourdaloue, Massillon, Fénelon, Nicole, Duguet, Saurin, c'est vous dire assez
qu'il nous resterait à parcourir la moitié au moins de
notre carrière, si nous ne les regardions comme plus
ou moins étrangers à l'objet de notre étude. Nous
nous sommes proposé essentiellement de faire connaître les moralistes d'une autre classe, ceux qui ont
étudié l'homme avec une sagesse d'homme, ou qui
ont cherché dans son propre sein la force dont il a
besoin contre lui-même. Si Pascal a pris dans cette
revue une large place, c'est parce qu'il est parti
d'une étude philosophique de l'âme humaine pour
établir la nécessité d'un autre guide que la raison et
la philosophie. Chacun des auteurs que nous avons
étudiés ayant pris pour point de départ la raison,
c'est-à-dire sa raison, forme une individualité distincte; chacun a sa doctrine, sa morale; chacun est
lui-même. Il n'en est pas ainsi des moralistes ascétiques; quoique je ne conteste à nul d'entre eux son
individualité, je ne vois point dans chacun d'eux une
doctrine. La même donnée fondamentale étant fournie
à tous, les mêmes conséquences principales leur sont
imposées. Ils ne peuvent, sous le rapport de la doc-

trine, différer que par des nuances : ils sont tous disciples d'une même école, éclairés d'une même lumière, mus dans une même direction ; la raison de
Dieu est leur raison. C'est à d'autres égards que leur
individualité se prononce ; mais s'il est question de
doctrine, ils font masse, et tous ces hommes ne sont
qu'un homme ; c'est tous ensemble, et non pas un à
un, qu'il faut les comparer aux moralistes précédents.
Les rapprocher des autres moralistes, c'est rapprocher
la morale une et immuable de l'Évangile de la morale
multiforme et variable de la raison humaine.

Toutefois, et par cela même que leur morale leur
est donnée par leur religion, ils peuvent offrir entre
eux des différences, suivant les différences de leurs
vues religieuses. La morale et le dogme sont intimement unis, ou plutôt sont, dans le christianisme, une
seule et même chose à leur principe : ce que le dogme
souffre, la morale le souffre aussi ; ce qui fortifie et
épure le dogme, épure et fortifie la morale. Il sera
donc naturel d'attendre des différences entre le moraliste catholique et le moraliste protestant ; et parmi
les catholiques mêmes, entre les jansénistes et le reste
des docteurs de l'Église romaine.

En lisant les *Provinciales*, écrites vers le milieu du
dix-septième siècle, nous sommes déjà bien loin de
la morale naturelle de Montaigne et de Charron ; les
bases anciennes ont été restituées ; la religion catholique, subissant à son insu l'influence de la grande
révolution religieuse du seizième siècle, et participant
dès lors à l'un des caractères essentiels de la Réforme,

aspire à former avec la morale un tout indivisible :
agir doit être la conséquence de croire; croire doit
être le principe d'agir; il n'y a pas de dissentiments
sur cette question; du moins on ne les avoue pas.

Les jésuites, comme Pascal, reconnaissent le christianisme pour point de départ de la conduite et des
mœurs; mais les premiers cherchent à accommoder
la règle divine aux passions humaines, tandis que
Pascal, dans ses écrits comme dans sa vie, s'efforce
de ramener les passions humaines sous le joug de la
règle divine. Il y a cette différence encore, que la
théologie de Pascal, plus sévère, correspond à une
morale plus pure, et que la morale relâchée des jésuites semble procéder d'une théologie moins exacte
et moins scripturaire.

Il existe enfin, indistinctement chez les protestants
et les catholiques, une différence entre les orthodoxes,
qui se tiennent plus collés à la lettre, et les mystiques,
qui accordent plus à l'esprit. Bourdaloue et Nicole,
Fénelon et Duguet, Bossuet et Saurin offriraient sous
ce rapport des points de comparaison intéressants.
Mais ce qui est plus intéressant peut-être que l'étude
de ces variétés, c'est de voir avec quelle puissance la
piété chrétienne fait de tous les esprits un même esprit. Tous les docteurs pieux ont eu la même religion
et la même morale.

Cela ne nous empêcherait pas, si le temps nous le
permettait, d'examiner à part et d'étudier à loisir
chacun des grands écrivains religieux que nous venons de nommer. Mais pour le faire aussi convena-

blement que nos forces peuvent nous le permettre, il ne faudrait guère moins de temps que nous en avons déjà consommé, et nous ne saurions nous résoudre à étouffer d'aussi beaux sujets dans les étroites limites du temps qui nous reste. Passer rapidement sur les écrits de ces hommes éminents serait sans respect pour eux et sans utilité pour vous. Heureux qui peut tout abréger parce qu'il voit tout! Pour nous, nous n'espérons pas faire connaître sans de longs développements et sans des citations nombreuses, tous ces génies si beaux et si divers : ce grand Bossuet, en qui semble renfermée toute la majesté du dogme chrétien, entre les mains de qui deux idées, la mort et l'éternité, remuent comme de puissants leviers toutes les âmes d'un auditoire, et qui prosterne avec lui-même dans la poussière toutes les grandeurs humaines ; ce Bourdaloue, si austère, si zélé, si saintement passionné, si riche d'idées, si fort de preuves, si étonnant de dialectique ; ce Massillon, à qui toutes les consciences ont dit leur secret, qu'on a appelé le confesseur universel de la nature humaine, qui nous aide à lire dans notre propre cœur, qui connaît la société, le monde et la cour, qui compatit avec sévérité, condamne avec sympathie, et répand sur ses conseils et sur ses réprimandes mêmes, l'onction la plus suave ; ce Saurin, l'honneur de la chaire protestante, rapide, pressant, quelquefois abrupte, toujours précis et net, n'évitant les difficultés d'aucun sujet, ne craignant jamais pour la vérité, ou plutôt ne craignant jamais la vérité elle-même, vrai envers

18

et contre tous, parlant d'autorité, et annonçant la
morale comme une vérité rigoureuse et positive; ce
Fénelon, que son nom seul caractérise et retrace,
parce que ce nom depuis longtemps est celui de l'éloquence la plus persuasive et la plus douce, Fénelon
qui semble renfermer en lui toute la grâce de la religion, comme Bossuet en a pris toute la majesté, et
pourtant guide peu sûr, lecture dangereuse pour
beaucoup d'âmes, qui trouveraient chez lui le superflu avant le nécessaire, voudraient courir avant de
savoir marcher, et se nourrir de toutes les douceurs
de la religion avant d'en avoir savouré la salutaire
amertume; enfin, dans l'école de Port-Royal, ce
Nicole, qui en fut l'un des principaux ornements, lui
à qui manque l'imagination du style, qui sans verve,
sans agrément, mais savant dans le cœur humain et
dans la religion, a déposé dans ses *Essais de morale*
un trésor d'instructions et de directions utiles; ce
Duguet, laborieux et meilleur écrivain, dont les écrits
et la correspondance respirent la piété la plus saine,
la maturité de l'expérience, une sévérité sans rudesse,
l'onction et la gravité, et qui n'offre pas moins d'intérêt à des lecteurs protestants qu'à des lecteurs catholiques; Quesnel encore, si indignement persécuté
pour ses *Réflexions morales sur le Nouveau Testament*, ouvrage admirable, et peut-être sans égal
dans son genre, où la profondeur de l'émotion chrétienne se confond avec la profondeur de la pensée
théologique, et qu'on ne saurait lire sans se sentir
entraîné dans une sphère plus haute de sentiments

et de désirs. J'aime mieux, Messieurs, m'en tenir à cette pauvre et stérile nomenclature, que d'entreprendre une revue précipitée, qui, pour être un peu plus étendue, n'en serait pas moins superficielle, et remplirait moins les lacunes qu'elle ne les ferait sentir.

Nous avons signalé la tendance caractéristique du dix-septième siècle, cette concentration puissante, qui, tout en vivifiant les diverses branches de la culture sociale, ramenait chacune d'elles sous l'empire d'une autorité reconnue. Mais gardons-nous de croire que l'esprit dominant de cette grande période en fût l'esprit unique. Sous son apparente immobilité, le siècle de Louis XIV recélait un mouvement caché. Au premier coup d'œil, il est vrai, on serait tenté de croire à une sphère tournant sur elle-même; religion, littérature, morale, tout semblait stationnaire; mais, sous cette enveloppe solide et majestueuse, un travail se poursuivait, une réaction se préparait, timide d'abord, puis de plus en plus hardie, contre la sévère orthodoxie qui prétendait régir toutes les manifestations de l'activité intellectuelle. En prenant les siècles dans leur ensemble, on est forcé de reconnaître à l'esprit humain une marche plus régulière qu'on ne l'avait estimé d'abord. Sous le règne du grand roi, certaines choses, sans doute, continuaient à subsister dans une maturité glorieuse; mais il était loin d'en être ainsi de toutes. L'eau qui se trouve entravée dans le cours naturel de son écoulement, a beau sembler paisible; elle s'amasse d'heure en heure contre la digue qu'elle finira par franchir, ou plutôt par renverser. Dans des conditions analogues, l'esprit humain songe moins à s'exercer qu'à se venger. Une chute violente et précipitée est en général sa revanche après une longue compression.

Quelques symptômes d'indépendance trahissaient, sur plusieurs points, cette inévitable, mais sourde réaction. En littérature, Perrault s'insurgeait contre l'autorité de Boileau, et la fameuse querelle des anciens et des modernes subsiste comme un témoignage du mouvement des esprits à cette époque. Le culte voué à l'antiquité fut mal attaqué et mal défendu; mais si l'antagoniste du législateur du Parnasse eût été plus capable de soutenir la lutte, sa pensée eût répondu à celle de bien d'autres.

En politique, même caractère. Fénelon, sous ce rapport, se présente à nous comme un véritable réformateur. Il est le libéral du dix-septième siècle; ses écrits offrent un ensemble de doctrines politiques, un système de gouvernement, des modèles d'institutions, qui dépassaient tout à fait le cadre des idées de son temps. Louis XIV ne s'y trompa point; la disgrâce et l'exil dans l'archevêché de Cambrai du prélat que le monarque appelait un bel esprit chimérique, en témoignent assez. Un sens d'une admirable justesse révélait au roi le danger de tout ce qui, de près ou de loin, pouvait tendre à ébranler l'ordre de choses que l'œuvre de son long règne fut d'étendre et de consolider, mais qui ne devait pas lui survivre longtemps.

En philosophie, la réaction fut à la fois plus profonde et plus circonspecte. On voulait non pas modifier les croyances, mais les détruire. Au point de vue de la morale l'épicurisme, au point de vue de la foi le scepticisme, caractérisent la nature de ces tentatives. Nous avons vu les esprits forts gourmandés par La Bruyère. Ils poussaient du premier élan jusqu'à l'athéisme ; Spinosa et Gassendi, le maître de Molière, leur fournissaient des aliments dont ils se nourrissaient sans bruit. L'école secrète de Chaulieu, de La Fare, de Ninon de l'Enclos, dans laquelle Voltaire commença à se former, traversa tout le grand règne. Ces tendances se fortifiaient par les communications avec l'Angleterre, où le libre penser s'était introduit sous Charles II, en même temps que la licence des mœurs. Jusqu'alors les Français avaient vécu assez isolés de leurs voisins du Nord ; la marche de la civilisation et les alliances de leurs princes les avaient plutôt mis en rapport avec l'Italie et l'Espagne. Toutefois ces influences étaient peu sensibles en comparaison de ce qui devait arriver plus tard : le dix-huitième siècle aura un caractère plus universel, plus humain, moins français que le dix-septième.

Entre les deux périodes, quelques esprits peuvent être considérés comme servant d'intermédiaires. Saint-Évremond, Bayle, Fontenelle, Massillon, réunissent des caractères communs aux deux époques. Les deux

premiers ont vécu dans le dix-septième siècle ; mais
ils devancent et préparent la réaction qui éclatera au
dix-huitième (1).

(1) Les remarques de M. Vinet sur Fontenelle ont été insérées dans l'*Histoire
de la Littérature française au dix-huitième siècle ;* celles sur Massillon trouveront place dans un autre volume. (*Éditeurs.*)

XII.

SAINT-ÉVREMOND.

1613—1703.

Charles de Saint-Denis, sieur de Saint-Évremond, appartenait à une famille noble et considérée de la Normandie. Il entra au service après avoir commencé par faire son droit, et fit ses premières armes sous le prince de Condé, alors duc d'Enghien. L'influence qu'il exerça de son temps, en contribuant à répandre les doctrines de l'épicurisme, fut vaste et fort au-dessus de la réputation qu'il a conservée comme écrivain. Ami de Ninon de l'Enclos, ornement de cette société, homme de guerre, de cour, de diplomatie, de plaisir, doué de beaucoup d'esprit, d'intelligence, d'instruction, il n'écrivait pas de gros livres, il ne professait pas de système arrêté de philosophie; mais la force, pour agir sur l'opinion, est quelquefois en raison inverse du poids. Il mettait au jour des pamphlets, de petites brochures remplies de piquantes saillies, que la légèreté des pensées et la frivolité des considérations n'empêchaient nullement d'être répandues et lues. Il n'en fut pas de même après lui :

ses éditeurs l'ont enterré sans pitié dans ses propres ouvrages, en les réunissant en de gros volumes.

Il est permis de croire, d'ailleurs, que les agréments du commerce et de la conversation de Saint-Évremond ajoutaient quelque chose à l'influence de ses écrits, surtout lorsque son éloignement de la France y eut joint pour ses amis le prestige du souvenir. Il avait fait partie de la suite de Mazarin, lors des négociations qui aboutirent au fameux traité des Pyrénées. A cette occasion il écrivit au duc de Créqui une lettre où la politique du cardinal était l'objet d'une critique satirique et mordante. Cette lettre, découverte après la disgrâce de Fouquet dans les papiers d'une dame de ses amies, attira sur l'auteur, quoique Mazarin fût mort, la colère du jeune roi, qui ne put lui pardonner de s'être raillé ainsi de son ministre. Saint-Évremond se réfugia d'abord en Hollande, ensuite en Angleterre, où il mourut, âgé de quatre-vingt-dix ans, dans le plein exercice de ses facultés. Il s'était particulièrement attaché à la duchesse de Mazarin, la belle Hortense de Mancini, réfugiée à Londres comme lui. Plusieurs de ses opuscules lui sont adressés, ainsi qu'un certain nombre de ses lettres.

On a prétendu que le morceau le plus saillant compris dans la nombreuse collection des œuvres de Saint-Évremond, n'était pas de lui; nous voulons parler de la *Conversation du maréchal d'Hocquincourt avec le Père Canaye*, satire pleine d'esprit et de bonne plaisanterie, mais où perce le mépris du clergé, des institutions ecclésiastiques et de la religion. Voltaire l'a attribuée à Charleval (1).

Parmi les ouvrages qui sont bien certainement de Saint-Évremond, il faut nommer d'abord les *Réflexions sur les divers génies du peuple romain dans les divers temps de la république.* Une sagacité fine, mêlée à de continuelles insinuations contre les mobiles élevés de l'âme, caractérise cette œuvre remarquable, mais inachevée. La morale d'Épicure s'y montre assez à découvert; elle s'allie avec l'utilitarisme, dont elle est, en fin de compte, le principe et le résumé. Un jour vif sur les motifs de la plupart des actions humaines, mais partiel et parfois peut-être un peu suspect, devait naturellement résulter de cette tendance.

Le jugement de Saint-Évremond sur le repos d'Annibal après sa victoire de Cannes mérite d'être cité :

« Si vous en cherchez la raison, c'est que tout est
« fini dans les hommes : la patience, le courage, la
« fermeté s'épuisent en nous. Annibal ne peut plus
« souffrir, parce qu'il a trop souffert; et sa vertu con-
« sumée se trouve sans ressource au milieu de la
« victoire (2). »

(1) « La fameuse conversation du maréchal d'Hocquincourt et du Père Canaye, « imprimée dans les œuvres de Saint-Évremond, est de Charleval, jusqu'à la petite « dissertation sur le jansénisme et sur le molinisme que Saint-Évremond y a ajou- « tée. Le style de cette fin est très différent de celui du commencement. » (VOLTAIRE, *Siècle de Louis XIV.* Article *Charleval* dans le *Catalogue des écrivains.*) La Harpe affirme aussi que ce morceau est de Charleval. M. Hippeau a soutenu, au contraire, qu'il est de Saint-Évremond. (*Éditeurs.*)
(2) Chapitre VII.

Il faut relever aussi ce qu'il dit de l'acte du premier Brutus :

« Il faudrait avoir été de son siècle, et même l'avoir
« pratiqué, pour savoir s'il fit mourir ses enfants
« par le mouvement d'une vertu héroïque ou par la
« dureté d'une humeur farouche et dénaturée. Je
« croirais, pour moi, qu'il y a eu beaucoup de des-
« sein en sa conduite. Il peut bien être que les sen-
« timents de la liberté lui firent oublier ceux de la na-
« ture. Il peut être aussi que sa propre sûreté prévalut
« sur toutes choses ; et que, dans ce dur et triste choix
« de se perdre ou de perdre les siens, un intérêt si
« pressant l'emporta sur le salut de sa famille (1). »

Voici quelques passages où la philosophie de Saint-
Évremond se montre tout à fait distinctement :

« Je ne saurais plaindre une pauvreté honorée de
« tout le monde : elle ne manque jamais que des
« choses dont notre intérêt ou notre plaisir est de
« manquer. A dire vrai, ces sortes de privations sont
« délicieuses ; c'est donner une jouissance exquise à
« son esprit de ce que l'on dérobe à ses sens (2). »

« Dans les premiers temps de la république on
« était furieux de liberté et de bien public ; l'amour
« du pays ne laissait rien aux mouvements de la na-
« ture.... On se dévouait, par une superstition aussi
« cruelle que ridicule ; comme si le but de la société
« était de nous obliger à mourir, bien qu'elle ait été
« instituée pour nous faire vivre avec moins de dan-
« ger et plus à notre aise (3). »

(1) Chapitre I.   (2) Chapitre V.   (3) Chapitre II.

« Les hommes ont établi la société par un esprit
« d'intérêt particulier, cherchant à se faire une vie
« plus douce et plus sûre en compagnie que celle
« qu'ils menaient en tremblant dans les solitudes. Tant
« qu'ils y trouvent non-seulement la commodité, mais
« la gloire et la puissance, sauraient-ils mieux faire
« que de se donner tout à fait au public, dont ils
« tirent tant d'avantage ? Les Décies qui se dévouè-
« rent pour le bien d'une société dont ils allaient
« n'être plus, me semblent de vrais fanatiques (1). »

Parmi les réflexions de Saint-Évremond sur Auguste, en général très favorables à ce premier des
empereurs, se trouve ce mot assez caractéristique :
« Il avait éprouvé qu'un honnête homme se fait le pre-
« mier malheureux quand il en fait d'autres (2). » Et
celui-ci : « Le bien de l'État était toujours sa pre-
« mière pensée, et il n'entendait pas par le bien de
« l'État un nom vain et chimérique, mais le véritable
« intérêt de ceux qui le composaient. Le sien le pre-
« mier (car il n'est pas juste de quitter les douceurs
« de la vie privée, pour s'abandonner au soin du
« public, si on n'y trouve ses avantages), et celui
« des autres, qu'il ne crut jamais être séparé du
« sien (3). »

Dans le *Jugement sur Sénèque, Plutarque et Pétrone,*
c'est le naturel de Plutarque qui plaît à Saint-Évremond, tandis que l'austérité de Sénèque le rebute :

« Plutarque insinue doucement la sagesse, et veut
« rendre la vertu familière dans les plaisirs mêmes;

(1) Chapitre V.   (2) Chapitre XVI.   . (3) *Ibid.*

« Sénèque ramène tous les plaisirs à la sagesse,
« et tient le seul philosophe heureux. Plutarque,
« naturel et persuadé le premier, persuade aisé-
« ment les autres : l'esprit de Sénèque se bande et
« s'anime à la vertu, et comme si ce lui était une
« chose étrangère, il a besoin de se surmonter lui-
« même (1). »

Mais entre les trois écrivains, c'est le voluptueux
élégant qui l'emporte aux yeux de Saint-Évremond.
Il ne se dissimule point la licence de Pétrone ; mais la
grâce et la délicatesse de l'expression le font passer
sur le reste :

« Je ne suis pas de l'opinion de ceux qui croient que
« Pétrone a voulu reprendre les vices de son temps,
« et qu'il a composé une satire avec le même esprit
« qu'Horace écrivait les siennes. Je me trompe, ou
« les bonnes mœurs ne lui ont pas tant d'obligation :
« c'est plutôt un courtisan délicat qui trouve le ridi-
« cule, qu'un censeur public qui s'attache à blâmer la
« corruption. Et pour dire vrai, si Pétrone avait
« voulu nous laisser une morale ingénieuse dans la
« description des voluptés, il aurait tâché de nous
« en donner quelque dégoût ; mais c'est là que pa-
« raît le vice avec toutes les grâces de l'auteur, c'est
« là qu'il fait voir avec plus de soin l'agrément et la
« politesse de son esprit (2). »

Avouons-le néanmoins, toute choquante que puisse
paraître cette préférence aux yeux de la morale, il
faut faire la part de ce que l'esprit pénétrant de Saint-

---

(1) *Sur Plutarque.* (2) *Sur Pétrone.* II.

Évremond apercevait de vide et de faux dans l'austérité guindée de Sénèque. Il a pu dire avec raison :
« Il est ridicule qu'un homme qui vivait dans l'abon-
« dance et se conservait avec tant de soin, ne prê-
« chât que la pauvreté et la mort (1). »

Toutefois cette vérité d'appréciation ne change rien
à l'esprit général du morceau. Les doctrines corro-
sives qui firent le fond de la philosophie du dix-
huitième siècle, y transpirent de partout. Écoutez,
par exemple, la comparaison de la mort de Socrate
avec celle de Pétrone :

« Pour sa mort, après l'avoir bien examinée, ou je
« me trompe, ou c'est la plus belle de l'antiquité....
« Socrate est mort véritablement en homme sage et
« avec assez d'indifférence. Cependant il cherchait à
« s'assurer de sa condition en l'autre vie, et ne s'en
« assurait pas; il en raisonnait sans cesse dans la
« prison avec ses amis assez faiblement; et pour
« tout dire, la mort lui fut un objet considérable.
« Pétrone seul a fait venir la mollesse et la noncha-
« lance dans la sienne.... Il s'est laissé aller aux
« choses qui le flattaient; et son âme, au point
« d'une séparation si fâcheuse, était plus touchée de
« la douceur et de la facilité des vers que de tous
« les sentiments des philosophes.... Nulle action,
« nulle parole, nulle circonstance qui marque l'em-
« barras d'un mourant. C'est pour lui proprement
« que mourir est cesser de vivre, et le *vixit* des Ro-
« mains lui appartient justement (2). »

(1) *Sur Sénèque.*   (2) *Sur Pétrone.* I.

Dans ce même parallèle se rencontre un jugement littéraire assez étrange, mais qui confirme ce que les auteurs contemporains nous révèlent du goût de leur temps, avant que Boileau et Racine l'eussent rectifié. Saint-Évremond, exilé de la France à l'ouverture du grand règne, en était resté aux admirations de son époque. Amateur passionné de Corneille, il loue en lui des défauts qui nous choquent à juste titre :

« Pour moi, qui suis grand admirateur des an-
« ciens, je ne laisse pas de rendre justice à notre
« nation, et crois certainement que nous avons sur
« eux en ce point (la galanterie) un grand avantage.
« Et sans mentir, après avoir bien examiné cette
« matière, je ne sache aucun de ces grands génies
« qui eût pu faire parler d'amour Massinisse et So-
« phonisbe, César et Cléopâtre, aussi galamment que
« nous les avons ouï parler en notre langue (1). »

On s'étonne parfois de certaines vues de ce genre chez un homme d'autant d'esprit, et qui a laissé des morceaux de critique ingénieux et intéressants. Quoiqu'il ait fait beaucoup de vers, il avait de singulières idées sur l'essence de la poésie; il la réduisait au niveau de la prose, ne lui laissant à peu près que la mesure et la rime. Saint-Évremond aurait plus vite et aussi bien fait de proscrire absolument la poésie. Au reste, on voit trop bien à ses vers que le sentiment poétique lui manquait.

On avait attribué à Saint-Évremond des *Réflexions sur la doctrine d'Épicure*. Il a désavoué cet écrit, tout

(1) *Sur Pétrone.* IV.

en en faisant l'éloge, dans une lettre à Ninon de l'Enclos :

« J'ai un grand désavantage en ces petits traités
« qu'on imprime sous mon nom, lui dit-il. Il y en a
« de bien faits, que je n'avoue point, parce qu'ils ne
« m'appartiennent pas; et parmi les choses que j'ai
« faites, on a mêlé beaucoup de sottises, que je ne
« prends pas la peine de désavouer. A l'âge où je
« suis, une heure de vie bien ménagée m'est plus
« considérable que l'intérêt d'une médiocre réputa-
« tion. Qu'on se défait de l'amour-propre difficile-
« ment! Je le quitte comme auteur, je le reprends
« comme philosophe, sentant une volupté secrète à
« négliger ce qui fait le soin de tous les autres (1). »

Il passe ensuite à la défense d'Épicure :

« Je pense qu'Épicure était un philosophe fort
« sage... Indulgent aux mouvements de la nature,
« contraire aux efforts, ne prenant pas toujours l'abs-
« tinence pour une vertu, comptant toujours la
« luxure pour un vice, il voulait que la sobriété
« fût une économie de l'appétit, et que le repas
« qu'on faisait ne pût jamais nuire à celui qu'on de-
« vait faire. Il dégageait les voluptés de l'inquiétude
« qui les précède et du dégoût qui les suit (2). »

Rapprochons de ce passage les lignes suivantes tirées de l'écrit désavoué par Saint-Évremond, mais
qu'il louait, comme nous l'avons dit, en le désa-
vouant :

« Il ne s'agit plus de défendre la volupté, ni de la

(1) *Sur la morale d'Épicure. A la moderne Léontium.*   (2) *Ibid.*

« considérer comme le souverain bien de la vie. Il
« faut l'élever sur le trône de la vertu même, qui lui
« dispute ce titre; et quoique nous n'en chassions
« pas cette vertu, de laquelle nous faisons profession,
« il faut néanmoins la contraindre d'y céder la pre-
« mière place à la volupté. En effet, comme tous les
« philosophes demeurent d'accord que la dernière fin
« que l'homme se doit proposer en ce monde est la
« vie tranquille et agréable, beaucoup d'entre eux se
« trompent de mettre cette vie dans la vertu, et non
« pas dans la volupté; et de s'attacher seulement à
« la splendeur d'un nom qui leur impose, sans consi-
« dérer une opinion à laquelle la nature même les
« force de consentir (1). »

L'indifférentisme, chez Saint-Évremond, n'a rien
qui surprenne; il est le résultat naturel de sa doctrine.
On n'est point étonné de le lui entendre exprimer nettement dans une *Lettre à M. Justel*, réfugié protestant,
sur les deux religions, catholique et protestante :

« Vous vous plaignez de l'arrêt qui oblige vos en-
« fants à faire choix d'une religion à sept ans, et
« c'est la plus grande faveur qu'on leur pouvait faire.
« En effet, ne vaut-il pas mieux recevoir la religion
« des lois de son pays que de la liberté de sa fan-
« taisie, ou de l'animosité des factions où l'on se
« trouve? »

Et dans ses *Réflexions sur la Religion* :

« Nous disons par docilité que nous croyons ce
« qu'on dit avec autorité qu'il nous faut croire; mais

---

(1) *Réflexions sur la doctrine d'Épicure.*

« sans une grâce particulière, nous sommes plus
« inquiétés que persuadés d'une chose qui ne tombe
« point sous l'évidence des sens, et qui ne fournit
« aucune sorte de démonstration à notre esprit. »

Ces morceaux et d'autres encore qu'il faut lire, par
exemple la *Lettre au maréchal de Créqui*, qui lui avait
demandé en quelle situation était son esprit et ce qu'il
pensait sur toutes choses dans sa vieillesse, montrent
Saint-Évremond homme du monde, homme de plaisir,
mais homme de sens et de goût, qui met la sagesse
à la place de la vertu, qui trouve dans la volupté des
raisons d'être honnête homme, et tend à substituer
l'intérêt bien entendu à tous les autres mobiles ; mais
il y tend comme un homme sensible et naturel, que
la spéculation n'a pas absorbé, et qui, par dialectique, ne s'inscrit pas en faux contre les mouvements
de son cœur.

Il a exprimé, dans la dernière pièce que nous avons
nommée, ce sentiment aimable :

« De tous les liens, celui de l'amitié est le seul
« qui me soit doux ; et n'était la honte qu'on ne
« répondît pas à la mienne, j'aimerais par le plaisir
« d'aimer, quand on ne m'aimerait pas. »

Dans un autre genre, voici un mot qui le peint assez
bien :

« Il n'y a personne de bon goût qui aime le vice,
« quand le vice n'est pas agréable (1). »

Observateur délicat de ce qui se passait dans son
cœur et dans celui des autres, Saint-Évremond com-

(1) *Lettre au duc de Buckingham, sur sa conversion.*

19

prenait remarquablement bien les sentiments qu'il ne partageait pas, et il en parlait convenablement. A l'inverse de Voltaire, qui n'a point connu la réelle nature du christianisme, et qui en parle comme un aveugle des couleurs, il en avait l'intelligence à fort peu de chose près. On en pourra juger par ces pensées éminemment vraies :

« Le vrai chrétien doit se faire des avantages de
« toutes choses. Les maux qui lui viennent sont des
« biens que Dieu lui envoie; les biens qui lui man-
« quent sont des maux dont la Providence l'a garanti.
« Tout lui est bienfait, tout lui est grâce en ce
« monde ; et quand il en faut sortir par la nécessité
« de la condition mortelle, il envisage la fin de sa
« vie comme le passage à une plus heureuse qui ne
« doit jamais finir.

« Tel est le bonheur du vrai chrétien, tandis que
« l'incertitude fait une condition malheureuse à tous
« les autres.

« En effet, nous sommes presque tous incertains,
« peu déterminés au bien et au mal.

« C'est un tour et un retour continuel de la nature
« à la religion, et de la religion à la nature.

« Si nous quittons le soin du salut pour contenter
« nos inclinations, ces mêmes inclinations se soulè-
« vent bientôt contre leurs plaisirs, et le dégoût des
« objets qui les ont flattées davantage, nous renvoie
« aux soins de notre salut.

« Que si nous renonçons à nos plaisirs par prin-
« cipe de conscience, la même chose nous arrive dans

« l'attachement au salut, où l'habitude et l'ennui
« nous rejettent aux objets de nos premières incli-
« nations (1). »

Il avait écrit, en commençant le morceau, ces paroles dont la vérité relative saisit tristement : « A
« considérer purement le repos de cette vie, il se-
« rait avantageux que la religion eût plus ou moins
« de pouvoir sur le genre humain. » On reconnaît, à
ces mots, l'homme dont le repos est le souverain
bien.

Dans le court écrit intitulé : *Que la dévotion est le
dernier de nos amours*, le véritable caractère de la
piété est admirablement saisi :

« Ce n'est pas à la crainte, c'est au seul amour
« qu'il est permis de bien effacer l'amour. Je dirai
« plus, une personne sérieusement touchée ne songe
« plus à se sauver, mais à aimer, quand elle s'unit à
« Dieu. Le salut, qui faisait le premier de ses soins,
« se confond dans l'amour, qui ne souffre plus de
« soins dans son esprit, ni de désirs en son âme, que
« les siens. Que si on pense à l'éternité dans cet état,
« ce n'est point pour appréhender les maux dont on
« nous menace, ou pour espérer la gloire que l'on
« nous promet ; c'est dans la seule vue d'aimer
« éternellement qu'on se plaît à envisager une éter-
« nelle durée. »

Mais cette remarquable intelligence du christianisme n'empêchait pas Saint-Évremond d'être au fond
un esprit profane. Sa *Lettre au duc de Buckingham sur*

(1) *Réflexions sur la religion.*

sa conversion, et surtout celle qu'il adressa à la duchesse de Mazarin pour la détourner du couvent, en fournissent de tristes preuves. Ce sont des plaisanteries, dira-t-on ; cela est vrai, mais elles ne fussent pas venues à un esprit où le respect des choses saintes eût conservé sa place :

« Votre beauté, devenue tout inutile, ne se décou-
« vrira ni à vos yeux ni à ceux des autres.

« Cependant, Madame, cette beauté merveilleuse,
« ce grand ornement de l'univers, ne vous a pas été
« donné pour le cacher. Vous vous devez au public,
« à vos amis, à vous-même. Vous êtes faite pour vous
« plaire, pour plaire à tous, pour dissiper la tristesse,
« inspirer la joie, pour ranimer généralement tout ce
« qui languit. Quand les laides et les imbéciles se
« jettent dans les couvents, c'est une inspiration di-
« vine qui leur fait quitter le monde, où elles ne
« paraissent que pour faire honte à leur auteur : sur
« votre sujet, Madame, c'est une vraie tentation du
« diable, lequel, envieux de la gloire de Dieu, ne peut
« souffrir l'admiration que nous donne son plus bel
« ouvrage. Vingt ans de psaumes et de cantiques
« chantés dans le chœur ne feront pas tant pour cette
« gloire qu'un seul jour que votre beauté sera expo-
« sée aux yeux du monde. Vous montrer est votre
« véritable vocation : c'est le service que vous devez
« à Dieu ; c'est le culte le plus convenable que vous
« puissiez lui rendre. »

Dans l'ensemble des opinions de Saint-Évremond et même dans ses moments sérieux, il est aisé de se convaincre que tout, en définitive, se rapporte pour lui à cette vie tranquille et agréable que nous l'avons entendu vanter, que tout chez lui relève de l'épicurisme.

L'épicurisme, Messieurs, a été exposé et interprété de plusieurs manières. Les uns l'ont présenté sous une forme scientifique; d'autres, abandonnant la rigueur des formules, ont imprégné leurs œuvres de son esprit, et ont réussi à en insinuer les tendances. Mais, de quelque manière qu'on s'y soit pris, il a été la négation de toute religion et de tout principe moral. Si nous remontons jusqu'au chef de la secte, nous verrons qu'en philosophie le système des atomes, en morale la volupté comme mobile de la volonté, ont au fond, l'un et l'autre, l'athéisme du cœur ou de l'esprit pour principe commun et pour résultat.

Peu importe comment l'épicurisme, corrosif puissant, pénètre dans la société; mais ici, plus visiblement qu'ailleurs, son action est partie du cœur pour arriver à l'intelligence. Montesquieu a pu dire justement : « Je crois que la secte d'Épicure, qui s'in- « troduisit à Rome sur la fin de la République, con- « tribua beaucoup à gâter le cœur et l'esprit des « Romains (1). » Je le crois facilement, parce qu'en tout fait de ce genre, il y a action et réaction; mais il fallait toutefois que l'épicurisme des mœurs eût préparé le terrain à celui des doctrines. La corruption du cœur a dû précéder l'aberration de l'esprit.

Deux méthodes ont été employées pour attaquer

(1) *Grandeur et Décadence des Romains*, chapitre X.

l'épicurisme, mais avec un succès inégal. La première, celle du raisonnement serré et fondé sur des
preuves, essentiellement négative et répressive, est
insuffisante pour atteindre un mal dont le siége est
dans le cœur. Comment faire goûter une suite de
déductions, quelque légitimes qu'elles soient, à un
cœur amolli par l'habitude de céder à tout ce qui l'attire? Une raison offusquée au point d'appeler sagesse
la complaisance aux penchants qui la dominent, où
prendrait-elle la force de saisir, dans leur énergie, les
droits inflexibles de la vérité morale? Au lieu de réfuter, il faudrait pouvoir opposer à l'erreur la présence d'un fait positif. Les faits seuls sont capables
de produire des modifications réelles dans les volontés paralysées. C'est ici le lieu de répéter ce que
nous avons dit plusieurs fois dans le cours de ces entretiens : rien de plus propre à agir sur la volonté
que le grand fait du sacrifice de Jésus-Christ. Ce fait
immense renferme pour le cœur une logique plus
puissante que toutes les ressources de l'esprit humain.

Chez Saint-Évremond le système de l'épicurisme
fut très peu scientifique, et cela même le mit à la portée d'un plus grand nombre de personnes. Aujour-
d'hui ce même principe s'est fondu, sous des formes
plus sévères, dans la doctrine des utilitaires.

XIII.

PIERRE BAYLE.

1647—1706.

Après Saint-Évremond, Bayle fut l'un des premiers fondateurs de la philosophie nouvelle que le dix-huitième siècle allait voir surgir. Il y a peu de chose à dire de sa vie; elle est tout entière dans ses œuvres. Né en 1647, fils d'un pasteur du Carlat, petite ville du comté de Foix, il se laissa de bonne heure entraîner au catholicisme, au grand mécontentement de sa famille. Peu après, étant revenu au protestantisme, passible par conséquent des peines portées contre les relaps, il se vit obligé de quitter la France. Après un séjour à Genève et dans le pays de Vaud, il devint professeur de philosophie à Sedan, naguère principauté des ducs de Bouillon, puis à Rotterdam, où il mourut en 1706.

On pourrait appeler Bayle le Montaigne du dix-septième siècle. Il est naturel, en effet, de les mettre en parallèle : Bayle, c'est Montaigne moins la grâce, plus la dialectique. Tandis que le fil des pensées de Montaigne se trouve sans cesse interrompu, Bayle, au travers de ses divagations apparentes, mène son

lecteur, de syllogisme en syllogisme, jusqu'au point
où il s'est proposé d'emblée de le conduire. Ce
qu'on a nommé l'*égotisme* de Montaigne, sa manière
de se mettre continuellement en scène, de ne montrer
guère l'homme en général qu'au travers de sa propre
individualité, est tout à fait étranger à Bayle, qui
disparaît complétement derrière son œuvre. Ils ont
de commun une parfaite indépendance d'opinion et un
cynisme à peu près égal. Malgré les reproches qu'il
mérite à ce dernier égard, Bayle eut des mœurs très
pures; l'attention la plus malveillante ne sut rien découvrir de déréglé dans sa vie. Souvent d'une crudité,
d'une grossièreté révoltante, il n'est pourtant pas
voluptueux comme Montaigne.

Tous deux sont pourvus d'une vaste érudition;
mais l'emploi charmant que Montaigne en fait est
sans rapport avec la manière dont Bayle use de la
sienne. Celle-ci a un autre aspect; cela tient en partie
à ce que les écrits de Bayle sont d'un autre genre :
Montaigne se souvient; Bayle recherche. Si l'on a
comparé l'un à une prairie émaillée de fleurs, on
pourrait dire que l'autre ressemble à un chef entrepre-
nant qui revient d'une expédition avec un butin un
peu confus, conquis, selon l'occurrence, sur les grands
et sur les petits, sur les riches et sur les pauvres. Il a
dû mettre à contribution les auteurs les plus ignorés
et les plus repoussants, et trop souvent les citations
qu'il en tire chargent ses pages plus qu'elles ne les
enrichissent. Toutefois cette immense et rare érudition n'accable pas celui qui la possède. Sous le poids

de ses citations, Bayle a su conserver toute la liberté de sa pensée, toute la vivacité de son esprit, et même quelques-unes des grâces de l'imagination.

Tous deux ont cette aisance de style qui naît de l'indépendance de la pensée ; tous deux ont communiqué de l'énergie à leur diction par l'emploi des locutions familières ; mais il est à remarquer que Bayle puise ordinairement les siennes dans les tournures de la conversation vulgaire, et même dans des trivialités populaires. C'est un langage de provincial ou de réfugié : la correction n'y manque pas, mais le choix presque toujours. Montaigne, aussi familier que Bayle, crée lui-même ses expressions selon le besoin ; il leur communique la grâce et la propriété, et son commerce intime avec la belle latinité y ajoute une fleur originale et délicate.

C'est donc des points de contact entre ces deux écrivains que nous voyons ressortir les différences qui les caractérisent. On en peut dire autant des deux penseurs. Tous deux, sans doute, furent les apôtres du scepticisme ; tous deux tendirent à la même conclusion : que rien n'est vrai sur rien ; mais ici même, une nuance les distingue.

On voit que Montaigne ne tient d'avance à aucune opinion ; son occupation propre est de lire dans sa pensée et dans ses souvenirs, comme nous lisons dans un livre sans rien affirmer à l'avance sur les doctrines et les sentiments de l'auteur. Il n'est pas toujours essentiellement sceptique ; il ne prétend pas d'une manière absolue qu'il faille douter de tout et toujours ; il

reconnaît la distinction qui existe entre le bon et le
mauvais, le beau et le laid, parfois même entre le
vrai et le faux; mais il appuie sur la nécessité de
n'apporter aucun parti pris dans la recherche de la
vérité, parce que trop souvent les idées qu'on a, repoussent celles qu'on voudrait avoir. Montaigne, sans
doute, ne s'en tient pas là; nous savons que sa tendance générale porte bien plus loin. Toutefois son
scepticisme est plutôt affaire de tempérament que de
volonté; c'est la fluctuation de l'homme naturel,
entraîné çà et là par ses tendances diverses, par
les impressions variées qu'il reçoit de l'étude de
l'homme poursuivie avec amour et sagacité, mais
sans trop d'inquiétude quant au résultat, sans ce
besoin de conclure inhérent à la masse des hommes.
Montaigne s'occupe des problèmes de la destinée
humaine en *dilettante* intellectuel; il n'en prend que
pour son plaisir.

Le plaisir de Bayle, c'est de batailler; l'esprit de
contradiction est essentiellement son esprit. Les raisons faibles et mauvaises par lesquelles on a souvent le tort de défendre la vérité, lui suscitent une
foule de réponses, les unes solides, vu la nature des
arguments qu'il réfute, les autres spécieuses seulement, mais présentées avec un art qui lui est particulier. Quand les thèses de ses adversaires ne lui suffi-
sent pas, il leur en prête de son chef, afin d'avoir
de quoi lutter. Il s'anime au bruit de ses paroles, ou
plutôt une force secrète le pousse à l'enchaînement
d'une suite quelconque de pensées. Ces interminables

discussions sont en général conduites avec une apparence d'impartialité exemplaire. Il fait suivre les idées,
mais il ne les balance pas; il semble donner scrupu-
leusement le pour et le contre, mais il est rare qu'il
fasse voir en quoi l'un l'emporte sur l'autre. Vous
l'interrogez avidement sur une de ces questions qui
agitent le plus la curiosité humaine ; il la développe
au long et avec intérêt, puis il finit par vous laisser
dans la perplexité. On dirait qu'il a eu pour but
d'humilier la présomption de l'intelligence humaine.
Il le déclare même ouvertement çà et là ; c'est
ainsi qu'il dit à propos de la question de l'origine
du mal :

« Elle est hors de la portée de notre raison : la
« philosophie peut sentir par là son fort et son faible.
« Quand elle charge le système des deux principes,
« elle l'enfonce, elle le met en déroute, sans le pouvoir
« rallier ; mais quand elle tourne ses batteries contre
« l'unité de principe, elle y fait des brèches qu'elle
« ne répare pas, quelque soin qu'elle s'en donne.
« Elle peut donc connaître que si elle a quelque
« force pour élever des brouillards, elle est trop fai-
« ble pour les dissiper. Nous devons par là lui don-
« ner de bons coups de caveçon, afin qu'elle soit
« moins orgueilleuse, et que cette humiliation ou
« cette mortification lui apprenne à se captiver
« sous l'obéissance de la foi. Il faut la dompter
« comme l'on dompta Bucéphale, en l'empêchant de
« voir son ombre, et en la tournant vers le soleil ;
« c'est-à-dire qu'il faut qu'elle se détache de son es-

« prit de dispute, pour ne consulter que l'oracle de la
« révélation (1). »

Si l'on était bien assuré que la conclusion de Bayle
fût sincère, on pourrait jusqu'à un certain point
excuser en lui cette tendance à désespérer de la raison. Nous l'avons remarqué déjà, cette marche est
celle de plusieurs penseurs, notamment dans le catholicisme. Nous avons fait nos réserves là-dessus à
propos de Montaigne; nous n'y reviendrons pas.
Remarquons toutefois que si la présomption de l'esprit humain est un mal, traiter cette maladie à la
manière de Bayle, c'est agir comme un médecin qui
laisserait mourir de faim son malade pour le guérir
d'une indigestion.

Le scepticisme de Bayle est bien loin d'avoir le
charme de l'examen philosophique de Montaigne.
Montaigne vous donne ce qu'il a au moment où il
vous parle, tandis qu'il est impossible de savoir au
juste le fond de la pensée de Bayle. Son esprit batail-
leur est certainement pour beaucoup dans les objec-

(1) *Réponse aux questions d'un Provincial.* Chapitre XCII. — C'est le dernier
des dix-neuf chapitres consacrés par Bayle à l'examen du livre de King, évêque
de Londonderry et depuis archevêque de Dublin, sur l'origine du mal. Bayle avait
dit dès l'entrée de ce travail, au chapitre LXXIV : « La première chose dont je
« doive vous avertir est que M. King dispute non avec ceux qui reconnaissent
« la révélation, mais avec ceux qui la combattent. C'est pourquoi il n'emploie que
« des principes tirés de la lumière naturelle, à moins qu'il n'ait à répondre à des
« objections tirées de cette même révélation. » Plus loin, au chapitre LXXXVII,
il dit des disputes où de telles objections sont produites : « Je crois que l'on doit
« d'abord demander aux opposants : Admettez-vous l'Écriture ? Et s'ils répondent
« que non, leur déclarer ce que l'on déclare à ceux qui nient les principes : Nous
« ne disputerons donc point avec vous. » Ces deux passages préparent de loin et
motivent peut-être les lignes qui terminent la citation à laquelle la note actuelle
se rapporte. (*Éditeurs.*)

tions qu'il amasse contre la religion ; mais on serait fort embarrassé de démêler, au milieu de ce luxe d'arguments, poussés comme ensuite d'une gageure, ce qu'il a pu conserver de convictions philosophiques ou chrétiennes.

Au reste, ce n'est pas de l'homme lui-même que nous avons à nous occuper ici, c'est de la tendance de ses écrits, et l'influence qu'ils ont exercée a été incontestablement funeste.

Nous l'avons dit, Messieurs, le scepticisme, qui semble au premier coup d'œil une maladie de l'esprit, est en réalité une maladie du cœur. L'homme est fait pour connaître ; savoir, est un besoin primitif de son être ; c'est le but de toute activité scientifique et morale. Qu'il n'adopte pas aveuglément tout ce qui se présente à lui comme vérité, qu'au départ il emploie le doute comme précaution contre l'erreur, rien de plus légitime. Douter ainsi, c'est croire : c'est croire à une vérité, à un ordre suprême, qui se présente au bout d'une route souvent âpre et rude, mais dont la possession est le couronnement de la destinée humaine. Il y a, au fond, plus d'amour, plus de respect pour cette vérité dans les efforts consciencieux de celui qui lutte durant de longues années pour se l'approprier, que dans le mol assentiment de tant d'esprits emportés par le courant des adhésions qu'on accorde autour d'eux. Mais admettre le doute autrement qu'en qualité de méthode pour arriver à la vérité, le présenter, l'inspirer comme s'il devait être l'état nor-

mal et définitif de l'intelligence humaine sur la terre,
c'est méconnaître les conditions de cette intelligence.

A ce point de vue déjà, les apôtres du doute illimité ont manqué à la nature humaine, à leur propre
nature. Ils ont fait plus encore : en interdisant à
l'homme la certitude, ils lui ont enlevé toute impulsion
vraiment active, tout principe de moralité éclairée et
réfléchie. Parfois les bons instincts font résistance ;
les habitudes de la foi et du respect luttent contre le
grand dissolvant ; mais une fois le doute entré dans
le sanctuaire de l'âme, les idées morales ne tiennent
pas ferme longtemps ; elles lâchent pied devant les
impulsions flottantes de la sensibilité, et l'on arrive
ainsi, au travers des jouissances délicates du cœur,
des plaisirs les plus raffinés de l'esprit, à cette sphère
dont le MOI est le centre et le pivot, où la sensibilité
confine au sensualisme, où le bien-être moral ne
diffère qu'en degré du bien-être physique, en un mot,
à l'épicurisme. Telle est la marche naturelle et presque nécessaire du scepticisme. Nous venons de le
voir à propos de Saint-Évremond.

Beaucoup de mal était fait, sans doute, quand
Bayle se mit à écrire ; mais il en fit davantage encore. Que de gens se croient savants et éclairés lorsqu'on les a mis en état de nier ! Les sceptiques les
plus hardis ont réclamé Bayle comme étant des leurs ;
les douteurs les plus incurables ont été les hommes
pénétrés de son esprit. Au siècle dernier, ceux qui se
sont nourris de la lecture de ses livres ont presque
tous laissé émousser en eux la faculté de percevoir la

vérité. Cette vaste influence peut étonner, si l'on s'arrête à l'aspect imposant des in-folio de Bayle ; mais, sans nier la patience de nos pères, il nous sera permis de dire que les gros volumes de Bayle confirment l'observation que nous avons faite sur la puissance des petits. Ils n'ont d'épais que l'apparence ; en réalité, ce sont une suite de pamphlets, ajoutés bout à bout les uns aux autres, et répondant aux mêmes inclinations que ceux de Voltaire.

Ce caractère est particulièrement celui du *Dictionnaire historique et critique,* entrepris d'abord comme rectification du grand dictionnaire historique de Moréri, ce qui explique certaines lacunes qu'on a signalées dans ce volumineux recueil. Un savoir énorme y est mêlé à un inconcevable bavardage sur des faits qui ne valaient pas la peine d'être mentionnés : ce sont tantôt des discussions sur des sujets puérils, tantôt des éclaircissements de points insignifiants ; puis des sottises, des obscénités, toutes choses qui ont contribué à populariser cette œuvre gigantesque ; puis, au milieu de tout cela, des argumentations, vrais chefs-d'œuvre de dialectique. Jamais, avant Bayle, cette arme formidable n'avait été maniée avec autant de vigueur et de dextérité ; jamais tant de précautions n'avaient été prises pour endormir la méfiance du lecteur. Bayle n'évite aucune question, ne ménage aucune opinion, et au travers de ses circuits ne perd jamais de vue le but qu'il s'est proposé.

Il sait répandre ses idées dans des ouvrages

dont le titre fait supposer des sujets sans rapport avec celui qu'il a vraiment en vue. Cette remarque s'applique surtout à ses *Pensées diverses à l'occasion de la Comète qui parut au mois de décembre* 1680. S'il en était autrement, on aurait peine à comprendre comment, science astronomique à part, il eût pu écrire tant de centaines de pages sur une comète. Aussi est-ce de tout autre chose que ce livre est plein. Bayle semble lui-même s'y excuser de son absence de méthode : « Je ne sais, dit-il, ce que c'est « que de méditer régulièrement sur une chose; je « prends le change fort aisément; je m'écarte très « souvent de mon sujet; je saute dans des lieux dont « on aurait bien de la peine à deviner les chemins, « et je suis fort propre à faire perdre patience à qui « veut de la méthode et de la régularité partout (1). »

Mais ceci même est un piége perpétuel auquel il ne faut pas se laisser prendre. Cette absence de méthode était une vraie méthode, fort convenable à son dessein de conduire insensiblement le lecteur à un terme non prévu. Des ressources incroyables sont déployées dans cette composition; une foule de questions y sont traitées : ainsi, les désordres de la cour de France à l'époque des persécutions; le zèle des grands seigneurs contre les protestants; les traités de Plutarque; Jansénius et les soixante-cinq propositions condamnées par le pape; la nécessité de la grâce divine pour la correction des mœurs; la maxime du préteur Cassius : *Cui bono;* la lenteur de la politique

---

(1) *Pensées diverses à l'occasion de la Comète de* 1680, § I.

de la maison d'Autriche, sa bigoterie et sa tendance
à persécuter; la critique de la forme de gouvernement de l'Empire germanique; la force des républi
ques du temps passé relativement aux monarchies;
l'état de l'Europe; les avantages de la paix de Nimè-
gue pour la France; l'éloge un peu ironique peut-
être de la modération de Louis XIV; la question des
ligues politiques et de leur convenance à cette époque; le *Cid* de Corneille. Mais tout cela, et mille autres choses, se trouve ramené au point de vue central
de l'auteur : l'athéisme préférable à la superstition.

C'était la première fois que le christianisme était
attaqué, comme ici, dans ses fondements d'une manière aussi vigoureuse qu'elle était détournée. Un
grand trouble fut jeté dans les esprits par des difficultés si artificieusement présentées. Les objections
furent mal réfutées : on s'embarrassa à repousser des
attaques contre des propositions qu'il n'eût pas fallu
soutenir. Il était, d'ailleurs, plus difficile encore de
neutraliser ce venin déguisé et subtil que de combattre
le scepticisme plus candide de Montaigne.

Et pourtant, les tentatives de Bayle ont été utiles
à l'esprit humain. Attaquée dans la possession de son
plus précieux trésor, l'âme se réveille et s'interroge de
nouveau; elle étudie de plus près elle-même, le monde,
l'histoire, et tire des profondeurs de la vérité des armes auparavant inusitées. De siècle en siècle grandit
la masse des témoignages apportés à la divinité du
christianisme, et c'est toujours en se heurtant contre
l'affirmation instinctive et souvent confuse de la foi,

20

que le doute a fait jaillir de nouveau la lumière.
Ainsi se justifie, dans toutes les sphères de la vie, des
plus hautes aux plus infimes, ce proverbe populaire,
simple expression de l'universalité de la loi de travail
imposée à l'homme : « La nécessité est la mère de
« l'industrie. »

Mais, à cette heure-là, les esprits n'étaient pas
mûrs pour répondre à Bayle. Il entremêlait ses sophismes de réflexions si sages, d'assertions si évidentes, de professions si formelles de l'authenticité du
christianisme, la supposant toujours admise, et partant de là pour suivre le fil de ses raisonnements ; il
connaissait si bien la théologie chrétienne ; son argumentation était conduite, en général, d'un ton si
calme et avec une impartialité si spécieuse, qu'on
avait grand'peine à démêler le point faible de cet
échafaudage préparé avec tant de soin. Quoi de plus
incontestable que ses arguments contre l'astrologie
judiciaire? Cela peut sembler superflu de nos jours ;
mais au dix-septième siècle, où l'on était tout proche
de ce genre de superstition, où l'on avait présent à
l'esprit l'horoscope de Louis XIII, fait au moment de
sa naissance par La Rivière sur l'ordre de Henri IV,
et d'autres horoscopes plus récents encore, il n'était
peut-être pas inutile de rappeler qu'un évêque et
un cardinal avaient eu « la témérité de faire celui de
« Jésus-Christ, et de dire que les aspects des pla-
« nètes lui promettaient toutes les merveilles qui ont
« éclaté en sa personne (1). »

(1) *Pensées diverses à l'occasion de la Comète*, § XX.

Le motif ostensible de la dissertation de Bayle est de répondre à ceux qui, envisageant les comètes comme des présages, prétendaient que Dieu les employait pour rappeler à l'esprit des hommes son existence et son pouvoir. Il montre, d'abord, que leur apparition est, non un présage, mais la conséquence des lois générales qui régissent le monde; que, même à supposer que Dieu eût fait coïncider le retour de ces astres avec quelque événement important, l'obscurité du présage l'aurait rendu inutile quant à l'impression morale qui pouvait en résulter; enfin, que des présages miraculeux ne pouvant servir, chez les nations païennes, qu'à les confirmer dans l'idolâtrie, il y aurait impiété à attribuer à un acte particulier de la souveraineté divine des phénomènes dont un tel résultat serait l'effet dernier. C'est sous prétexte d'arriver à cette fin qu'il étale à ses lecteurs tous les maux de l'idolâtrie. Il s'attache à démontrer que l'athéisme n'en saurait produire davantage, et même qu'il en aurait moins produit. Il va plus loin : l'athéisme, selon Bayle, fait moins de mal que la superstition. Le gros des chrétiens n'est pas mieux traité que les idolâtres; il appelle en témoignage les désordres, les vices, les cruautés des chrétiens de nom. La liste en est longue, en effet, mais il ne la trouve pas suffisante; il s'applique à juger les motifs d'après lesquels la plupart des hommes s'abstiennent de plusieurs choses mauvaises, et il les attribue, non à la conscience, mais à l'honneur, à l'intérêt, au tempérament. Il conclut de là qu'une société d'athées pourrait aussi bien qu'une société dite chrétienne s'abstenir des mêmes choses; qu'en général l'athéisme, tenant à un vice de l'esprit plutôt qu'à une passion quelconque du cœur, fournirait des hommes moins livrés au désordre des passions, et en cela plus propres à une organisation sociale; et que, par conséquent, une société d'athées serait en réalité plus heureuse, plus paisible, plus respectable qu'une société d'idolâtres.

Il ne s'en tient même pas là, et ici la mauvaise foi est évidente. Après avoir combattu à outrance la crédulité populaire, après s'être justement raillé de tant d'opinions généralement et aveuglément reçues, après avoir appuyé en ces termes sur la nécessité de peser les suffrages au lieu de les compter : « Je vous l'ai « déjà dit, et je le répète encore, un sentiment ne « peut devenir probable par la multitude de ceux qui « le suivent, qu'autant qu'il a paru vrai à plusieurs, « indépendamment de toute prévention, et par la seule « force d'un examen judicieux, accompagné d'exac- « titude et d'une grande intelligence des choses (1), » il oublie tout à coup ces réserves qu'il a faites, et, sur l'autorité confuse et suspecte de quelques voyageurs, il tient pour accordé le fait de l'existence de plusieurs peuples athées, alors que ce fait précisément était en question.

De toutes parts on s'éleva contre Bayle; mais ce fut sur l'argument *à priori* que les réfutations s'appuyèrent surtout. Cet argument était considérable sans doute, l'athéisme étant aussi absurde pour l'es-

(1) *Pensées diverses à l'occasion de la Comète*, § XLVII.

prit que détestable pour le cœur ; mais il était facile de perdre pied devant l'accumulation de paroles et de faits grands et petits entassés par l'auteur. Il ne vint à la pensée de personne d'aller droit au fait essentiel et de sommer Bayle de montrer à l'œuvre sa prétendue société d'athées. Montesquieu lui-même, qui a plusieurs fois défendu le principe des religions, ne s'est pas avisé de cette réponse. Bayle donnait pourtant de bonnes armes contre lui, quand il citait avec de grands éloges ce passage de Montaigne : « Je veois « ordinairement que les hommes, aux faicts qu'on « leur propose, s'amusent plus volontiers à en cher- « cher la raison qu'à en chercher la vérité. Ils pas- « sent par dessus les presuppositions, mais ils exami- « nent curieusement les consequences. Ils laissent « là les choses et courent aux causes. Plaisants cau- « seurs ! Ils commencent ordinairement ainsi : Com- « ment est-ce que cela se faict? Mais se faict il? « fauldrait il dire (1). »

Il en est, il en sera toujours ainsi. Que de gens ont été séduits par les dissertations de Bayle sur les peuples athées et leurs bonnes mœurs, sans se de- mander seulement si ces peuples étaient réels ou imaginaires ! Nombre de sophistes, J.-J. Rousseau entre autres, ont procédé comme Bayle. La fausseté de leur point de départ est voilée par la vigueur de leur argumentation : il est des substances fragiles auxquelles on sait donner toute l'apparence de l'acier.

---

(1) *Pensées diverses à l'occasion de la Comète,* § XLIX. — *Essais de Montaigne,* livre III, chapitre XI.

Toutefois, Messieurs, nous ne nous contenterons pas de cette réponse sommaire. Si Bayle était ici, il serait fondé à nous dire, et il l'a dit en effet, que, sur ce pied, nous n'avons pas plus le droit de parler des mauvaises mœurs des peuples athées qu'il n'a celui de parler de leurs bonnes mœurs. Dans l'un des cas, pas plus que dans l'autre, la preuve *à posteriori* ne saurait venir étayer le raisonnement.

Bayle n'est pas facile à prendre à partie. Il a un art de présenter les faits et les questions, tantôt sous un aspect et tantôt sous un autre, qui rend l'attaque malaisée. Parfois cependant, on rencontre une grosse contradiction, dont l'évidence n'est sauvée que par quelque réserve insignifiante, introduite par lui, on le dirait, pour qu'il ne risque pas d'être pris au dépourvu en cas d'objection. Au milieu de la lutte actuelle, il prévoit la lutte future. C'est ainsi qu'il dit à propos de l'athéisme :

« Il est impossible d'une impossibilité morale et
« physique, qu'une nation entière passe de la
« croyance d'un Dieu et de l'usage d'une religion
« dans une croyance et un usage contraires. A peine
« se peut-on persuader qu'un homme seul, ou par
« abrutissement, ou par de fausses subtilités, étouffe
« dans son âme l'idée d'une première cause de qui
« tout dépend et à qui tout doit hommage… Il n'y
« a jamais eu de malheur moins à craindre que l'a-
« théisme, et par conséquent Dieu n'a point produit
« des miracles pour l'empêcher (1). »

(1) *Pensées diverses à l'occasion de la Comète*, §§ CIV et CV.

Et ailleurs : « Si l'on regarde les athées dans le ju-
« gement qu'ils forment de la Divinité, dont ils nient
« l'existence, on y voit un excès horrible d'aveugle-
« ment, une ignorance prodigieuse de la nature des
« choses, un esprit qui renverse toutes les lois du
« bon sens, et qui se fait une manière de raisonner
« fausse et déréglée plus qu'on ne saurait le dire(1). »

Accorde qui voudra ceci avec la supposition des
peuples athées et de leurs bonnes mœurs. Ce serait
plus difficile encore si l'on y joignait la judicieuse
remarque de l'auteur, que l'adhésion pure et simple
à une cause première n'implique pas la foi à l'existence de Dieu :

« Il n'y a rien de plus facile que de connaître
« qu'il y a un Dieu, si vous n'entendez par ce mot
« qu'une cause première et universelle. Le plus gros-
« sier et le plus stupide païsan est convaincu que
« tout effet a une cause, et qu'un très grand effet
« suppose une cause dont la vertu est très grande...
« Il ne suffit donc point de connaître qu'il y a un
« Dieu, il faut de plus déterminer le sens de ce mo
« et y attacher une idée, il faut, dis-je, rechercher
« quelle est la nature de Dieu, et c'est là où com-
« mence la difficulté (2). »

Bayle, qui fait de son hypothèse des nations athées
son corps de bataille, a toujours ainsi, en avant ou
en arrière, quelque réserve à faire valoir. Il rentre
dans le vrai lorsqu'il envisage l'athéisme spéculatif

(1) *Pensées diverses à l'occasion de la Comète*, § CXXIII.
(2) *Continuation des Pensées diverses à l'occasion de la Comète*, § XX.

comme un fait rare, exceptionnel, comme le travers
de quelques penseurs seulement, simple idée, notion
de l'esprit qui s'amuse à mettre en question toute
chose. On lui demandera d'où vient cette idée; on lui
dira que ce n'est que du cœur qu'elle a pu monter
à la tête, que l'athéisme est une monstrueuse aberration du cœur, qui a fini par séduire la raison. Mais
gardez-vous de croire que ce point de vue lui soit
étranger. Il vous répondra par la distinction de deux
ordres d'athées :

« On ne distingue point les athées qui commencent
« par douter d'avec ceux qui finissent par douter.
« Ceux-là sont pour l'ordinaire de faux savants, qui
« se piquent de raison, et de mépriser les voluptés
« corporelles. Les autres sont des âmes souillées de
« toutes sortes de vices et capables des plus noires
« méchancetés, qui, s'apercevant que la crainte des
« enfers vient quelquefois troubler leur repos, et com-
« prenant qu'il est de leur intérêt qu'il n'y ait point
« de Dieu, tâchent de se le persuader. Je ne crois
« pas que tous les athées soient de cette espèce; je
« crois seulement qu'il y a des gens qui tâchent de
« se persuader l'athéisme. Soit qu'ils en viennent à
« bout, soit qu'ils n'y puissent pas réussir, ce sont les
« plus méchants hommes du monde. Mais ils ne sont
« pas méchants, parce qu'ils sont athées : ils devien-
« nent athées, parce qu'ils ont été méchants (1). »

En effet, un athée spéculatif devrait, au fond, faire
moins d'horreur qu'un athée pratique. Il y avait là

_____

(1) *Pensées diverses à l'occasion de la Comète*, § CLXXVII.

un angle ouvert sur l'un des mystères de la nature humaine; mais l'auteur n'en tire aucun parti.

Dans ce miroitement perpétuel, où Bayle fait jouer la lumière tantôt sur une face des questions, tantôt sur une autre, l'idolâtrie lui sert de bouclier pour masquer les coups qu'il porte à la religion en général.

Quand il veut faire pencher la balance en faveur des athées, n'osant, cela va sans dire, les mesurer d'emblée aux chrétiens, c'est aux idolâtres qu'il les compare :

« On n'a qu'à lire le dénombrement qui a été fait
« par saint Paul de tous les désordres où les païens
« se sont jetés, et on comprendra que les athées
« les plus opiniâtres n'eussent pu enchérir par-des-
« sus (1). »

Voilà pour le mal; voici pour le bien. Il s'étaie de la théologie de saint Augustin sur l'entière corruption de l'homme naturel et les motifs viciés des bonnes œuvres païennes :

« Qui empêche qu'un athée, ou par la disposition
« de son tempérament, ou par l'instinct de quelque
« passion qui le domine, ne fasse toutes les mêmes
« actions que les païens ont pu faire? Si le païen n'a
« rien fait pour la gloire de Dieu, s'il n'a point donné
« l'aumône par le motif de l'amour de Dieu, s'il n'a
« point rapporté à l'honneur de Dieu l'usage qu'il
« faisait de son crédit pour empêcher l'oppression
« des innocents, il est clair que la connaissance de
« Dieu n'a de rien contribué à lui faire faire ce qu'il

(1) *Pensées diverses à l'occasion de la Comète*, § CXXIX.

« a fait, et qu'il l'eût fait tout aussi bien quand
« même il n'eût jamais ouï parler de Dieu; et par
« conséquent, selon les principes de saint Augus-
« tin, les athées sont très capables de faire toutes
« les actions morales que nous admirons dans les
« païens (1). »

Si Bayle avait osé exprimer ici toute sa pensée, il
aurait immédiatement ajouté : « Et parmi le gros des
« chrétiens. » Mais ce qu'il ne fait pas dans ce morceau, parce qu'il ne lui convient pas de le faire, il
l'insinue et même il l'exprime ailleurs :

« Ce qui nous persuade que l'athéisme est le plus
« abominable état où l'on se puisse trouver, n'est
« qu'un faux préjugé que l'on se forme touchant les
« lumières de la conscience, que l'on s'imagine être
« la règle de nos actions, faute de bien examiner les
« véritables ressorts qui nous font agir (2). »

« L'homme est toujours homme. La Providence di-
« vine n'ayant pas trouvé à propos d'établir sa grâce
« sur les ruines de notre nature, se contente de nous
« donner une grâce qui soutient notre infirmité. Mais
« comme le fond de notre nature, sujette à une infi-
« nité d'illusions, de préjugés, de passions et de vi-
« ces, subsiste toujours, il est moralement impossi-
« ble que les chrétiens, avec toutes les lumières et
« toutes les grâces que Dieu répand sur eux, ne
« tombent dans les mêmes désordres où tombent les
« autres hommes (3). »

---

(1) *Pensées diverses à l'occasion de la Comète*, § CXLVI.
(2) *Ibid.*, § CXXXIII.   (3) *Ibid.*, § XCII.

Voilà qui ne laisse pas d'incertitude. Bayle, il est vrai, ne parle pas toujours ainsi; il a généralement soin de faire des exceptions en faveur de ceux que préserve la grâce particulière du Saint-Esprit. Mais, en dépit de ces réserves, il est évident que les lecteurs qui se laissent faire, et ce n'est pas le plus petit nombre, se trouvent assez naturellement amenés à conclure que les athées pourraient bien valoir autant et plus que la masse des chrétiens.

Convenons-en, au point de vue de la valeur personnelle et de la responsabilité morale de l'individu, on ne saurait condamner Bayle. Athées, idolâtres, chrétiens de nom, chacun se trouve responsable selon le degré des lumières qu'il possède.

Qu'est-ce au fond que l'athéisme? N'est-ce pas cet éloignement de Dieu par lequel le genre humain est tombé dans l'état de dégradation où nous le voyons? N'avoir pas de Dieu, c'est n'avoir pas le vrai Dieu, c'est méconnaître le Dieu saint et bon dans les qualités inaliénables qui constituent son essence. A ce compte, le monde est plein d'athées, et les idolâtres sont au premier rang. On peut avoir cent dieux et n'avoir pas de Dieu. C'est aux Éphésiens, adorateurs passionnés de leur grande Diane, que saint Paul disait qu'ils étaient en ce temps-là « sans Dieu dans « le monde (1). » Si l'humanité est misérable et corrompue, ce n'est pas parce que deux ou trois insensés ont dit : « Il n'y a point de Dieu, » mais c'est par la rupture des liens naturels entre le vrai Dieu

(1) Éphésiens, II, 12.

et ses créatures intelligentes : Dieu est pour elles
comme s'il n'était pas. Les idolâtres sont donc de
véritables athées. Il en est de même, au fond, de
ceux qui, reconnaissant un Dieu unique, et l'inves-
tissant sans difficulté de toutes les perfections, ne se
conduisent point à son égard comme ses perfections
le réclament, ou même ne songent jamais à lui. Tout
cela est incontestable et fondé sur la nature des choses. Mais savez-vous, Messieurs, qui établit ces vérités aussi nettement, aussi distinctement que personne?
C'est Bayle lui-même :

« Si l'on y prend bien garde, dit-il, l'on trouvera
« que les idolâtres ont été de vrais athées, aussi des-
« titués de la connaissance de Dieu que ceux qui
« nient formellement son existence. Car, comme ce
« ne serait point connaître l'homme que de s'imagi-
« ner que l'homme est du bois, de même ce n'est
« point connaître Dieu que de s'imaginer que c'est
« un être fini, imparfait, impuissant, qui a plusieurs
« compagnons. De sorte que les païens n'ayant connu
« Dieu que sous cette idée, on peut dire qu'ils ne
« l'ont point connu du tout, et qu'ils détruisaient par
« leur idée ce qu'ils établissaient par leurs paroles,
« comme on l'a remarqué d'Épicure. Et c'est ce qu'a
« voulu dire saint Paul, lorsqu'il reproche aux païens
« qu'ayant connu qu'il y avait un Dieu, ils ne lui
« avaient pourtant pas donné la gloire qui lui était
« due. C'est dire proprement, qu'ils avaient cru con-
« naître Dieu, mais que leur connaissance était de-
« venue un fantôme chimérique et si rempli de con-

« tradictions, qu'ils étaient tombés dans une igno-
« rance totale de Dieu, qui a fait le ciel et la terre.
« Ailleurs cet apôtre dit formellement que les gentils
« étaient sans espérance et sans Dieu au monde (1). »

Bayle reprend ce point de vue et le développe au
long dans la *Continuation des Pensées diverses*. Nous
touchons à l'un des artifices de sa dialectique, et peut-
être aussi à l'un des caractères de cet esprit étrange.
Il a, on n'en saurait disconvenir, des éclairs de justesse et de vérité devant lesquels on reste confondu.
D'autre part, sa méthode n'est point de passer sous
silence les raisons de ses adversaires. Il se garde de
les négliger ; mais, ou il les affaiblit dans l'exposition,
ou, après leur avoir concédé leur force, il en atténue
l'effet par quelque ressource inattendue qui lui permet de passer outre et de reprendre le fil de son
raisonnement.

Ici, c'est la différence du point de vue qui donne
le change. La proposition de Bayle, fondée sous le
rapport individuel, devient une erreur grave sous le
rapport social, et c'est par ce côté qu'il la soutient.
Un athée, en effet, quelque monstrueuse que soit son
erreur, n'est pas nécessairement un monstre ; il a pu
devenir athée sans avoir abjuré toutes les traditions
et toutes les habitudes morales. Dans l'ensemble
d'une société, ce sont toujours les athées pratiques
qui feront le grand nombre. Les masses ne sont pas
composées de gens plongés dans les méditations de
l'esprit ; elles se forment de ceux qui flottent, sans

(1) *Pensées diverses à l'occasion de la Comète*, § CXVII.

trop réfléchir, entre leurs inclinations et leur conscience. L'action générale de la conscience une fois
écartée, comme elle le serait par le fait même de l'a-
théisme, un peuple athée serait nécessairement un
peuple monstre, puisqu'une telle doctrine n'eût pu
devenir la doctrine de tous autrement qu'à la suite
d'une profonde dépravation. L'homme n'agit pas toujours, il est vrai, d'après ses convictions; mais, outre
le rapport, beaucoup plus fréquent que Bayle ne l'admet, entre les convictions et les actes, l'homme n'est
pas un être isolé qui naisse et grandisse dans le vide.
Les mœurs, les idées, les croyances forment autour
de lui une atmosphère qui influe en tous sens sur lui,
qui, trop souvent même, détermine presque absolument sa nature. Bayle ne nie point ce fait évident;
il le relève souvent, au contraire; mais il n'a garde
de lui faire sa part dans le cas actuel. Socialement,
et malgré tous les vices qui se rencontrent parmi les
nations chrétiennes, la supériorité de leurs idées morales est trop saisissante pour oser les mettre en parallèle avec celles qu'il attribue à ces peuples athées,
dont il suppose gratuitement l'existence. L'honneur
même, dont Bayle fait un des ressorts les plus actifs
de ces sociétés prétendues, l'honneur, ce mobile si
puissant de la civilisation moderne, comment en expliquer l'origine au milieu d'un peuple athée? Il
usurpe souvent les droits de la conscience, c'est incontestable; mais si l'on en recherche la filiation, on
sera contraint d'attribuer à la conscience, et une
bonne partie des notions auxquelles il attache son

prestige, et le principe même de la force en vertu de laquelle l'homme adhère à l'honneur. C'est une force détournée de sa fonction légitime, mais toutefois, quoique viciée, c'est une forme de ce sentiment de règle et de dépendance qui se trouve à la base du sens moral, et par lequel l'homme rend témoignage à quelque chose au-dessus de lui.

Bayle se rabat donc, comme à son ordinaire, sur les idolâtres, insistant surtout sur le degré de l'offense commise envers le vrai Dieu, laquelle est pire, selon lui, dans l'idolâtrie que dans l'athéisme. Voici le principal argument qu'il emploie à l'appui de cette idée :

« Il n'y a point d'homme de bon sens, qui, après
« avoir reconnu qu'il est impossible que l'existence
« soit séparée de la nature divine, ne reconnaisse
« qu'il est encore plus impossible que la sainteté, la
« justice et le pouvoir infini soient séparés de l'exis-
« tence de la nature divine : si bien qu'il serait plus
« contre la raison que Dieu existât et fût sujet à des
« fautes et à des faiblesses, qu'il ne le serait que
« Dieu n'existât point du tout. C'est prouver, ce me
« semble, que les erreurs où sont tombés les païens
« touchant la nature divine, sont pour le moins une
« aussi grande note d'infamie à la raison humaine
« que le saurait être l'athéisme (1). »

Il ajouta plus tard, dans les *Additions aux Pensées
diverses sur les Comètes*, « que l'on offense beaucoup
« plus celui que l'on nomme fripon, scélérat, infâme,

---

(1) *Pensées diverses à l'occasion de la Comète*, § CXXIII.

« que celui auquel on ne songe pas, ou de qui l'on
« ne dit ni bien ni mal (1). » Argument captieux, qui
semble au premier abord sans danger, qui peut se
trouver applicable en plusieurs circonstances, mais
dont la portée légitime se trouve évidemment dépas-
sée dans le cas qui nous occupe. En effet, qu'est-ce
que ne pas songer à Dieu sinon nier Dieu? Et nier
Dieu, c'est nier l'existence de tout être supérieur à
nous; c'est nier que nous ayons un maître, un juge;
c'est poser l'homme en être indépendant, existant en
vertu de soi-même, ne relevant que de ses caprices;
c'est nier toute idée d'ordre, d'unité, de règle; c'est
nier la conscience et le monde moral tout entier.

Préférera-t-on un tel anéantissement de ce qui élève
l'homme au-dessus de la brute à l'erreur grave, mais
moins fondamentale néanmoins, de celui qui méconnaît la nature divine en lui attribuant un mélange
de qualités bonnes et mauvaises? Quelque idée qu'un
homme se fasse d'un être au-dessus de lui, il est impossible qu'il ne laisse pas à cet être souverain quelque élément moral, quelque qualité susceptible de
devenir un exemple et un frein. C'est ici que l'argument de Montesquieu dans les *Lettres persanes* (2), et
la réfutation expresse qu'il a faite de la proposition

(1) *Additions aux pensées diverses*, chapitre IV.

(2) « Dans quelque religion qu'on vive, l'observation des lois, l'amour pour les
« hommes, la piété envers les parents, sont toujours les premiers actes de reli-
« gion... Car, en quelque religion qu'on vive, dès qu'on en suppose une, il faut
« que l'on suppose aussi que Dieu aime les hommes, puisqu'il établit une religion
« pour les rendre heureux ; que, s'il aime les hommes, on est assuré de lui plaire
« en les aimant aussi, c'est-à-dire en exerçant envers eux tous les devoirs de la
« charité et de l'humanité, et en ne violant point les lois sous lesquelles ils vi-
« vent. » (*Lettres persanes*. Lettre XLVI.)

de Bayle dans l'*Esprit des Lois* (1) reprennent toute leur valeur. Ici la discussion *à priori* sur ce grave sujet devient légitime. Toujours, dans l'idée la plus mesquine qu'on puisse se faire d'une Divinité, il reste une vérité relative à l'homme. Celui-ci est replacé à son rang de créature dépendante ; il rencontre quelque chose au-dessus de sa tête ; il n'encourt pas dans toute son étendue la malédiction impliquée dans la fallacieuse promesse du Tentateur : « Vous serez « comme des dieux. »

Bayle est loin de compte quand il assure que le démon préfère l'idolâtrie à l'athéisme (2). Il affirme une erreur quand il répète que les athées sont plus aisés à convertir que les idolâtres (3). La conversion du monde païen se présente ici comme une preuve patente du contraire. Faits et raisonnements, tout se réunit pour montrer qu'on arrive plus aisément à redresser un sentiment égaré par la fausse appréciation de l'objet qui l'excite, qu'à faire naître dans une âme un sentiment absent. Le sentiment de dépendance du païen sincère vis-à-vis de ses dieux le prépare, bien mieux que la brutale indépendance de l'athée, à recevoir le Dieu nouveau qui s'annonce comme le maître du cœur. Mais, dans le cours de son argumentation, Bayle n'en appelle guère aux sentiments que pour infirmer les preuves qui en relèvent. S'il touche en passant et comme du doigt à l'action première, mystérieuse et puissante des sentiments sur les con-

(1) *Paradoxe de Bayle.* (Livre XXIV, chapitre II.)
(2) *Pensées diverses à l'occasion de la Comète*, § CXIII.
(3) *Ibid.*, § CXIX.

victions, il ne le fait que pour exagérer l'incapacité
des hommes à se former des jugements impartiaux
en matière de religion (1).

Jamais écrivain ne sut mieux se servir de certaines
vérités partielles pour amoindrir l'influence de la vérité générale. Si l'on choisissait dans ce gros livre
des *Pensées diverses à l'occasion de la Comète de* 1680,
les idées justes, les vues saines, les aveux favorables
à la vérité, on en pourrait faire un recueil excellent.
Il n'y faudrait pas oublier la preuve de l'existence de
Dieu, selon les principes cartésiens, présentée avec
un accent de sincérité peu suspect. Mais tout cela ne
détruit pas l'impression produite par la lecture de cet
ouvrage. Le procès à intenter à Bayle est un procès
de tendance. C'est dans l'ensemble et non dans les
détails qu'il faut juger des *Pensées diverses*. L'œuvre
est essentiellement négative; le tout aboutit à une
longue chaîne d'objections contre le christianisme, et
même contre toute religion positive.

Le *Commentaire philosophique sur ces paroles de Jésus-Christ :* « *Contrains-les d'entrer,* » fit grand bruit
et méritait d'en faire. Il avait été précédé d'un court

---

(1) « Les preuves de sentiment ne concluent rien... Lycidas aime éperdûment
« Uranie et hait mortellement Corinne : Sachez nous dire, le priera-t-on, laquelle
« des deux a le plus de charmes : examinez bien la chose. Il promettra de le
« faire ; mais à coup sûr il prononcera pour Uranie et ne se contentera pas de la
« préférer à Corinne : il la préférera aussi à toutes les autres femmes, et même

« Il dira qu'Uranie est seule aimable et belle.

« Sa raison sera d'accord sur cela avec son cœur. C'est ainsi à peu près que
« l'on en use dans l'examen des religions. » (*Continuation des Pensées diverses
à l'occasion de la Comète.* Chapitre XX.)

écrit intitulé : *Ce que c'est que la France toute catholique sous le règne de Louis le Grand*. Bayle fit paraître cette dernière œuvre comme la traduction d'une lettre écrite d'Angleterre. Les deux ouvrages ont été réunis plus tard. La situation des choses explique ces déguisements; mais il est certain que Bayle finit par prendre goût à ce que les circonstances lui avaient d'abord imposé. Le *Commentaire* parut en 1686, un an après la révocation de l'édit de Nantes, au moment où les persécuteurs cherchaient à autoriser leurs violences d'une autorité biblique. Quelque illégitime que fût l'usage qu'ils faisaient du passage dont ils se réclamaient, on peut cependant signaler son allégation comme une sorte de progrès dans la marche des idées morales. La Saint-Barthélemi n'estimait pas avoir besoin d'une autre autorisation que la volonté du roi et l'approbation du pape.

On a reproché à ce livre de Bayle la véhémence et la grossièreté. Mais a-t-on réfléchi suffisamment à sa date et aux souffrances de tout genre dont l'auteur fut le témoin et la victime dans ce qu'il avait de plus cher? La douceur et la modération de son frère aîné, pasteur au Carlat, ne l'empêchèrent pas d'être jeté en prison et d'y mourir peu après. Pendant ce temps, Bayle entendait retentir autour de lui les louanges données à Louis XIV, pour ce qu'on appelait l'extirpation de l'hérésie. On avait l'effronterie de vanter les moyens de douceur dont on prétendait que le gouvernement s'était servi pour arriver à ce résultat. C'est ce contraste entre les faits et

les paroles qui émeut surtout la colère de Bayle.
Il le fait vigoureusement ressortir dans *La France
toute catholique* : « Souffrez, Messieurs, que j'inter-
« rompe pour un petit quart d'heure vos cris de joie
« et les félicitations qu'on vous écrit de toutes parts
« pour l'entière ruine de l'hérésie. » Si l'on jette les
yeux sur quelques-uns des écrivains de ce temps-là,
notamment sur Varillas, cité par Bayle (1), on comprend l'amertume qui devait remplir son cœur, et
l'on ne trouve rien d'exagéré à des paroles telles que
celles-ci :

« Le moyen que ces gens-là cessent d'avoir en
« horreur une religion qui les a tant tourmentés et
« qui leur nie, en face, à eux-mêmes, qu'on leur ait
« fait aucun mal ! Quand ceux qui causent les désor-
« dres leur viennent dire que c'est par le zèle qu'on
« a pour la parole de Dieu et pour leur salut : Eh !
« malheureux que vous êtes ! si vous avez tant de
« zèle pour le salut des autres, que n'en avez-vous
« pour vous-mêmes ? Pourquoi vivez-vous si mal ?...
« On se consolerait si la persécution vous était livrée
« par des gens d'une morale rigide... Le moyen de
« ne dire pas ce que je dis quand on en a le cœur si
« gros ! »

(1) « Par exemple, Monsieur, n'est-ce pas une chose qu'on a de la peine à
croire, en la voyant de ses deux yeux, que celle que M. Varillas vient de publier
dans sa dédicace au Roi, à la tête de son *Histoire des Hérésies ?* « Votre Majesté,
« lui dit-il, pour ruiner le calvinisme, n'a fait autre chose que d'obliger les Fran-
« çais qui le professaient, à l'exacte observation de l'édit de Nantes, et d'en punir
« les contraventions par les peines qui y étaient marquées. Il n'a fallu que cela
« pour réduire les hérétiques à un si petit nombre, que le même édit n'étant plus
« d'usage, il y a eu lieu de le révoquer. » (*Commentaire philosophique, la France
toute catholique,* tome I, page 77.)

Malheur à ceux que de telles injustices laisseraient froids, et qui seraient capables de s'exprimer à leur sujet avec un calme impassible. L'indignation aussi est une belle chose; elle est l'explosion des plus nobles instincts de l'âme. Si le jet est impétueux, la source en reste limpide et saine. A l'aspect d'un pareil tissu d'iniquités, quel cœur honnête et droit ne serait tenté de s'écrier avec Bayle : « Votre communion se trouve « toujours sur ses deux pieds, qui sont la mauvaise « foi et la violence. »

Les persécuteurs avaient pour eux une autorité décorée d'un nom respectable, celui de saint Augustin. On sait que cette grande lumière de l'Église, si admirable en tant d'autres points, s'efforça, dans son commentaire sur le passage en question, d'excuser la persécution contre les donatistes. Bayle commence par réfuter le principe des persécutions de son temps ; il prend ensuite saint Augustin à partie, et après en avoir eu raison, il retourne à la question générale.

Il établit d'abord que la raison humaine est juge-né des difficultés d'interprétation :

« Dieu a voulu présenter à l'âme une ressource « qui ne lui manquât jamais pour discerner le vrai « du faux ; et cette ressource, c'est la lumière natu- « relle... Je suis très persuadé qu'avant que Dieu eût « fait entendre aucune voix à Adam pour lui appren- « dre ce qu'il devait faire, il lui avait déjà parlé in- « térieurement, en lui faisant voir l'idée vaste et im- « mense de l'Être souverainement parfait, et les lois « éternelles de l'honnête et de l'équitable ; en sorte

« qu'Adam ne se crut pas tant obligé d'obéir à Dieu,
« à cause qu'une certaine défense avait frappé ses
« oreilles, qu'à cause que la lumière intérieure qui
« l'avait éclairé avant que Dieu eût parlé, continuait
« de lui présenter l'idée de son devoir et de sa dé-
« pendance de l'Être suprême. Ainsi, à l'égard d'A-
« dam, il sera vrai de dire que la vérité révélée a
« été comme soumise à la lumière naturelle, pour
« en recevoir son attache, son sceau, son enregistre-
« ment et sa vérification, et le droit d'obliger en
« titre de loi (1). »

Il y a du vrai dans ce point de départ, cela est évident, et Bayle en tire, à plusieurs égards, un parti légitime. Toutefois la tendance de son esprit et l'une des
tendances de son œuvre s'y laissent déjà discerner.

Ce principe une fois posé, l'auteur montre, sous
divers points de vue, l'impossibilité du sens littéral
qu'il combat : il s'appuie sur la raison, sur l'idée de
justice, sur l'esprit de l'Évangile; il fait voir que le
précepte, entendu à la lettre, ne peut être réalisé
sans des crimes :

« N'aurait-on pas une belle obligation à Jésus-
« Christ de s'être incarné et d'avoir été crucifié pour
« nous, si, dans ces trois mots : *Contrains-les d'entrer*,
« il nous était venu enlever tous les faibles restes de
« la religion naturelle, qui s'étaient sauvés du nau-
« frage du premier homme; s'il était venu con-
« fondre toutes les idées du vice et de la vertu; s'il
« était venu renverser les bornes qui désunissent ces

_____

(1) *Commentaire philosophique*, tome I, pages 140-143.

« deux états, en faisant que le meurtre, le vol, le
« brigandage, la tyrannie, la révolte, la calomnie, le
« parjure, et généralement tous les crimes cessassent
« d'être de mauvaises actions dès qu'on les ferait
« contre les hétérodoxes, et devinssent des vertus
« d'obligation et très nécessaires à pratiquer (1). »

« Rien ne serait plus capable de décrier la morale
« de Jésus-Christ que de supposer qu'il aurait com-
« mandé à ses disciples d'user de violence dès qu'ils
« le pourraient sûrement ; mais qu'en attendant cela,
« ils se gardassent bien de le dire, que ce devait être
« un mystère entre eux : mystère à faire éclore seu-
« lement lorsqu'ils seraient les plus forts, et à cacher
« soigneusement sous une modération et une patience
« la plus comédienne qu'ils pourraient, afin qu'on
« n'en soupçonnât rien ; à peu près comme un assas-
« sin qui ne veut pas qu'on se défie de lui, cache
« soigneusement son poignard ou son pistolet dans
« sa poche, et ne le tire que quand il voit beau à
« faire son coup... Mais si nous ne pouvons empêcher
« que la religion chrétienne ne demeure couverte de
« cette infamie, au moins sauvons l'honneur de son
« fondateur et de ses lois, et n'allons pas dire que
« tout cela s'est fait à cause qu'il nous a commandé
« la contrainte... C'est donc une nécessité de dire
« que ce sens littéral est, non-seulement une fausse
« interprétation de l'Écriture, mais aussi une impiété
« exécrable (2). »

(1) *Commentaire philosophique*, tome I, page 177.
(2) *Ibid.*, tome I, pages 194-197.

Bayle appuie fortement sur ce que la véritable
conversion consiste dans le changement du cœur et
non dans les actes, et sur l'effet, diamétralement opposé au but qu'on prétend atteindre, qui est produit
par la violence contre les persécutés. Il reprend et
développe avec un peu plus de calme, mais avec autant de force diverses considérations qu'il avait déjà
fait valoir dans *la France toute catholique.* C'est ainsi
qu'il montre que la contrainte fournit une arme aux
infidèles contre les chrétiens, aux hérétiques contre
les orthodoxes. Il avait prononcé cette parole remarquable, dont lui-même peut-être, et surtout les disciples de son esprit, étaient destinés à attester la triste
vérité : « Ne vous y trompez point, vos triomphes
« sont plutôt ceux du déisme que ceux de la vraie
« foi (1). » La contrainte ôte évidemment au christianisme un argument contre le mahométisme ; elle met,
de plus, à néant les plaintes des premiers chrétiens
en autorisant les persécutions païennes.

Bayle réfute ensuite les principales objections présentées contre la liberté de conscience. Il conteste aux
princes leur prétention au pouvoir dans les choses de
religion :

« Toute loi, dit-il, qui est faite par un homme qui
« n'a point le droit de la faire et qui passe son pou-
« voir, est injuste. Toute loi qui oblige à agir contre
« sa conscience, est faite par un homme qui n'a point
« d'autorité de la faire et qui passe son pouvoir (2). »

(1) *La France toute catholique,* page 11.
(2) *Commentaire philosophique,* tome I, page 215.

« La première et la plus indispensable de toutes
« nos obligations est celle de ne point agir contre
« l'inspiration de la conscience ; et toute action qui
« est faite contre les lumières de la conscience est
« essentiellement mauvaise. Il y a une loi éternelle
« et immuable qui oblige l'homme, à peine du plus
« grand péché mortel qu'il puisse commettre, de ne
« rien faire au mépris et malgré le dictamen de sa
« conscience. D'où il s'ensuit visiblement et démons-
« trativement que si la loi éternelle, ou une loi po-
« sitive de Dieu, voulaient qu'un homme qui connaît
« la vérité, employât le fer et le feu pour l'établir
« dans le monde, il faudrait que tous les hommes
« employassent le fer et le feu pour l'établissement
« de leur religion (1). »

« Dans la condition où se trouve l'homme, Dieu
« se contente d'exiger de lui qu'il cherche la vé-
« rité le plus soigneusement qu'il pourra, et que,
« croyant l'avoir trouvée, il l'aime et y conforme
« sa vie ; ce qui, comme chacun sait, est une
« preuve que nous sommes obligés d'avoir les mêmes
« égards pour la vérité putative que pour la vérité
« réelle (2). »

« La conscience erronée doit procurer à l'erreur
« les mêmes prérogatives, secours et caresses que la
« conscience orthodoxe procure à la vérité (3). »

Bayle tire de ces principes des conséquences de
plus d'un genre ; mais il en est une entre autres qu'il

---

(1) *Commentaire philosophique*, tome I, page 403.
(2) *Ibid.*, tome I, page 467.   (3) *Ibid.*, tome I, page 401.

ne faut pas oublier. Après avoir insisté sur l'énormité des crimes où la persécution entraîne ceux qui la commettent, il s'arrête sur celui auquel on pousse les persécutés. Les exigences de la conscience errante étant les mêmes que celles de la conscience orthodoxe, voici la conclusion de l'auteur :

« A tout bien considérer, les persécutions qui font
« mourir, sont les meilleures de toutes, et principa-
« lement lorsqu'elles ne donnent point la vie à ceux
« qui abjurent. Car, promettre la vie à un homme
« condamné à mort, la lui promettre, dis-je, en cas
« qu'il abjure sa religion, est un moyen fort dange-
« reux de lui faire faire un acte d'hypocrisie, et un
« péché énorme contre sa conscience : au lieu que,
« n'y ayant rien à gagner pour lui en dissimulant,
« il prend son parti et se résout à mourir pour ce
« qu'il croit être la vérité, et s'il est de bonne foi
« dans l'erreur, il est sans doute martyr de la cause
« de Dieu; car c'est à Dieu, comme se révélant
« à la conscience, qu'il s'offre en sacrifice..... Mais
« ces persécutions inquiétantes, chicaneuses, qui
« promettent d'un côté, qui menacent de l'autre ;
« qui vous fatiguent de telle sorte par des disputes
« et des instructions, qu'enfin, soit que vous chan-
« giez intérieurement, soit que vous ne changiez
« pas, on veut une signature, ou point de repos en
« votre vie, ces persécutions, dis-je, sont des tenta-
« tions diaboliques, qui extorquent le péché... Voyez
« s'il faut que la persécution soit une chose bien exé-
« crable, puisque, pour la rendre moins mauvaise,

« il faut qu'elle devienne une tuerie inexorable (1) ! »

Bayle a si bien raisonné sur tous ces sujets, qu'après l'avoir lu, il semble qu'il n'y ait plus rien à ajouter. Et pourtant on est forcé de revenir tous les jours à cette question, qui semblait résolue une fois pour toutes. C'est le lieu de se répéter, pour la centième fois, qu'on réfute bien les erreurs, mais jamais les passions.

N'oublions pas que, plus conséquent que bien d'autres, Bayle a flétri l'intolérance chez les siens comme ailleurs. Il réclame la liberté de la croyance et l'inviolabilité des biens pour les catholiques dans les états protestants. Il déclare, il est vrai, et des dangers trop réels excusaient alors sa restriction, malgré le trop d'élasticité dont elle est susceptible, qu'on peut « leur ôter tellement la force de nuire, par de « bons et sévères règlements bien exécutés, qu'on « n'ait rien à craindre de leurs machinations. Mais, « ajoute-t-il aussitôt, je ne voudrais pas que jamais « on laissât leurs personnes exposées à aucune in- « sulte ; ni qu'on les inquiétât dans la jouissance de « leurs biens et dans l'exercice particulier et domesti- « que de leur religion ; ni qu'on leur fît des injustices « dans leurs procès ; ni qu'on les empêchât d'élever « leurs enfants dans leur créance ; ni qu'on s'opposât « à leur retraite avec leurs effets, après la vente de « leurs biens, toutes fois et quantes qu'ils voudraient « aller s'établir dans d'autres pays, etc., etc. (2). »

---

(1) *Commentaire philosophique*, tome I, pages 313-315.
(2) *Ibid.*, tome I, page 313.

A la fin de son livre, il dit expressément :

« J'ai déjà marqué que c'est un grand sujet de
« scandale, que de voir que des personnes suscitées
« extraordinairement pour redresser l'Église tombée
« en ruine et désolation, comme parle la confession
« de Genève, n'aient point compris les immunités
« sacrées et inviolables de la conscience, et qu'ayant
« rejeté tant de folies et d'hérésies de la communion
« romaine, ils aient retenu le dogme de la con-
« trainte (1). »

Mais tout le livre de Bayle n'est pas là. Si l'on
ne peut rien ajouter à ses raisons quant aux droits
de la conscience, on n'en saurait dire autant quant
aux droits de la vérité. La vérité, dans cet ouvrage, n'est au fond que la vérité subjective : Dieu,
suivant l'auteur, n'a pas exigé de nous que nous
connaissions la vérité absolue, mais « il nous a impo-
« sé une charge proportionnée à nos forces, qui est
« de chercher la vérité, et de nous arrêter à ce qui
« nous paraît l'être, après l'avoir sincèrement cher-
« chée ; d'aimer cette vérité apparente, et de nous
« régler sur ses préceptes, quelque difficiles qu'ils
« soient... C'est demander à l'homme plus qu'il ne
« peut faire, dit-il plus loin, que de vouloir qu'il
« fasse ce discernement (2). »

Ce principe est repris et développé en cent endroits. L'auteur tend évidemment à atténuer la part
de la volonté dans l'erreur, et la culpabilité de l'erreur volontaire.

---

(1) *Commentaire philosophique*, tome II, page 450.
(2) *Ibid.*, tome I, pages 461 et 463.

Il était difficile, sans doute, d'établir l'inviolabilité de la conscience humaine, tout en maintenant la divine autorité de la vérité en soi. Les motifs à donner en faveur de la vérité objective appartiennent aux profondeurs de l'âme bien plus qu'au domaine de l'intelligence. Dans celui-ci règne surtout la diversité, et pour Bayle plus que pour d'autres. L'ancien principe de contradiction, établissant que de deux propositions opposées, l'une est nécessairement vraie, l'autre nécessairement fausse, est encore professé par lui. Il ne s'était pas encore élevé à la formule de la conciliation des deux vérités dans une synthèse plus haute, et les difficultés que, de part et d'autre, lui découvrait l'étendue de son esprit, ne servaient qu'à le confirmer dans la pensée de l'incapacité de l'homme à connaître la vérité absolue. Ainsi, par exemple, la volonté de Dieu de sauver tous les hommes, et le choix qu'il fait de quelques-uns, lui semblent s'exclure essentiellement (1). La nécessité supérieure de la synthèse de la souveraineté de Dieu et de la liberté de l'homme, quoique nous n'en puissions pas voir le *comment*, ne semble pas s'être présentée à son esprit.

D'ailleurs et surtout, c'est ce qui relève de l'âme qui tend à ramener l'unité entre les hommes. Bayle, qui établit sans cesse la nécessité de la morale des actes, qui constate sur ce point un certain accord, qui l'y réclame de plus en plus, s'inquiète assez peu de la source vivante de la morale. Ces sentiments premiers

(1) *Commentaire philosophique*, tome II, page 388.

et profonds, qui se traduisent en principes, qui attestent tout un ordre d'idées à ceux qui savent les interroger, sont pour lui peu distincts. Lorsqu'il les rencontre sur sa route, nous le verrons bientôt, il n'en tire presque nul parti.

En définitive, le *Commentaire philosophique sur ces paroles de Jésus-Christ* : « *Contrains-les d'entrer*, » laisse le lecteur sous une double impression. Il y règne un vif sentiment de la justice, de l'humanité, de l'équité sociale, toutes vérités sur lesquelles les convictions de l'auteur sont hors de doute. Mais rien n'y plane de ce saint amour de la vérité en soi, qui, à défaut de preuves raisonnées, doit faire sentir au cœur une réalité qu'il est surtout du ressort du cœur de s'approprier.

Quant à la morale de Bayle, elle porte essentiellement le caractère que nous avons signalé au seizième siècle, auquel la Réforme seule faisait exception (1), et que nous allons retrouver au dix-huitième siècle; elle établit séparation entre la morale et la religion. Cette scission même est l'élément fondamental de la longue discussion sur l'athéisme dont nous nous sommes entretenus, et qui se renouvelle encore dans la *Réponse aux Questions d'un Provincial*. Bayle ne s'arrêtait pas à mi-chemin. Si les liens que la grande masse des hommes constate entre la morale et la religion sont fictifs; s'ils sont un produit de l'éducation, de l'intérêt, de la faiblesse; si, en un mot, la

_____

(1) Voir l'*Introduction*, page 14.

morale ne relève pas de Dieu, Dieu comme perfection, comme volonté, n'est plus nécessaire, et
l'homme, détaché de son principe, roule jusqu'au
fond de l'abîme. Il n'est nullement probable que l'a-
théisme ait été l'opinion personnelle de Bayle ; mais
le divorce une fois prononcé, la logique de son esprit
le contraignait de pousser jusque-là. La tendance des
Pensées à l'occasion de la Comète incline incontestablement à l'athéisme ; aussi la séparation de la morale
et de la religion est-elle présentée, un seul cas excepté, comme un fait sans appel. Les passages abon-
dent ; vous en avez déjà entendu de très forts ; en
voici d'autres. Bayle nie que les convictions de l'esprit aient une véritable influence sur les actes moraux de la vie :

« Quand on compare les mœurs d'un homme qui
« a une religion avec l'idée générale que l'on se forme
« des mœurs de cet homme, on est tout surpris de
« ne trouver aucune conformité entre ces deux cho-
« ses. L'idée générale veut qu'un homme qui croit
« un Dieu, un paradis et un enfer, fasse tout ce qu'il
« connaît être agréable à Dieu, et ne fasse rien de
« ce qu'il sait lui être désagréable. Mais la vie de cet
« homme nous montre qu'il fait tout le contraire. Il
« n'y a rien de plus sujet à l'illusion, que de juger
« des mœurs d'un homme par les opinions générales
« dont il est imbu (1). »

« ... D'où vient tout cela, sinon que le véritable
« principe des actions de l'homme (j'excepte ceux en

(1) *Pensées diverses à l'occasion de la Comète*, § CXXXV.

« qui la grâce du Saint-Esprit se déploie avec toute
« son efficace) n'est autre chose que le tempérament,
« l'inclination naturelle· pour le plaisir, le goût que
« l'on contracte pour certains objets, le désir de
« plaire à quelqu'un, une habitude gagnée dans le
« commerce de ses amis, ou quelque autre disposi-
« tion qui résulte du fond de notre nature, en quel-
« que pays que l'on naisse, et de quelques connais-
« sances que l'on nous remplisse l'esprit (1)? »

« Nous pouvons donc poser pour principe : I. Que
« les hommes peuvent être tout ensemble fort déré-
« glés dans leurs mœurs, et fort persuadés de la vé-
« rité d'une religion, et même de la vérité de la
« religion chrétienne. II. Que les connaissances de
« l'âme ne sont pas la cause de nos actions. III. Que,
« généralement parlant, la foi que l'on a pour une
« religion, n'est pas la règle de la conduite de
« l'homme (2). »

« ... De toutes ces dernières remarques, je tire
« cette conclusion... que la religion (car c'est là où
« j'en voulais venir) ne sert, à cet égard, qu'à faire
« de belles déclamations en chaire, et à nous mon-
« trer notre devoir : après quoi nous nous condui-
« sons absolument par la direction de notre goût
« pour les plaisirs (3). »

Voilà donc, selon Bayle, l'indépendance du cœur

---

(1) *Pensées diverses à l'occasion de la Comète*, § CXXXVI.
(2) *Ibid.*, § CXLIII.
(3) *Ibid.*, § CLXXI. — Bayle ajoute dans une note rejetée au bas de la page :
« Sous-entendez ici, et partout ailleurs où il sera nécessaire, l'exception marquée
« ci-dessus. » (Voir page 335, de quelle exception il veut parler.)

vis-à-vis de la raison surabondamment établie. Le passage suivant, qui rentre dans le grand courant de la doctrine chrétienne, n'atténue pas ce principe :

« Si vous examinez bien ceci, je m'assure, Mon-
« sieur, que vous y trouverez un argument invinci-
« ble pour prouver que nous avons besoin de l'opé-
« ration intérieure du Saint-Esprit, afin d'aimer Dieu.
« Car tout ce que les hommes qui nous instruisent
« peuvent faire, se réduit à nous persuader la vérité.
« Or nous pouvons être persuadés de la vérité sans
« l'aimer. Donc ce ne sont pas les hommes qui
« nous font aimer les vérités de l'Évangile; et par
« conséquent c'est Dieu qui nous les fait aimer, en
« ajoutant à l'illumination de notre esprit une dispo-
« sition de cœur qui nous fait trouver plus de joie
« dans l'exercice de la vertu que dans la pratique
« du vice (1). »

Mais voici une pensée qui mérite d'être remarquée :

« Je ne saurais m'empêcher de faire ici une petite
« réflexion sur la bizarrerie de l'esprit humain; c'est
« qu'encore qu'il aime le vice, il n'approuve pas
« néanmoins qu'il soit autorisé par les lois de la re-
« ligion. Les mêmes personnes qui rejettent l'Évan-
« gile à cause de l'austérité de sa morale, rejette-
« raient encore avec plus d'horreur une religion qui
« leur commanderait de se souiller dans les plus in-
« fâmes déréglements, si on la leur présentait lors-
« qu'ils sont en état de raisonner, et avant que d'être
« ensevelis dans les préjugés de l'éducation. Il n'y a

(1) *Pensées diverses à l'occasion de la Comète*, § CLVII.

« point de débauché ni de débauchée dans Paris,
« qui ne jetât des pierres à un prédicateur qui aurait
« l'effronterie de prêcher que Dieu approuve les vo-
« luptés criminelles.

« ... Il paraît étrange qu'il faille tenir cette con-
« duite avec les hommes, et c'est encore une de ces
« contradictions qui défigurent notre espèce. Vu le
« penchant que nous avons à satisfaire la nature,
« nous devrions courir après ceux qui nous prêche-
« raient que tout est permis : cependant nous les dé-
« testerions. Puisqu'une morale relâchée nous paraît
« abominable, nous devrions nous attacher à la mo-
« rale la plus rigide : cependant nous la fuyons. C'est
« donc que nous voulons un juste milieu, qui nous
« permette quelque chose, et qui ne nous permette
« pas tout? Mais si l'on y prend garde, l'on trouvera
« que ce milieu même ne nous accommode pas ; car,
« ou bien nous faisons tout, quoique nous ne voulions
« pas qu'on nous le permette, ou du moins nous
« en faisons plus qu'il ne nous en est permis par ceux
« que nous voulons qui nous permettent quelque
« chose (1). »

Que pensez-vous, Messieurs, que fasse Bayle de
cette observation juste et profonde, qui constate en
l'homme la présence du sens moral et l'idée de la
perfection divine? Elle ne lui sert qu'à tirer cette
conclusion : « Qu'encore que les athées aient témoi-
« gné du mépris et de l'horreur pour les fausses
« religions, on ne doit pas conclure qu'ils en doivent

---

(1) *Pensées diverses à l'occasion de la Comète*, § CLXXXIX.

« avoir pour la véritable plus que les idolâtres. Au
« contraire, ils semblent être plus en état de recon-
« naître sa divinité qu'un païen, parce qu'un païen
« ne songe pas à se choisir une religion (1). »

Prenons encore connaissance du morceau suivant,
tiré des *Pensées sur la Comète*, qui mieux qu'un autre,
peut-être, nous aidera à connaître Bayle, et qui se
distingue par un accent de sincérité fait pour étonner au milieu d'un livre dont le caractère général
fait attendre des conclusions opposées :

« Il importe plus qu'on ne pense de faire sentir à
« l'homme jusqu'où va sa dépravation, et surtout de
« lui faire bien connaître le monstrueux désordre où
« il est plongé, qui fait qu'il agit continuellement
« contre ses principes et contre les préceptes de la
« religion qu'il croit avoir reçue de Dieu ; cela, dis-je,
« importe beaucoup, parce que, si l'on prend garde
« que tout le reste du monde est sujet à certaines
« lois de mécanique qui s'observent régulièrement,
« et qui nous paraissent très conformes à l'idée que
« nous avons de l'ordre, on conclura nécessairement
« qu'il y a dans l'homme un principe qui n'est pas
« corporel. Car, si l'homme n'était que corps, il
« serait nécessairement soumis à cette sage et ré-
« gulière mécanique qui règne dans tout l'univers,
« et il n'agirait pas d'une manière si contraire à
« l'idée que nous avons de l'ordre. Il y a donc dans
« l'homme une âme, qui est une substance distincte
« du corps, et plus parfaite que le corps, puisque

(1) *Pensées diverses à l'occasion de la Comète*, § CXC.

« c'est elle qui rend l'homme raisonnable. Or, com-
« ment s'imaginer que tous les corps sont sujets à
« l'ordre, et ne pas croire que les substances plus
« parfaites que le corps y sont sujettes aussi? Si le
« monde est l'ouvrage du hasard, pourquoi est-il
« sujet à des lois qui s'exécutent toujours? On ne
« peut répondre rien qui vaille. Il faut donc dire à
« tout le moins, que la nature des choses a voulu
« que le monde se gouvernât par de telles lois. Mais
« si elle l'a voulu pour le corps, pourquoi n'a-t-elle
« point voulu que l'âme de l'homme fût sujette à
« l'ordre? On ne peut encore répondre rien qui
« vaille. Il faut donc dire que l'âme de l'homme a
« été créée dans l'ordre, aussi bien que les autres
« choses, par un Être infiniment parfait, et que si
« elle n'y est plus, c'est parce qu'abusant de sa
« liberté, elle est tombée dans le désordre. Plus on
« prouve la corruption de l'homme, plus on oblige la
« raison à croire ce que Dieu nous a révélé de la
« chute d'Adam (1). »

Tout ceci est concluant et vigoureusement raisonné.
Mais voyons la fin :

« Si bien qu'il est plus utile qu'on ne pense à la
« religion de prouver que la malice des hommes est
« si prodigieuse, qu'il n'y a qu'une grâce particulière
« du Saint-Esprit qui la puisse corriger, et que sans
« cette grâce, c'est toute la même chose à l'égard
« des mœurs, ou d'être athée, ou de croire à tous
« les canons des conciles. Cela est si vrai, que vous

(1) *Pensées diverses à l'occasion de la Comète*, § CLX.

« ne voyez guère d'esprit fort qui veuille convenir
« de la corruption de l'homme (1). »

L'habileté de l'auteur à faire rentrer cet excellent
morceau dans le fil de son argumentation afflige et
effraie. On se demande si ce tour de force n'est pas
exécuté en l'honneur d'un système auquel, en un
sens, il sacrifierait ainsi un aveu, qui n'en est pas
moins précieux et sincère.

Nous l'avons remarqué en commençant, Messieurs,
la prétention de fonder une morale sur autre chose
que sur la religion, est un mal des époques où la
religion, se dépouillant de son principal caractère,
perdant elle-même cette saveur morale, cachet authentique de sa divinité, se rabaisse à n'être plus
qu'un faisceau de dogmes et de pratiques. La vie une
fois retirée du corps, il faut bien chercher ailleurs
cette marque divine, dont l'homme, quoi qu'il en ait,
ne saurait se passer.

Vers la fin du règne de Louis XIV, les iniquités
accomplies sous le manteau de la religion avaient
amassé contre elle un mélange de mépris et de haine.
Bayle, sans doute, était placé de manière à ne pas
rejeter sur l'Évangile les crimes commis en son nom,
et nous avons fait voir qu'il avait victorieusement
travaillé à justifier la parole divine de l'imputation
dont les fauteurs de la persécution l'avaient chargée.
Mais les passions, les vues étroites d'une partie des
persécutés ont pu produire sur l'esprit logique de

(1) *Pensées diverses à l'occasion de la Comète*, § CLX.

Bayle un effet d'un genre analogue à celui des for-
faits des persécuteurs; il y a vu aussi une inconséquence. De plus, sa nature propre, qui le disposait
à soutenir à perte de vue des opinions qui n'étaient
pas toujours entièrement les siennes, est entrée probablement pour beaucoup dans son principe de l'entière indépendance des sentiments par rapport aux
convictions. Ce qui lui était particulier a pu aisément
lui paraître un fait général.

Mais où Bayle place-t-il la morale? me demande-
rez-vous. Y a-t-il vraiment pour lui une morale?
Pour Bayle, évidemment, il existe un sentiment de
l'honnête et du juste, du mal et du bien. Il le proclame souvent; il y fait mille fois allusion; il appuie
fortement sur ce point. Il est vrai que cela rentre
dans sa thèse, que le vice est la pire des hérésies. Il
exprime, à ce propos, cette pensée frappante de justesse, que persévérer dans le vice, « c'est former tous
« les jours des jugements particuliers, par lesquels
« on affirme dans sa tête, qu'il vaut mieux désobéir
« à Dieu que lui obéir. Qui oserait nier, ajoute-t-il,
« que ces affirmations si souvent réitérées, ne ren-
« dent une âme très hérétique (1)? » Mais ce qui
est bien n'existe en l'homme, pour Bayle, que de
deux façons : ou comme idée, et sans influence sur
la vie; ou comme instinct et particularité de tempérament.

L'esprit pénétrant de Bayle avait sans doute été
frappé d'une condition de notre nature à laquelle on

(1) *Pensées diverses à l'occasion de la Comète*, § CXCIX.

ne donne pas toujours l'importance qui lui appartient. Si l'on y regarde de près, on verra que, contraire- ment à l'opinion la plus accréditée, le sentiment chez l'homme, le besoin, si l'on veut, sentiment premier et le plus opiniâtre de tous, est bien le fait primitif, générateur des autres modifications de l'être, et no- tamment des idées. Là est le germe caché de cette personnalité qui s'épanouit ensuite dans l'intelligence, et forme tant de systèmes variés et féconds. La source reste cachée; les affluents y apportent de nou- velles ondes; mais le courant se dirige d'après l'im- pulsion première, communiquée par la volonté. C'est ainsi que les philosophies, ces fruits du labeur de l'intelligence humaine, ont été, à leur origine, déter- minées, ou pour le moins conditionnées par la situa- tion morale des peuples chez qui elles ont régné. Que plus tard, dans leur maturité, elles aient fortifié encore les tendances qui leur avaient donné nais- sance, c'est un fait incontestable et qui se rapporte à un autre fait de notre nature. Le travail d'élabora- tion, qui ressortit à l'activité intellectuelle, peut chan- ger jusqu'à un certain point la physionomie du sys- tème; mais les traits essentiels s'y retrouvent, et la théorie entière revient, parfois déguisée, souvent plus distinctement accentuée, agir, en qualité de mo- bile, sur l'ensemble de ces volontés, dont l'action confuse l'avait fait naître d'abord, qui ont pu l'ou- blier ensuite, mais qui, par elle, se trouvent confir- mées dans la direction qu'elles avaient primitivement et obscurément imprimée. Car, à côté du fait primor-

dial de l'action du sentiment à la naissance de l'idée,
l'homme porte aussi en lui un instinct qui le pousse
à régler sur l'idée ses sentiments et sa conduite, instinct qui est lui-même un sentiment, le plus primitif et le plus élémentaire de tous. Bayle, qui apercevait le premier de ces faits, a méconnu le second
chaque fois qu'il a été question du rapport des sentiments aux actes. Quand il lui fait sa place, c'est à
l'occasion des droits de la conscience errante, et du
péché que l'on fait commettre à un homme en le
poussant à agir contre ce qu'il estime la voix de sa
conscience. Ailleurs, le sens moral, ce fait primitif,
ce témoin irrécusable de l'obligation et de la liberté,
cette proclamation de l'ordre invisible et permanent,
n'est pas distingué par lui de la raison. Cette confusion a lieu au profit de son idée dominante, la
séparation de la morale et de la religion (1).

En résumé, nous voyons Bayle, dans sa laborieuse
carrière, toucher à toute heure à la vérité, sans tirer
d'elle ce qu'elle a de plus vital, et combattre sans
cesse des erreurs partielles en favorisant des erreurs
générales bien plus graves, et qui probablement dépassaient la portée de son intention. Ce mélange de
faux et de vrai a contribué à le rendre un des plus
dangereux des sceptiques et, pour beaucoup d'esprits, le coryphée du doute universel.

(1) Voir *Pensées diverses à l'occasion de la Comète*, § CLXXVIII.

XIV.

DE LA SPONTANÉITÉ DE L'ESPRIT HUMAIN EN MATIÈRE DE PHILOSOPHIE.

PREMIER FRAGMENT D'UN COURS SUR LES ÉCRIVAINS MORALISTES
DU DIX-HUITIÈME SIÈCLE[*].

On répète tous les jours, pour tranquilliser quelques esprits timorés, que la religion et la philosophie sont deux sœurs, concourant à la même œuvre, se prêtant un mutuel secours, et ne pouvant même se passer l'une de l'autre.

Il est un sens dans lequel la chose est très vraie et très bonne à dire. Mais si l'on entend par religion une révélation positive des desseins de Dieu à l'égard de la race humaine, et par philosophie cette spéculation qui, enveloppant toutes les questions et tous les problèmes, cherche l'unité du grand tout et le secret de Dieu, on met en présence deux prétentions absolues, deux systèmes de règlement général de nos pensées et de nos actions; et il ne faut pas craindre de dire que, prises à cette hauteur, la religion et la philosophie se nient réciproquement.

---

[*] Voir, sur ce morceau et le suivant, l'*Avertissement des Éditeurs*, en tête du volume.

La religion, se disant la voix même de Dieu, s'attribue un caractère absolu de souveraineté. La philosophie, en le lui reconnaissant, s'abdiquerait par là même; en ne le lui reconnaissant pas, elle nie la religion et s'installe en son lieu et place. Voix de la raison, elle aspire aussi, dans son sens, à la souveraineté; mais sa souveraineté, à elle, a pour condition la spontanéité; à ce titre seul elle peut compter sur l'authenticité de ses résultats, et se poser comme autorité dans le monde des esprits. Ce n'est pas là son unique loi; mais c'est une loi inflexible, une garantie qu'elle ne peut se dispenser de fournir. Nous nous proposons d'examiner, dans cet *Essai*, si elle la fournit en effet, en recherchant quelle est, en matière philosophique, la spontanéité et la pureté du mouvement de l'esprit humain.

Si nous nous reportons au point de départ, à l'impulsion première de tout le mouvement philosophique, au moment où le genre humain s'est mis à philosopher (et ce moment est celui où les traditions ont cessé de lui suffire), nous trouverons assurément mêlés, dans une forte proportion, à la curiosité dont on voudrait faire le seul mobile du mouvement philosophique, d'autres éléments moins abstraits et moins désintéressés. Aujourd'hui que la philosophie est devenue un art, une profession, un état dans le monde, nous concevons moins la situation où se trouvèrent alors les esprits, ou pour mieux dire les âmes. La tradition, écho des révélations primitives, était allée en s'affaiblissant; la foi des enfants à la parole des pères avait fait défaut; on avait laissé échapper, au milieu des ténèbres, la main qui avait guidé jusqu'alors; il fallait pourtant avancer; et il répugne de croire qu'on ait passé sans intervalle de la vivante naïveté de la foi à la stupeur inerte du matérialisme. Il est impossible d'admettre qu'à une confiance qui avait eu pour principe la plus puissante des sollicitudes, ait immédiatement succédé sur les mêmes questions une curiosité froide et pleine d'abnégation. Le mouvement philosophique eut une aurore troublée et sombre; la curiosité était de l'angoisse; le besoin qui cria alors fut de l'âme et non de l'esprit : l'être moral détaché de son centre, la volonté séparée de sa raison, cherchait par l'intelligence à s'y réunir. La philosophie, en se rattachant à des débris de religion, fut plus d'à moitié religion. Plus tard ces deux éléments se dégagèrent insensiblement l'un de l'autre; la philosophie, répudiée par les masses, devint l'occupation exclusive des penseurs de profession chez qui l'habitude d'abstraire tend à affaiblir ou à voiler les caractères généraux de l'humanité : toujours la multitude est plus *humaine* que le savant. Ainsi la philosophie devint peu à peu ce que nous la voyons être; mais en vain voudrait-elle abjurer les souvenirs de son berceau; il est impossible de méconnaître son origine, de ne pas se la représenter jaillissant du sein des angoisses du cœur humain, et plus préoccupée de satisfaire à des désirs de l'âme que de répondre à des questions de l'esprit.

Ces temps sont éloignés de nous, mais les ques-

tions que la philosophie agite n'ont pas changé de
nature. L'angoisse ne paraît plus, mais l'homme est
toujours au centre des questions qu'il remue; il est
lui-même la première de ces questions; toutes les
autres se ramènent à celle dont il est l'objet. Non-
seulement cela est, quoi qu'il en dise, mais, quoi
qu'il en dise, il le sent. Il sent que ce qui définit ses
rapports détermine ses devoirs et son avenir. Il n'attend pas, pour le savoir, d'être arrivé au terme de
ses déductions. Dès le premier pas il est orienté, bien
ou mal. La philosophie est implicitement de la morale, et tout système sur l'univers est un système
sur la vie.

Ce système sur l'univers a-t-il été donné par la
spéculation pure? En d'autres termes, la spéculation
qui l'a produit a-t-elle pu rester indépendante des
préoccupations morales du philosophe? Nous en dou-
terons après avoir arrêté nos regards sur la nature
même des matières philosophiques.

Les autres sciences prennent leur objet hors de
nous, soit dans la nature physique, qui n'excite en
nous ni sympathie ni antipathie, et nous laisse en
pleine possession de notre indifférence, soit dans le
monde des êtres moraux, lequel, sans offrir cet avantage au même degré, ne nous touche du moins qu'indirectement et occasionnellement. La volonté est tenue
à l'écart, ou du moins l'objet scientifique ne l'attire
pas forcément dans son cercle. Les faits se présentent à notre intelligence dans leur pureté objective,
non enveloppés d'avance du nuage de nos passions.

Les erreurs sont possibles, mais il y a une cause d'erreur de moins ; toujours est-il que l'erreur est moins prochaine, moins imminente. Un point fixe nous est donné, une assiette ferme est fournie à nos opérations intellectuelles. Le degré de certitude de nos connaissances est d'autant plus grand que leur objet, dans un sens, est plus éloigné de nous, nous est plus étranger ; et le comble de l'évidence a lieu dans la sphère des faits purement rationnels, je veux dire de ceux dont la raison a fourni jusqu'à l'étoffe. En est-il de même des idées de la philosophie, j'entends de la philosophie positive, de la philosophie *à constructions*? Où prendre leur point de départ ailleurs que dans le moi ? Et qu'est-ce que le moi pur, le moi abstrait? On admet en géométrie la ligne sans largeur : peut-on admettre le moi sans qualités, sans vie? Un tel moi existe-t-il ailleurs que dans la tête des philosophes qui l'ont rêvé? et ce qu'on en tire, ce qu'on en conclut est-il vrai autrement que par hypothèse? et ce qu'on élève sur cette base peut-il être autre chose qu'un édifice aérien, un espace dans l'espace, une mer dans l'Océan? Si l'on accorde au moi philosophique ce que nous venons de lui refuser, a-t-on une base ferme, immuable, identique à elle-même? Ce moi concret n'arrivera-t-il pas avec une partie de ce que la vie lui a donné, avec des intérêts, avec des passions, avec l'habitude, qu'il faut bien compter parmi les passions, avec le préjugé, qui est une habitude, en un mot avec tout un état moral qui peut nuire à l'impartialité des recherches et à l'authenticité des résultats? Et qui peut douter que ce MOI-là ne soit présent et agissant au début de la recherche philosophique? toute recherche de cet ordre commence forcément par une pétition de principe; chacune a marqué son but dans son début; chacune, en se mettant en route, a su où elle arriverait; il n'y a, dans le monde philosophique, point de véritable voyage de découverte; le plus sincère a une préoccupation; et voici du moins ce qu'on ne peut contester : chacun a des affections, une vie morale, avant d'avoir une philosophie en forme; ces affections, cette vie, c'est le MOI dans toute son énergie; ce MOI n'adoptera pas, soyez-en sûr, un système de philosophie par lequel il verrait *distinctement* ses affections démenties et son être moral contredit; entre le système et le MOI l'évidence est prompte à se poser; la croyance philosophique se laisse déterminer par la vie : en est-il de même de la vie réciproquement? J.-J. Rousseau a dit quelque part : « Nos « sentiments dépendent de nos idées. » Cela est vrai *à sa date*; nous le verrons : mais les sentiments n'obéiraient pas à des idées tout abstraites et en quelque sorte artificielles, si préalablement un sentiment intérieur n'eût commandé cette obéissance. Au reste, que nous dit cette philosophie qui se recommence toujours, qui ne s'achève jamais, qui ne s'assied nulle part, qui varie avec les siècles, avec les caractères, avec les institutions, sinon qu'au lieu d'être une création de l'intelligence agissant avec une souveraine spontanéité sur les éléments que lui fournit une ma-

tière neutre, elle n'est autre chose que la succession
variée des évolutions de l'âme, fatiguant sa propre
substance à force d'attitudes diverses? en d'autres
termes, que l'état moral est *la réalité*, dont l'action
énergique suscite, dans la nuit des mystères métaphy-
siques, un rêve qui s'appelle philosophie; rêve, je
l'avoue, plein de signification et d'importance, et l'un
des phénomènes les plus graves que présente la nature humaine?

Dira-t-on que c'est là nier la philosophie? Oui, si
c'est la nier que de reconnaître que le point de départ de toute théorie de métaphysique ou d'ontologie
est enfoncé dans d'impénétrables ténèbres; qu'à l'en-
droit de ces ténèbres et à la place du nœud qu'elles
recouvrent, nous mettons forcément notre MOI; et que
toute philosophie est subjective, à prendre ce mot
dans sa plus vaste signification. Si nous nions la philosophie, l'éclectisme, tout en se piquant d'être une
philosophie, l'a niée avant nous; c'est bien à cette
valeur négative que le réduisent, en Allemagne, les
partisans des différents systèmes en vigueur; et, en
effet, au rapport de ses plus habiles professeurs,
qu'est-il que le relevé de tout ce qu'il y a de croyances populaires, ou, pour mieux dire, humaines, au
fond ou à la base de tous les systèmes, la statistique
des vérités d'intuition ou de sentiment que l'humanité, en tout temps, a tenues pour constantes, et enfin l'histoire générale de l'esprit humain, et non une
de ses créations?

La puissance et la rigueur de dialectique déployées

dans l'exposition de quelques-uns des systèmes philosophiques, ne doivent pas nous faire illusion. La
dialectique n'est pas la raison; elle est à la raison ce
que l'archet est à la lyre. Elle n'est pas plus au service de la vérité que de l'erreur, et même de la
folie. Un compositeur dans le délire peut tirer de
son instrument la musique la plus extravagante sans
que la justesse rigoureuse de la mesure et des tons
lui fasse défaut un seul instant. Les fous qui raison-
nent le mieux sont les plus complets. Qui n'a pas ad-
miré la dialectique de Rousseau dans ses lettres à
lord Conway, à David Hume, et dans ses tristes dia-
logues? Faussez le rayon visuel à son point de départ,
fût-ce d'une quantité inappréciable, augmentez ou di-
minuez de l'épaisseur d'un cheveu l'ouverture d'un
angle, la différence à l'extrémité sera immense peut-
être. Le premier moment est décisif : à partir de là,
la rigueur même de la marche dialectique est toute
au profit de la première et illégale intervention de
la volonté ; plus vous aurez bien raisonné, plus vous
conclurez mal. Qu'on prenne garde aux hypothèses,
qui sont le point de contact de la volonté avec la
pensée.

Ne dirons-nous rien sur la position de tout homme
qui élève ou défend un système en philosophie? Il
est homme ; il ne peut se scinder absolument ; le
penseur ne peut congédier l'homme ; l'individu concret, bon gré mal gré, entre tout entier dans le cercle de la discussion philosophique. Or, il trouve toujours sur le terrain un système antérieur à appuyer

ou à contredire : il n'y a d'exception que pour celui qui est venu le premier. Que dis-je ? parmi les philosophes, le premier même ne vint pas réellement le premier; il venait après les traditions; il ne put les ignorer; il ne put en faire abstraction; sa tâche, son but immédiat était de les démentir ou de les confirmer; il ne put donc être entièrement dépréoccupé; ceux qui le suivirent ne le furent pas davantage; l'amour-propre, l'amour de la victoire, la haine de la contradiction, la vivacité provoquante des débats ne furent pas étrangers à cette classe d'hommes, auxquels, à défaut d'autres garanties, un calme presque surhumain serait nécessaire. On dira que cet inconvénient se représente en toute recherche, en toute science. Oui; mais dans celles dont la matière est purement objective, entièrement placée hors de nous, il trouve un remède et un contre-poids; le mal qu'il peut faire n'est pas sans retour : dans la durée des discussions, dans le laps du temps, l'objet ne s'altère pas; les monuments ne changent pas de forme ni d'aspect; à force de se montrer dans leur identité, ils finissent par vaincre les préventions, et la vérité s'établit et se constitue au milieu des passions frémissantes. Cette ressource, à peu près infaillible, est-elle également assurée aux discussions que nous avons en vue ? L'erreur tombe, direz-vous; les systèmes croulent : j'en conviens; mais la vérité, l'évidence héritent-elles de l'erreur et des systèmes ? et la philosophie n'est-elle pas trop semblable à Pénélope, recommençant aujourd'hui l'œuvre qu'hier a vu détruire ?

Lorsque la nature a réuni dans un même homme
une âme très forte et un esprit méditatif, il ne faut
guère s'attendre que l'âme prendra contre elle-même
le parti de l'esprit. Le proverbe de droit : que le
mort emporte le vif, ne trouve point ici d'application. Où la vie est forte, elle se soumet la pensée.
Soit au début de la spéculation, soit dans son cours,
l'âme, toujours présente, toujours attentive à ses intérêts, s'arrange pour n'être pas éconduite. Le système prend insensiblement l'inflexion du caractère,
et l'âme s'applaudit d'une coïncidence qu'elle a se-
crètement et à son propre insu ménagée. Le fils du
célèbre Fichte nous apprend avec quelle joie son
père, ayant achevé son système, le vit cadrer avec
tous les besoins et les tendances de son âme élevée
et forte. Il ne se doutait pas que c'était dans le sens
même et dans l'intérêt de ces tendances qu'il avait
spéculé; qu'il n'était pas possible qu'il eût jamais
une philosophie à contre-sens de sa nature morale,
et que rien n'est plus facile que d'assortir, en de pareilles matières, son système à son besoin.

Qu'il est effrayant, le mot de Pascal : « La volonté,
« organe de la croyance! » Mais combien il est vrai!
Ce qu'on appelle la foi, dans la sphère des opinions
humaines, est-ce autre chose que la volonté appliquée à des objets de spéculation? L'intensité de cette
foi n'a-t-elle pas pour mesure exacte la force de la
volonté? L'esprit de tel homme, quand il a fait son
choix, est hors d'état de le remplacer par un autre,
hors d'état d'être frappé de la force des objections

qu'on lui propose, presque hors d'état de laisser tomber sur elles un regard distrait et fugitif, ou, si ces objections, forcément examinées, le laissent sans réplique, n'en conservant pas moins toute la tranquillité, toute l'impassibilité d'une foi qui est devenue en lui une affection, et qu'une autre affection pourrait seule effacer et détruire. Est-ce mauvaise foi ? indifférence pour la vérité ? Nullement : c'est l'effet d'une âme qui s'est approprié, qui a converti en sa propre substance des croyances qui, sans doute, se rencontraient avec ses dispositions les plus intimes. Mais si cette violente préoccupation est possible en beaucoup de sujets différents, où sera-t-elle plus forte, plus obstinée, qu'en des matières où la pleine évidence est impossible, où l'expérience ne trouve pas de lieu, et où la donnée fondamentale est si voisine d'un sentiment de l'âme, que presque toujours elle se confond avec lui ?

Mais la vérité de tout ce qui précède tient surtout à une distinction importante entre les individus et les siècles. Quelque difficile que soit, dans un individu, la scission complète de l'homme et du penseur, il est certain que les habitudes de la vie scientifique amènent la possibilité d'une abstraction très forte, en vertu de laquelle le penseur et l'homme s'ignorent l'un l'autre dans un certain sens et jusqu'à un certain point. Il paraît d'abord bien étroit, le pont où la vie morale et la pensée doivent passer toutes deux ; ne faudra-t-il pas que l'une recule afin que l'autre avance ? L'abstraction, assez souvent, élargit cet étroit

passage, la pensée et la vie passent à côté l'une de
l'autre sans se coudoyer, même sans se voir. Combien de spiritualisme dans la conduite de certains
hommes à qui le matérialisme a dû son crédit ! Combien de matérialisme pratique chez certains défenseurs des doctrines spiritualistes ! Sans doute un examen attentif et répété sur un grand nombre de cas
ferait rentrer l'exception dans la règle ; en général
cependant c'est moins aux individus qu'il faut regarder qu'aux masses, aux époques, aux siècles. Toutes
les saillies individuelles et les accidents s'effacent
dans un aspect général, tous les portraits dans le
tableau. L'individu peut s'abstraire, se scinder, une
moitié de lui-même ignorer l'autre : un siècle est essentiellement et toujours concret. Le genre humain
est le vrai homme, l'homme complet, le type de soi-
même. La psycologie n'a point de base plus sûre que
l'étude du genre humain pris en masse, ou considéré de siècle en siècle. Or, le genre humain est plus
conséquent que les individus. Telles sont ses mœurs,
telle est sa morale ; telle est sa morale, telle est aussi
sa philosophie. C'est à cet homme collectif que s'appliquent les observations que nous avons présentées ;
ces observations, vraies des individus en général, le
sont sans réserve transportées à l'humanité.

Un fait important, cent fois reproduit, répandu
pour ainsi dire dans toute l'histoire des sociétés,
vient à l'appui des considérations précédentes.

Les théories sociales, aussi bien que la philosophie,
affectent la spontanéité. Elles se piquent de prendre

naissance dans l'examen de la nature des_choses,
c'est-à-dire des vrais rapports de l'homme avec
l'homme et de l'individu avec la société. Et cependant
tous les faits s'élèvent contre cette prétention. Ils
nous conduisent même à penser que jamais la spéculation pure n'eût trouvé ces théories, ni même ne les
eût cherchées. Elles n'ont apparu dans le monde qu'à
la suite des faits qui les rendaient nécessaires. Elles
se sont présentées à titre de remède ou de protestation. La souffrance a éveillé le sentiment, le sentiment a éveillé l'idée. Les théories qui en ont résulté
n'en sont pas pour cela moins vraies. Leur vérité en
effet n'est pas abstraite, mais relative ; vérité qui dort
en quelque sorte jusqu'à ce que le besoin la réveille.
Il n'y a pas de raison suffisante pour que, dans cet
ordre d'idées, une seule vienne au jour et se formule, aussi longtemps que rien ne la blesse. L'ordre
qui n'a pas été précédé du désordre n'est pas remarqué tant qu'il dure. Vivant et fort, il n'a point de
nom ; sa première voix est un cri d'alarme ; c'est en
périssant qu'il se nomme. C'est l'esclavage qui a
donné l'idée de la liberté, les priviléges celle de l'é-
galité, l'oppression religieuse celle des·droits de la
conscience. Il n'est pas dans la nature de l'humanité
de s'éprendre pour de pures spéculations avant toute
expérience qui les lui ait rendues respectables et chè-
res. Mais, menacé dans la possession d'un bien, on
s'avise alors que cette possession est un droit ; ce
droit, on le constate, on l'exprime, on le circonscrit ;
dès lors, il sera défendu comme vérité abstraite, alors

même qu'il aura cessé d'être menacé ; poussé d'abord à sa défense par le souvenir de ses dangers passés, par la prévision de ses dangers à venir, on y sera porté ensuite d'une manière plus pure par l'intérêt dû à toute vérité. Mais encore alors cet intérêt épuré ne sera pas éprouvé également par tout le monde : il y aura toujours, sous ce rapport, une différence entre la multitude et les penseurs.

On a voulu faire des réformateurs du seizième siècle les champions de la liberté de conscience. Jamais avec ce dogme abstrait ils n'eussent remué les masses ; jamais aussi ce dogme abstrait ne leur eût, à eux-mêmes, inspiré tout ce qu'ils ont fait. Un intérêt plus intime, plus personnel, si l'on peut ainsi parler, mit en mouvement l'Europe du seizième siècle. On ne commença pas par réclamer la liberté religieuse, mais par en faire usage. On fit mieux que de la démontrer, on s'en empara. Bien loin de la démontrer, à peine y croyait-on ; du moins on n'y croyait que pour soi-même et pour le cas présent ; après l'avoir revendiquée, on la refusait aux autres ; ce n'est que lentement qu'elle est devenue vérité générale à l'usage et au bénéfice de tout le monde ; et il a fallu, pour cela, que chacun tour à tour eût été froissé dans sa conscience, qu'une longue expérience eût démontré que tous les vrais droits sont réciproques, et que nul, dans ce genre, ne peut s'attribuer ce qu'il refuse à autrui. On parle des progrès de l'esprit humain, de sa rapide ascension : c'est de sa paresse qu'il faudrait parler ; les vérités, les plus simples, les plus nécessaires, ont eu mille obstacles à surmonter; et ce n'est guère que par la porte étroite de la nécessité qu'elles ont pénétré dans le cœur et de là ont passé dans l'esprit. Elles ont dû vivre, et prouver leur vie par l'action, avant d'être adoptées par l'intelligence.

Ce fait si universel, si répété, ne paraîtra pas sans rapport avec la question que nous étudions aujourd'hui. Il constate la tendance de l'humanité à faire marcher le sentiment avant l'idée.

Mais en accordant, d'après ces données, l'initiative au sentiment sur la pensée, n'accorderons-nous point de réaction à la pensée sur le sentiment? Sans doute; et c'est ici que la proposition de J.-J. Rousseau trouve sa vérité. Les doctrines sont nées des besoins, si l'on enferme dans ce mot de *besoins* les sentiments, qui ont toute la force et la valeur de véritables besoins; mais, en tombant dans des cœurs disposés d'avance à les recevoir, elles y réchauffent et y développent des germes qui s'y trouvaient avant elles; elles accroissent de beaucoup l'intensité des penchants avec lesquels elles concordent (1); appelées dans l'âme par une des dispositions de l'âme, elles payent libéralement cet accueil; voici même quelque chose d'étonnant : elles dépassent le sentiment ou le besoin qui les a fait naître. C'est comme une loi de notre destinée que, de la théorie et de la pratique, toujours

---

(1) C'est à l'aide de ces idées qu'il faut modifier ce qu'a dit Montesquieu sur l'introduction des doctrines d'Épicure à Rome. (*Grandeur et décadence des Romains*, chapitre X.)

l'une déborde l'autre, que les effets débordent les causes, tant qu'enfin, en quelque manière, l'effet devient cause de sa cause, c'est-à-dire que l'idée excite et même exagère le sentiment qui lui a donné naissance.

Tel est son effet, remarquable surtout dans la région des opinions politiques. Que cet effet soit irrégulier dans son exagération, bien qu'inévitable et naturel ; que cette impossibilité où se trouvent la pratique et la théorie, le fait et l'idée, de marcher d'un même pas, soit un mal et un mal bien grave, on en conviendra sans peine ; mais il n'en faudra pas moins reconnaître les droits de la théorie sur la pratique, et les titres de l'idée au gouvernement de la vie. L'idée naît des faits ; elle a dû, s'il est permis de parler ainsi, être *vécue* avant d'être conçue ; mais une fois conçue, elle prétend avec justice à régler la vie, ou plutôt la vie se range avec raison sous sa tutelle souveraine. Un instinct nous avertit que ce que nous sommes n'est pas la norme de ce que nous devons être, que nous avons à chercher hors de nous-mêmes notre règle, que notre volonté ne peut pas être la loi de notre volonté, qu'il faut auparavant qu'elle soit réglée sur l'idée, sur la vérité, qui doit être autre chose que le MOI. Mais si l'idée elle-même est issue du MOI, si elle n'en est que l'expression, si elle en reproduit tous les caractères, comment nous servirait-elle de règle ? Chacun aspire à ordonner sa vie sur des convictions ; mais si ses convictions ne sont que sa volonté déguisée, dans quel cercle vicieux n'est-il pas

contraint de tourner? Nous ne dirons pas à ce sujet :
« Là commence un abîme, il faut le respecter ; » mais
nous dirons : « Là se présente un problème ; il faut
lui trouver une solution. » C'est ce que nous tente-
rons dans l'*Essai* suivant.

XV.

LA VOLONTÉ CHERCHANT SA LOI.

DEUXIÈME FRAGMENT D'UN COURS SUR LES ÉCRIVAINS MORALISTES
DU DIX-HUITIÈME SIÈCLE*.

Dans l'examen que nous avons tenté de la marche
de l'esprit humain vers la spéculation philosophique,
nous avons rencontré deux faits également remarquables : l'antériorité absolue du sentiment sur l'idée, et
l'instinct qui porte tout homme à régler sur l'idée ses
sentiments et sa conduite; instinct qui lui-même est un
sentiment, le plus primitif et le plus élémentaire de
tous.

Mais, après cela, nous avons reconnu combien il
est difficile à l'homme de trouver une idée ou une
règle qui soit autre chose que lui-même. Et quand je
dis lui-même, je n'entends pas l'individu seulement,
mais l'homme collectif, l'humanité; et quand je dis
l'humanité, j'entends l'humanité avec ses instincts
moraux, avec la notion du devoir, et les exigences de
la conscience. Ce MOI, tout vaste qu'il est, pourvu de
ses plus nobles parties, est encore le MOI, autre chose

* Cet *Essai* est né du précédent et y fait suite; toutefois il en est indépendant
et peut se lire à part.

que l'idée, moins que la règle que l'homme invoque sans la connaître ou la nommer. La loi présentée avec ces circonstances n'est toujours que l'humanité offerte pour règle à l'humanité; et s'il était possible de concevoir un homme en qui tous les attributs de l'humanité fussent personnifiés, un homme-type, l'homme par excellence, cet homme ne consentirait pas à s'accepter pour règle: il en chercherait une en dehors et au-dessus de lui.

Cet homme ferait ce qu'a fait l'humanité dans tous les temps et de toutes les manières, c'est-à-dire de toutes les manières humaines. Avant de les retracer, répondons à cette question : Qu'est-ce que l'homme avait affaire de chercher une idée ou une règle? Ne la portait-il pas en lui-même? N'avait-il pas la conscience?

Il y a deux réponses à faire.

Dans l'état actuel de l'être humain, c'est-à-dire à le prendre aussi haut dans son histoire qu'il nous est possible de remonter, nous trouvons bien en lui des sentiments moraux, la notion générale du juste et de l'injuste, mais, sur les applications, nous le voyons varier de siècle à siècle, de nation à nation et presque d'homme à homme. Ces divergences réclament une règle uniforme et souveraine. L'homme est pressé par sa conscience même de la chercher ailleurs que dans sa conscience, qui ne la lui fournit pas.

Ce n'est pas tout: la conscience est proche voisine du MOI, c'est-à-dire de toutes nos affections et de tous nos intérêts. En droit, elle est le gardien logé chez

nous à nos frais pour surveiller nos actes et en rendre
compte ; mais nous le distrayons, nous le subornons,
nous le mettons dans nos intérêts; nous le faisons asseoir avec nous à notre table; nous déridons son front
sévère, et lui faisons vider avec nous la coupe de l'é-
tourdissement; il s'identifie avec nos passions, il les
épouse; oubliant son rôle, de nos affaires il fait les
siennes; de loin à loin seulement il se souvient qu'il
en a d'autres. La conscience pouvait être notre règle
lorsqu'elle était bien distincte de nous-mêmes, et que
nous ne risquions pas de mettre la notion du devoir
au service de la passion. Mais l'humanité n'a pas été
longtemps à reconnaître que la conscience, tantôt négligée, tantôt subornée, rarement obéie, n'était le
plus souvent qu'une *nue propriété*, plus féconde en
charges qu'en revenus, et qu'il fallait ailleurs qu'en
nous chercher du recours contre nous.

Que faire? car l'homme sentait bien que sa volonté,
loin de pouvoir lui servir de règle, avait besoin elle-
même d'être réglée, rectifiée; que sa volonté, en un
mot, n'était pas bonne. Il allait plus loin : il comprenait que toute la question n'était pas là; qu'il ne s'a-
gissait pas uniquement de rendre sa volonté bonne;
que la volonté est mauvaise par cela seul qu'elle se
fait son propre objet; que, dans un sens absolu, il ne
nous appartient pas de vouloir; que notre volonté
n'est là que pour en accomplir une autre; que c'est
dans l'intérêt de cette dernière que nous devons vouloir; en d'autres termes, que c'est Dieu qui doit vouloir en nous,

Ces considérations n'ont pas revêtu chez tous les peuples et chez tous les hommes la forme précise que nous essayons de leur donner : car les raisonnements qui déterminent l'humanité ne sont pas ceux dont elle a le plus nettement conscience. Elle n'exprime pas à beaucoup près tout ce qu'elle conçoit, et elle conçoit beaucoup moins qu'elle ne sent. Une analogie peut rendre la chose sensible. Quiconque s'approprie l'usage d'une langue, fait, sans s'en douter, une quantité de raisonnements fort délicats, dont il ne pourrait pas rendre le moindre compte. Direz-vous qu'il ne les a pas faits? direz-vous que rien ne s'est passé dans son esprit? ne lui accorderez-vous pas une intuition rapide des choses que vous avez analysées avec lenteur? Eh bien ! c'est là l'image de l'humanité dans le développement de sa vie morale et philosophique. C'est une langue qu'elle apprend, mais dont elle ne sait et ne saura jamais la grammaire.

Quoi qu'il en soit, une irrésistible impulsion a porté l'homme (je ne dis pas l'homme d'exception, le penseur ou l'homme-machine, mais l'homme qui remplit tout le vaste espace entre ces deux points extrêmes) à chercher une volonté à laquelle il pût soumettre la sienne. Il ne l'a pas longtemps cherchée. Il l'a reconnue en Dieu ; ou, si mieux vous aimez, il a nommé cette volonté Dieu. Il a conçu immédiatement Dieu comme une volonté régulatrice. Il ne s'agissait pas pour lui de se prouver l'existence d'une cause première : il n'en avait jamais douté ; il ne s'est pas laborieusement appliqué à revêtir cette cause nue des différentes propriétés qu'impliquaient sa nature de cause et le caractère de ses effets. Pas un instant Dieu n'a été pour l'humanité un être abstrait, une idée, mais dès l'abord une personne ; et de tout ce qui pouvait caractériser cette personne, rien n'a plus tôt ni plus directement intéressé les hommes que sa volonté ; sa volonté, dis-je, par rapport à la leur; le Dieu de l'humanité a de prime abord été un Dieu moral, une morale personnifiée; et ce que l'humanité a cherché avant tout dans les espaces étoilés, où le regard religieux se dirige instinctivement, c'est un législateur et un juge. La religion a donc été tout d'abord et essentiellement une morale; et dans le fond elle n'est pas autre chose. Otez-en la morale, c'est-à-dire l'obéissance, rien ne reste; on peut continuer à se servir du mot de *religion*, mais en le faisant mentir à son origine, et au sens que lui a donné de tout temps la conscience humaine (1).

M. Benjamin Constant nous montre la morale s'identifiant de plus en plus avec la religion, à mesure que la civilisation fait des progrès, et rectifiant le dogme en se mêlant avec lui (2). C'est encore une de ces choses qui sont *vraies à leur date*. La religion, après être passée à l'état de théorie ou de rituel, a repris corps et substance par l'accession de la morale ; mais elle n'a fait alors que remonter à son point de départ, à sa

(1) Soit que *religion* vienne de *religare* ou de *relegere*, ce mot signifie un service ou une obéissance. Voyez d'ailleurs sur l'histoire de ce mot une dissertation solide et intéressante, publiée en 1834 par M. Muller, alors professeur de théologie à l'université de Bâle.

(2) *De la Religion*, tome IX, page 355.

nature primitive, que se pénétrer de nouveau de l'idée qui lui donna naissance, que redevenir religion. Mais il est certain qu'à son origine la religion fut une morale et la morale une religion.

Cela n'implique point (il importe de le remarquer) que les devoirs de la morale soient arbitraires, que la morale n'ait aucune vérité objective, et que, comme corps de préceptes, elle vienne à l'homme tout entière du dehors. Il ne s'agit ici que de reconnaître en fait l'identité de la religion et de la morale. C'est dans ce point de vue que Kant a dit : « Nous ne pouvons « nous représenter l'*obligation* sans y joindre l'idée « *d'un autre*, qui est DIEU, et de sa volonté (1). » Voilà la morale se faisant religion. Et M. de Wette, dans son livre sur la Religion (2), a dit d'une manière bien plus absolue : « La religion est la foi à la validité de « la loi morale dans le monde invisible,… la contem- « plation, par les yeux de la foi, du type et du cen- « tre d'une communion morale. » Ici la religion est la morale même, avec Dieu pour objet.

Je ne sais si quelqu'un se scandalisera de voir ici la morale et la religion en quelque sorte identifiées. Il n'y a point là matière à scandale : bien au contraire. La dignité de la religion, sa puissance, tiennent précisément à cette unité, ou, si l'on veut, à cette confu-

---

(1) « Wir kœnnen uns die Verpflichtung nicht wohl anschaulich machen, ohne « einen Andern und dessen Willen, nœmlich Gott, dabei zu denken. » (KANT, *Me- taphysik der Tugendlehre.*)

(2) « Die Religion ist der Glaube an die Gültigkeit der Sittengesetze in der über- « sinnlichen Welt, in einer vollendeten sittlichen Gemeinschaft in der Ewigkeit, « die glæubige Betrachtung des Urbildes der sittlichen Gemeinschaft. » (DE WETTE, *Über die Religion*, page 113.)

sion. Une religion qui n'est pas de la morale a moins
de valeur encore qu'une morale qui n'est pas de la religion. Il faut, bien loin de le dissimuler, le dire très
clairement et très haut, afin qu'on cesse, dans le
monde, de décrier le dogme en le représentant comme
un appendice gratuit et une incommode excroissance
de la morale. Qu'on sache bien qu'il n'y a pas une fibre dans la religion, pas une idée, pas un article de
foi, qui ne soit de la morale.

L'homme a donc cherché dans la religion l'idée ou
la règle qu'il ne trouvait pas en lui-même, ou que du
moins il n'y trouvait pas authentique et irrécusable.
Mais, ô déception funeste, à laquelle il eût fallu s'attendre si l'humanité s'attendait jamais à rien ! L'humanité rendit témoignage à une vérité, mais ce fut
tout. Elle ne trouva point cette volonté autre et plus
haute que la sienne, qu'elle paraissait chercher. Elle ne
refit point sa volonté à l'image de celle des dieux,
mais celle des dieux à l'image de la sienne. Et, réali-
sant partout cette énergique et mémorable parole d'un
prophète : « Dans mes sabbats, c'est votre volonté
« que vous trouvez, » sa religion ne fut que sa propre nature, ses penchants, son état moral divinisés.
On fit précisément l'inverse de ce qu'on s'était proposé : l'accord était trouvé entre la volonté divine et
la volonté humaine, mais aux dépens de la première,
la volonté humaine s'était faite loi de la volonté humaine : *Humana transtulerunt ad Deos,* dit Cicéron :
divina mallem ad nos.

Telles ont été en tout temps et par tout pays les

religions humaines ; humaines dans un sens exclusif, car elles n'ont réfléchi que l'humanité. Certes, la vraie religion doit être humaine, et plus que toutes les autres ; car Dieu qui en est l'inventeur connaît sûrement mieux l'homme que l'homme ne se connaît ; mais elle est en même temps divine, et les religions humaines ne sont qu'humaines. Elles reproduisent avec une fidélité idéale l'état des mœurs et de la société ; elles consacrent à la fois le bien et le mal qui s'y trouvent ; non tout le bien ni tout le mal, mais tout le bien dont la multitude éprouve l'amour et le besoin, et tout le mal que la société aime et qu'elle peut supporter sans se dissoudre. Elles expriment donc ce qu'on pourrait appeler la moyenne de l'état moral ; mais tout ce qui est entre les deux limites que nous venons d'indiquer, elles l'exaltent, elles l'exagèrent ; elles s'élèvent jusqu'au sommet de cette espèce de médiocrité des mœurs générales. Tout ce que le peuple aime, veut et sent, se trouve ainsi consacré ; et il est juste de faire observer que l'intérêt de la masse ayant dicté la religion, et cet intérêt étant naturellement plus analogue à l'ordre et à la conservation que tels ou tels intérêts individuels, les religions, eu égard à l'état des mœurs et de la culture, appuient proportionnellement moins sur le mal que sur le bien, et sont plus bienfaisantes et plus morales que ne le serait l'absence de toute religion. En effet, dans ce dernier cas, les mœurs publiques seraient livrées à elles-mêmes, et n'auraient pas pour modérateur cette espèce d'idéal que leur présente la religion nationale, et qui, bien que tiré d'elles-mêmes, vaut pourtant mieux qu'elles-mêmes. Mais tout dégénère et se dénature : la religion tombe entre des mains dont l'intérêt est de la rendre toujours plus distincte de la morale, ou d'en faire une morale à part, tout arbitraire et toute conventionnelle; mais avant cette époque, et plus près de son origine, la religion a bien le caractère que nous lui avons assigné, et peut, dans un sens relatif, passer pour une institution bienfaisante. Toute religion est sociale, tandis que l'athéisme est éminemment antisocial. Le premier effet d'une religion quelconque est d'obliger les hommes les uns envers les autres; car il est impossible, nous l'avons vu, qu'ils n'attribuent pas à leurs dieux quelques bonnes qualités, et il est impossible qu'ils ne se croient pas tenus d'imiter les bonnes qualités de leurs dieux. Premiers types de leurs dieux, il faut bien qu'ils s'en fassent ensuite les imitateurs. La chaîne de la vertu, scellée en quelque sorte dans la Divinité, en devient plus serrée et plus forte. Si Vénus adultère autorise la licence des mœurs, Jupiter hospitalier contraint à l'hospitalité. Tous les devoirs que la nature et l'intérêt disposent à pratiquer, prennent un caractère de sainteté; tous les vices que la société ne pourrait supporter subissent un frein plus fort. Montesquieu a senti tout cela, et l'a plus d'une fois exprimé (1). Nous ne citerons que ce passage des *Lettres persanes* (2) : « Dans quelque « religion qu'on vive, l'observation des lois, l'amour

---

(1) *Lettres persanes*, L. LXXXV. — *Grandeur et décadence des Romains*, chapitre X. — Politique des Romains dans la religion.

(2) *Lettres persanes*, L. XLVI.

« pour les hommes, la piété envers les parents, sont
« toujours les premiers actes de religion... En quel-
« que religion qu'on vive, dès qu'on en suppose une,
« il faut bien que l'on suppose aussi que Dieu aime les
« hommes, puisqu'il établit une religion pour les ren-
« dre heureux; que s'il aime les hommes, on est as-
« suré de lui plaire en les aimant aussi, c'est-à-dire
« en exerçant envers eux tous les devoirs de la charité
« et de l'humanité, et en ne violant point les lois sous
« lesquelles ils vivent. »

Ces détails nous mèneraient trop loin. Rentrons dans
notre idée principale. La religion humaine représente,
sans les dépasser réellement, le caractère, l'état moral, la constitution physique, les habitudes intellectuelles du peuple qui la parle; oui, qui la parle, car
une telle religion est une langue. La religion, de même
que la littérature, mais dans un sens plus strict encore,
est. l'expression de la société; mais cette définition
qui, appliquée à un gouvernement, lui ferait honneur, n'en fait point à une religion. Un gouvernement
en a fait assez quand il a reproduit les meilleures tendances du peuple qu'il régit : la religion veut être la
maîtresse et la règle de ces tendances ; ses dimen-
sions, sa hauteur sont immuables ; et elle ne connaît
qu'une manière de concilier la volonté de Dieu et celle
de l'homme : c'est de plier souverainement la seconde
à la première. — En résumé, les religions humaines
sont littéralement l'apothéose de la volonté.

Ce n'est pas là qu'est la cause immédiate de leur
évanouissement progressif et de leur irrévocable dé-

cès; mais c'est bien là qu'il en faut chercher le principe. Ce qui est humain est mortel. Sans doute aussi
ce qui est divin peut se corrompre entre des mains humaines; mais le germe divin résiste et ne peut mourir. Son immortalité a des agonies, sa lumière pâlit ou
se concentre dans un cercle étroit; mais sa vie n'a
point de lacune et ne connaît point de terme. A chaque
défaillance de sa lumière succède un jet plus vif de la
flamme céleste. La vérité religieuse, bien qu'elle ait
été acquise et qu'elle ait une date, est scellée au fond
de la nature humaine comme ses croyances les plus
élémentaires et les plus instinctives : elle appartient
irrévocablement à l'humanité, ou, pour mieux dire,
l'humanité lui appartient. Il n'en est pas de même des
religions que l'homme a tirées de sa propre substance;
astres éteints, rien ne saurait les rallumer; et quand
l'hypocrisie sacerdotale et la dévotion politique les
ont une fois profanées, quand l'illusion qui les soutenait sous le nom de foi s'est lentement dissipée, c'en
est fait pour jamais; le peuple, désabusé sans retour,
mendie, sous le nom de religion, quelque nouvelle
erreur; le sage s'écrie avec dédain : « Qu'est-ce que
la vérité? » et ne connaît plus de choix qu'entre les
doctrines d'Épicure et celles de Zénon.

Il est inutile à notre dessein de parler des premières; mais les autres demandent un regard attentif.
Le stoïcisme, c'est l'homme qui, pour avoir un Dieu,
se fait Dieu lui-même. Le stoïcien, à la vérité, parle
quelquefois des dieux, mais dans un sens sur lequel
il ne faut pas se tromper. Ils sont un autre nom de

son idéal, non la règle ni la raison première de sa volonté. Le stoïcien a conçu la vertu sous la notion de la force, non sous celle de l'obéissance. Elle ne se présente pas à lui sous l'aspect du devoir, mais sous celui de la dignité, soit personnelle, soit collective. Sans doute que dans le lointain, le sentiment obscur du devoir se décèle comme la source de cette notion de la vertu; mais le stoïcien se cache à lui-même cette origine; et si, dans cette religion de l'orgueil, le mot de *devoir* se prononce encore, c'est d'un devoir envers soi-même qu'il est question, et le respect envers soi-même est le motif et la substance de tout bien. Il y a dans cette religion les apparences d'une hostilité permanente, d'une guerre à mort contre la volonté, mais seulement les apparences; car s'obéir à soi-même, ce n'est pas obéir, et des devoirs dont on est le premier et le dernier terme ne sont pas des devoirs. Encore ici, la volonté propre est déifiée; on l'exalte, à la vérité, on l'élève en quelque manière au-dessus d'elle-même, afin de pouvoir plus convenablement l'adorer; on la rend presque inaccessible, afin de pouvoir se figurer dans la volonté quelque chose d'autre et de plus grand que la volonté; mais tous ces artifices involontaires sont inutiles; et voici ce qui arrive: ou bien l'on rabaisse enfin jusqu'à soi la règle afin de pouvoir y atteindre; ou bien on la maintient à sa première hauteur, et l'orgueil, sévèrement averti de son impuissance, devient du désespoir. On s'avoue que Dieu n'aurait pas mis la règle si haut qu'on l'a mise; que Dieu qui a fait la nature n'aurait pas tué la nature : il

n'en avait pas besoin; le sacrifice implicite de la volonté est tout ce qu'il aurait demandé; dès lors plus
de tension, plus d'efforts démesurés; une disposition
tranquille et sereine, fondée sur la confiance en Dieu
et sur la promesse de son secours; et, dans les grandes
occasions, la certitude que la force viendra, l'humble
appel au donateur de cette force, enfin l'amour, la
première de toutes les forces, l'amour, dont le ressort
n'a point de limites connues, l'amour, qui transforme
toutes choses, jusqu'à se faire de la souffrance un aliment exquis, l'amour enfin, qui veut un objet hors
de l'âme, et qui, par conséquent, est étranger au
principe d'action du stoïcien, dont la vertu n'est qu'un
mouvement de rotation sur son axe. Quelle que soit
la valeur rationnelle et morale du stoïcisme, il a ses
hommes, et, dans chacun d'eux, son domaine et son
temps. Il est moins un système et une foi que le tempérament de quelques âmes fortes; et dans ces âmes,
il ne s'applique pas à tout, comme fait l'amour; il ne
cultive qu'une partie du champ de l'âme; il est ordinairement obligé de se faire dur pour être fort; et surtout, viennent des moments inattendus, il apprend
enfin à se mesurer; après avoir brisé des rochers, il
se brise contre un grain de sable; il n'avait pas recou-
vert uniformément et également l'âme entière; sa cui-
rasse d'airain, son *as triplex*, fait toujours défaut quelque part; il se donne de terribles démentis; il ne
plie pas peut-être, mais il rompt; il ne se courbe jamais, mais il tombe, et ses chutes sont d'autant plus
éclatantes qu'il tombe de plus haut; car le stoïcisme

n'est que la forme la plus spirituelle de l'orgueil :
« et l'orgueil, dit l'éternelle sagesse, marche devant
« l'écrasement. »

On peut dire toutes ces choses sans mépris, sans
mésestime, et même en s'humiliant devant le stoïcisme. Le croyant, qui se sent *porté*, peut admirer ceux qui essaient de se porter eux-mêmes;
mais il les admire avec effroi, avec compassion, car
il connaît leur danger, et il sait, en tous cas, que
l'homme, si tendrement enseigné à dire : « Ta vo-
« lonté soit faite ! » n'a point été invité à se le dire
à soi-même. S'il y a un Dieu, c'est à lui que doit
aller cette invocation, pleinement, absolument et
sans réserve.

Tout ce qui vient d'être dit a dû signaler à la fois
et la vraie nature du problème proposé à l'humanité,
et l'impossibilité où elle s'est trouvée de le résoudre.
Le stoïcisme a achevé la preuve. En lui nous avons
vu la volonté se fuyant sans cesse et se retrouvant
toujours. Il n'appartient pas à l'homme de se dire :
Je veux ne pas vouloir; je veux ne pas faire ma volonté. Cela même est un acte de volonté, de souveraineté. La volonté n'est réellement dépossédée et
soumise d'une part, et de l'autre intrinsèquement
bonne, que lorsque celle de Dieu lui a été imposée
d'une manière authentique. Et la difficulté paraîtra
hors de toute mesure quand on aura fait la réflexion
que, pourtant, aucune religion ne saurait être vraie,
dans laquelle, en définitive, la volonté ne trouve pas
son compte. Elle doit, au contraire, y trouver sa

pleine satisfaction; car la vérité est inséparable du
bonheur, et le bonheur est l'objet propre de la volonté, son pôle immuable, et l'homme, par le fait
même qu'il veut, veut le bonheur, et il ne peut pas
vouloir autre chose; dépouiller la volonté de cette tendance, c'est l'anéantir.

La tâche, au premier coup d'œil, paraît contradictoire; mais dire qu'elle est contradictoire c'est prononcer qu'il n'y a point de Dieu ou qu'il nous a
abandonnés. La conséquence est rigoureuse, et je
m'étonne que la pensée ne s'y précipite pas. Au fait,
la logique la pousse vers cet abîme, mais l'instinct de
la nature l'a munie de crampons qui la retiennent sur
la pente.

La tâche, ai-je dit, paraît d'abord contradictoire.
Un système qui, à la fois, accomplisse notre volonté
et qui la terrasse, un système où elle soit tout ensemble vaincue et victorieuse, comment le concevoir,
comment croire à sa possibilité? Car il semble que,
s'il se présente d'abord avec le dernier de ces caractères, c'est-à-dire avec l'attribut du bonheur, l'âme
s'y précipitera par attrait, au lieu de s'y plier par
soumission; et s'il n'offre d'abord que son côté rigoureux, l'âme, non par choix et délibération, mais
irrésistiblement et en vertu de sa nature, se refusera
à l'adopter. Il faut, chose accablante! que la volonté
trouve son triomphe dans sa défaite et sa défaite dans
son triomphe, la vérité dans le bonheur et le bonheur dans la vérité, la liberté dans la soumission et la
soumission dans la liberté! Ces choses étant prémises,

j'étudie le christianisme, mais à sa source, dans l'Évangile, et non ailleurs.

Avant tout examen plus particulier, je suis frappé, dans l'Évangile, d'un caractère général répandu sur toute sa surface, et entrant tout de suite dans le regard. L'Évangile est une discipline de la volonté, ou, pour dire la même chose en d'autres termes, l'Évangile est essentiellement pratique. J'ai peu à m'arrêter sur ce caractère bien reconnu et que j'ai développé ailleurs. Je n'ajoute qu'une remarque : non-seulement l'élément pratique surabonde; mais tout, dans l'Évangile, y est subordonné, tout tend à son déploiement et à l'accroissement de sa force. Il est important de remarquer qu'à la différence des autres religions, l'Évangile n'admet la spéculation qu'à titre de point d'appui et d'auxiliaire de la pratique, et seulement dans la mesure où le besoin de la pratique le réclame. Non-seulement, comme il est aisé de s'en convaincre, aucun dogme n'est oisif; mais l'exposition du dogme s'arrête précisément, j'oserais dire brusquement, au point où la pratique, satisfaite, n'aurait point de parti à tirer d'un développement ultérieur. En d'autres religions le dogme, après avoir fondé la pratique, se continue au delà pour sa propre satisfaction, se prolongeant sous forme de poésie ou de métaphysique, selon le goût et le tempérament intellectuel du peuple ou du siècle pour lequel il a été conçu. Il y a, sous ce rapport, des superfétations dans les religions intellectuellement les plus pauvres. La pensée et l'imagination ne se résignent pas à ne point achever le cercle commencé. La religion chrétienne procède autrement. Uniquement préoccupée de la restauration de la volonté humaine, elle n'a dit des dogmes, ou, pour mieux nous exprimer, des faits mystérieux tombés à sa connaissance, que ce qui était strictement nécessaire à son but. Loin de satisfaire à plein la curiosité humaine, elle l'a renvoyée à jeun sur plusieurs sujets, lui imposant de la sorte un exercice de soumission avant ou après beaucoup d'autres du même genre. Cette imperfection du système, si c'était un système, me paraît admirable dans une religion, et communique à la nôtre un caractère austère et saint qui n'appartient qu'à elle.

Je poursuis mon examen, et je reconnais que cette religion, dès le moment où furent jetés ses fondements par l'éternelle Charité et l'éternelle Sagesse, a préparé les preuves de sa vérité, a écrit à mesure ses titres, enregistré ses pièces justificatives, en un mot, seule entre toutes les religions, a manifesté l'intention formelle d'être établie dans les esprits par les moyens de la critique et de la science. Je ne dis point encore tout ce que ces preuves, trop négligées et trop dédaignées de nos jours, même par des chrétiens, ont de force et d'évidence; je ne dis pas que des esprits très rigoureux s'en sont déclarés satisfaits, que les plus grands génies ont fait leur joie de la contemplation de ces preuves, et qu'on serait scientifiquement bien heureux de pouvoir donner à tous les faits importants de l'histoire profane des bases aussi certaines que celle des détails de l'histoire chrétienne.

Je dis seulement que Dieu a voulu que cette religion fût une histoire, et que jusqu'aux dogmes les plus abstraits devinssent, dans les limites du temps et de l'espace, dans l'horizon de la vie humaine, des faits extérieurs susceptibles d'être appréciés et vérifiés par les moyens ordinaires. Si ce système ne tient pas absolument à l'écart la volonté de l'examinateur, c'est qu'en aucun genre de recherches, elle n'est entièrement hors de cause; le prétendre dans le cas dont il s'agit, ce serait faire de l'impossible une condition; mais ce qui était possible a été fait, et n'a été fait que par le christianisme. Il a placé ses preuves, non pas dans une sphère hors des atteintes de la volonté, mais dans une sphère qui n'est pas celle où règne la volonté. Il ne s'est pas fait philosophie; car la philosophie, c'est l'homme lui-même, l'homme moral traduit par l'homme intellectuel, le sentiment formulé par la théorie. Le fond du christianisme, en tant qu'histoire, n'est pas subjectif, mais objectif, extérieur au MOI, ainsi que toute histoire; nos passions peuvent fausser le regard que nous jetons sur les faits; mais nous ne pouvons mêler notre substance à ces faits, les identifier avec nous-mêmes, les altérer en eux-mêmes : objectifs par leur nature, ils restent ce qu'ils sont; nous les retrouverons, si mieux encore il n'est de dire qu'ils nous retrouveront; les monuments subsistent et sont indestructibles; les règles de critique subsistent et sont immuables; la volonté n'y peut directement rien; ce qui est faux est faux; ce qui est vrai est vrai; on peut refuser son attention à une preuve, son regard à un fait : on ne peut pas refuser son consentement à une évidence, et ce qui est faux ne peut pas non plus, à la longue et universellement, être tenu pour vrai. La religion chrétienne, sous ce rapport, a pris la forme la plus loyale, la plus généreuse, et, je le répète, elle est, entre toutes les religions, la seule qui se soit soumise à cette épreuve, la seule qui l'ait appelée.

Mais ce n'était pas tout que d'avoir, autant que la chose était naturellement possible, tenu la volonté à distance de la discussion. Ici se montre l'héroïsme de la vérité. En tant que vérité, elle aspire à être crue; c'est sa tendance nécessaire, son désir. Mais quel moyen d'être crue que d'aller, du premier pas, heurter de front la volonté ! La volonté rompant en visière à la volonté ! Quel début ! Et cependant il le fallait. Il fallait qu'il fût bien constaté, bien évident, que la volonté humaine, sous l'apparence menteuse d'un hommage à Dieu, n'allait point au-devant d'elle-même; il fallait qu'elle eût le sentiment, la conscience, que c'était bien la volonté d'autrui qu'elle adoptait; et pour qu'elle le sentît, il fallait qu'elle se sentît contrariée dans toutes ses parties et dans ses dernières profondeurs. A ce prix seulement elle était certaine de ne pas s'adorer elle-même sous le saint nom de Dieu.

Ici nous avons pour le christianisme le plus imposant des témoignages, celui du genre humain. De même qu'un cri aigu de douleur avertit le chirurgien du moment où l'acier, travaillant à l'extirpation d'un mal invétéré, a pénétré au delà des chairs mortes, et plonge dans un tissu vivant et sensible, de même un cri terrible de la nature humaine a servi de réponse au glaive de la Parole qui en labourait les profondeurs. La plaie, jusqu'alors fouillée dans tous les sens, sans que le malade se réveillât seulement, cette plaie, sondée à fond pour la première fois, irrite les fibres vivantes, et réveille en sursaut le patient. D'autres religions avaient pu être repoussées par un sentiment de nationalité ou par des intérêts individuels, mais ici le *tolle!* est parti de tout l'homme et de tout homme. La religion nouvelle se produit comme une ennemie, et son avénement dans le monde a les caractères d'une invasion. La croix, en qui se résume tout ce que cette religion a de caractéristique sous le rapport dogmatique, moral et social, la croix est « scandale aux Juifs et folie aux Grecs, » c'est-à-dire scandale, en tout temps, pour l'homme de la loi, qui pense avoir fait ou pouvoir faire son compte avec Dieu, folie, en tout temps, pour le sage mondain, qui rit de la double idée de l'homme comptant avec Dieu, et de Dieu comptant avec les hommes. La volonté humaine, par où il faut entendre, « la convoitise de la « chair, la convoitise des yeux, et l'orgueil de la vie, » la volonté humaine est clouée à cette croix. Cette croix dit tout : que l'homme irrévocablement perdu doit renoncer à toute confiance en soi-même; que ses œuvres n'ont aucune valeur qui leur soit propre, et qui puisse lui être comptée; qu'il est mort, et qu'il a à revivre; que le fond même de ses inclinations doit être renouvelé ; qu'il ne s'appartient pas à lui-même, et qu'il doit se dépouiller de sa propre volonté entre les mains de Dieu pour en recevoir une nouvelle, con- forme et subordonnée à la volonté divine.

La croix, nouveau soleil de l'univers moral, con- centre à son foyer tous ces rayons de la vérité; elle est l'abrégé sublime de toutes les choses que l'Évangile dit plus explicitement. La morale de l'Évangile n'est pas la restauration partielle et successive de l'homme; elle n'ajoute pas vertu à vertu jusqu'à ce que le cadre soit rempli ; mais elle jette dans le cœur de l'homme un nouveau principe de vie et d'action, l'amour de Dieu; et comme ce mot, si facile à articuler, est le nom d'un fait moral jusqu'alors jugé impossible, et qui l'était en effet, elle donne pour principe à ce principe, pour base à cette base, un fait d'une portée incommensurable, d'une nature mystérieuse à la fois et profondément sympathique avec nos besoins mo- raux, un fait qui seul complète la vie, ordonne le monde, organise le chaos, pacifie l'âme ; elle nous produit Dieu lui-même se faisant homme pour le salut des hommes; seul levier qui pût descendre assez avant dans l'âme pour ébranler, mouvoir et déplacer la vie; oserai-je le dire, découverte psychologique qui n'ap- partenait qu'à Dieu, et dont l'application lui rend notre volonté en subjuguant notre cœur.

Fort de ce fait immense, l'Évangile élève contre nous des prétentions immenses. Je ne sais à quoi son- gent ceux qui consentiraient à recevoir la morale évangélique à la seule condition qu'on leur fît grâce du dogme. D'abord c'est vouloir transplanter un arbre séparé de ses racines. Et puis, où finit le dogme et où commence la morale? Je désespère qu'on me le fasse voir. Dans l'Évangile le dogme est déjà de la morale, la morale est encore du dogme; et leur caractère respectif tient à cette intime et organique union qui les fait être la continuation l'un de l'autre. Si vous déchirez le lien vivant qui les unit, si vous arrachez la morale du milieu de la religion comme un feuillet du milieu d'un livre, vous avez une morale comme toutes les morales, que vous aurez beau appeler belle, sublime, et qui ne vous liera pas plus que toute autre à la perfection. Mais, vue à sa place, et dans l'ensemble auquel elle se coordonne, la morale évangélique élève, nous le répétons, des prétentions immenses. L'Évangile exige de l'âme un abandon entier, sans réserve, de tout ce qu'elle aime, de tout ce qu'elle veut, de tout ce qu'elle est. Condition indispensable d'une morale vraie; car le moindre abri, la plus modeste retraite suffit à la volonté; le plus petit recoin de l'âme lui est un monde, où elle s'espace et s'étale; un point indivisible lui suffirait; il n'en est pas de si étroit où elle ne se retrouve tout entière, où elle ne triomphe pleinement; ce n'est pas l'espace qui lui importe, c'est d'être : le MOI ne tient point de place; il ne demande que la vie; n'être pas absolument rien, c'est tout ce qu'il demande, car alors il est tout. Or, c'est ce dernier asile, ce point mathématique que la morale évangélique refuse à la volonté. Aussi tous ceux qui ont honoré le système évangélique d'un regard moins superficiel, ont dit, sinon avec plus de vérité, du moins avec plus de sens : Cette morale est belle, mais elle est inapplicable, mais elle est impraticable. Assertion contradictoire et téméraire. Contradictoire, parce que le juste et l'impraticable s'excluent; parce que le devoir, en morale, implique le pouvoir ; parce que ces deux idées se confondent à leur source qui est Dieu, et que les mettre en contradiction, c'est le faire menteur. Assertion téméraire, parce que c'est juger d'un coup d'œil ce qui veut être approfondi, et envisager du point de vue naturel un ordre de choses nécessairement surnaturel, nier que Dieu ait pu ou voulu achever son œuvre, nier qu'il ait été fidèle à lui-même et conséquent, méconnaître les ressources dont il dispose, et dont l'emploi peut aussi bien renouveler nos forces morales que nos idées morales. Si la morale chrétienne est impraticable, il ne faut pas dire qu'elle est belle, car rien n'est beau que le vrai ; si elle est vraie, elle est praticable, dans ce sens qu'aucun de ses préceptes n'est absolument au-dessus de la portée de l'homme armé des armes de Dieu ; en ce sens surtout, que l'esprit de cette loi devient, sans réserve et sans restriction, l'esprit du croyant, à qui Dieu ne l'impose pas seulement, mais l'assimile et l'incorpore par la vertu de l'amour.

On pourrait demander s'il n'est pas nécessaire, pour constater l'entière soumission de la volonté, de lui imposer quelque loi purement arbitraire, c'est-à-dire qui ne se recommande point par elle-même, mais uniquement par son origine et par le nom de son auteur. Je me garderai bien de dire que l'imposition de lois de cette espèce soit indigne du Législateur divin; mais je répondrai que l'Évangile n'en a point imposé de pareilles, et n'a prescrit en général que ce que la nature recommande à la conscience; et j'ajouterai qu'en général la volonté n'est pas moins domptée par la nécessité d'obéir à des lois naturelles qu'elle ne le serait par des ordonnances arbitraires. En soi-même, il n'est déjà que trop difficile d'obéir pleinement et spirituellement aux premières, sans qu'il soit cherché à la volonté un autre exercice. Je ne suis même pas éloigné de croire que les lois naturelles sont, en général, d'une observation plus difficile. Aisément l'orgueil se flatte et l'obéissance se matérialise dans l'observation des commandements arbitraires. Les autres offrent plus d'occasions à l'humilité et plus d'aliment à la spiritualité. Et l'expérience prouve surabondamment qu'il n'est pas besoin de porter sur un autre terrain que celui de la conscience une obéissance dont la loi évangélique a déterminé la direction et l'esprit. J'ajoute que, quand l'homme ou le prêtre a voulu soustraire la volonté à la sublime rigueur de la loi chrétienne, il a créé une multitude de prescriptions arbitraires, qui ne se sont pas *ajoutées*, mais *substituées* aux lois naturelles dont l'Évangile est une nouvelle et plus parfaite publication.

On pourra demander maintenant si, dans ce même but de constater la loyale soumission de la volonté, il n'est pas indispensable que l'idée du bonheur soit écartée, s'il ne faut pas, à tout prix, éviter le dange-

reux contact de deux éléments dont l'un tend naturellement à absorber l'autre.

D'abord c'est demander l'impossible, le contradictoire. La soumission de la volonté humaine à la volonté divine, c'est la vertu; la vertu, c'est la vérité,
la vérité dans l'action; or, le bonheur est nécessairement inclus dans la vérité. Rien au monde, ni hors du
monde, ne peut faire qu'un être dont la volonté est
unie à celle de Dieu ne soit pas heureux par là même :
il le serait dans le séjour des réprouvés. Rien ne peut
faire que, dès ses premiers efforts pour unir sa volonté à la volonté divine, un tel être ne goûte pas en
quelque mesure cette félicité véritable, qui a son
principe dans la pacification du cœur. Il est donc inutile de vouloir isoler l'un de l'autre deux éléments
aussi inséparables : ils se rejoindraient malgré tous
les obstacles, ou périraient chacun loin de l'autre.

Si la religion chrétienne est tellement éloignée d'exclure ou d'écarter l'idée de bonheur, qu'au contraire
c'est par l'offrir qu'elle débute, si c'est là son premier
fait et son premier mot, c'est que, pas plus qu'aucune
autre religion, elle ne peut commencer autrement. Et
même si quelque chose la distingue à cet égard des
autres religions, c'est d'être plus gratuitement libérale,
c'est de donner tout à qui n'a rien donné, c'est de
tout assurer à qui n'a rien promis. Mais ses dons sont
spirituels, invisibles, assignés sur l'éternité, et ses
exigences sont prochaines, immédiates, inexorables,
illimitées. Elle fait plus que de montrer le bonheur à
la suite de la soumission; elle le place dans la sou-

mission même ; l'obéissance est plus que le moyen de la félicité même ; elle est la félicité. Cette religion, toute prodigue qu'elle est dans ses dons, les tire de notre propre cœur ; elle nous enrichit de notre propre substance ; elle nous fait les artisans de notre sort : nous ne sommes libres qu'autant que nous obéissons, riches qu'autant que nous nous dépouillons. L'abandon de notre volonté, c'est toute la religion, c'est la vie éternelle. Nous sommes clairement avertis de ce que notre instinct nous disait à voix basse depuis que le monde existe : c'est que nous n'aurons atteint la fin de notre être et le terme de nos désirs que lorsque nous aurons sincèrement, loyalement et de bon cœur abdiqué entre les mains de Dieu. Mais quoique cette vérité soit debout sur le seuil de toutes les conscien- ces, quelle tâche néanmoins, et quel sujet d'épou- vante, et quel objet d'horreur pour l'homme naturel, qu'une telle abdication ! Et pour ceux-là même qui se sont laissé prendre au piége des célestes promesses, comme à un miel divin, quelle découverte accablante que celle d'une tâche qu'ils n'avaient pas même entre- vue à travers ces doux mots de pardon, de grâce et de salut ! Pourquoi, malgré la conviction même de leur réalité, malgré la beauté de ces promesses, malgré l'acceptation inévitable d'une morale dont on recon- naît la justice, pourquoi, ne trouvant dans l'Évangile même que des raisons de le respecter et de l'aimer, pourquoi l'adoption rigoureuse de ces principes, pour- quoi un christianisme réel, conséquent, profondément enraciné dans la vie, a-t-il été de tout temps, est-il

encore une chose rare? pourquoi, content d'un christianisme d'écorce, auquel on ne renoncerait pas volontiers, témoigne-t-on en général de l'aversion et ne
se décide-t-on qu'après de longs combats pour le franc
Évangile, qui, considéré sous une de ses faces principales, n'est, à le bien prendre, que la proclamation
de la souveraineté de Dieu? C'est à cause de cela
précisément; l'attribut qui le recommande avec empire est le même qui le repousse avec puissance : la
souveraineté de Dieu excluant la souveraineté de
l'homme.

Faut-il s'étonner que saint Jean ait dit « qu'on ne
« saurait, sans l'intervention du Saint-Esprit, croire
« que Jésus-Christ est le Fils de Dieu? »

TABLE DES MATIÈRES.

Imprimé en France
FROC020906291119
22812FR00012B/185/P